阿英日記手稿

上

阿英 著

錢榮毅 中國現代文學館 編

國家圖書館出版社

《阿英日記手稿》編委會

1947年夏，阿英於烟臺東山寓所閲報

1948年，阿英（右二）與文藝研究小組，攝於大連建新工業公司

1948年，阿英（前右二）與吴曉邦（前左二）、劉汝醴（後右一）、錢小惠（後右二）、程默（前左一）等人，攝於大連建新工業公司

1949年5月12日，阿英（左二）與錢筱璋（左一）、夏衍（左三）、李克農（右二）、袁牧之（右一），攝於李宅（徐肖冰攝）

1949 年 5 月 27 日，阿英（右）與鄭振鐸討論保護散佚文物諸事後，攝於鄭宅

1949 年 6 月 9 日，阿英等於李克農家聚談。左起：阿英、曾達齋、黎莉莉、李一氓、李克農、袁牧之

1949年7月6日，阿英在中華全國文學藝術工作者代表大會上主持會議

1949年7月12日，阿英（右）與李一氓（中）、譚偉（左）及阿英幼女錢曉雲，攝於北京

1949年秋，阿英（左二）與許姬傳（左一）、馬少波（上）、梅蘭芳（右二）、許源來（右一），攝於頤和園排雲殿前

1951年秋，阿英等攝於北京歐陽予倩家中。前排左起：老舍、阿英、歐陽予倩、張庚；中排左起：馬少波、馬彥祥、許姬傳；後排左起：周信芳、田漢、張光年、高百歲、羅合如

前言

二〇二五年是中國現代文學館建館四十周年，也是阿英先生誕辰一百二十五周年。我們懷着崇敬與欣喜之情，將這部歷經時代滄桑、凝聚人文精神的《阿英日記手稿》呈現給讀者。

阿英先生（一九〇〇—一九七七）是著名的文學家、劇作家、文藝理論家和藏書家，也是革命文藝事業的先驅者、實踐者與組織者。他以熾熱的理想、淵博的學養和敏鋭的史家眼光，在文學創作、古籍整理、社會活動等領域縱横深耕，其筆端始終與民族命運同頻共振，其人其文皆爲時代的注脚。

本次影印整理的《阿英日記手稿》，在《阿英全集》已收録文獻的基礎上，新增阿英之孫錢榮毅先生近年發現的四種未刊手稿，即『烟臺日記（一九四七）』『大連日記（一九四七—一九四八）』『瀋陽日記（一九四九）』及『華北文聯日記（一九五三）』，并首次全文影印『平津日記（一九四九）』。在這些撰寫於解放戰争至共和國成立初期的珍貴記録中，阿英以親歷者的筆觸還原了歷史現場的肌理——在膠東調研和幫助當地開展文藝工作，在大連工廠組織工人創作，在天津從事文化事業建設工作，更以中華全國文學藝術工作者代表大會（下簡稱文代會）黨組成員身份參與第一次文代會籌備，見證中國文學藝術界聯合會與中華文學工作者協會全國委員會（中國作家協會前身）的誕生。

尤爲珍貴的是，《平津日記（一九四九）》中翔實記載了第一次全國文代會召開前後的歷史細節。阿英作爲會議組織核心，如何落實中央指示，協調各方意見，奠定文代會基本格局，日記的記載填補了史料中有關文代會制度構建在微觀領域的空白。而日記中對北平文化市場復蘇的觀察——從舊書肆的轉型到新文藝刊物的涌現，從戲曲改革討論到大衆讀物的編印——更構成了一幅共和國初創時期文化生態的全息圖譜。

這些日記的學術價值，早已超越個人叙事。它們是文藝與社會互動的鮮活檔案——既有對群衆文藝運動『從田間到車間』的實踐總結，也有對古籍搶救、文獻整理的學理思考；既有經濟政策與民生萬象的速寫，也有知識分子思想改造的側影。阿英以『戰士』的激情與『史家』的冷峻，將個體經驗升華爲時代精神的切片，爲研究中國文藝制度的建構、社會轉型期的文化治理提供了不可替代的第一手資料。

二〇二四年十月十四日，錢榮毅先生在中國作家協會主辦的『歌以咏志　星漢燦爛——新時代文學成就展』暨『三紅一創　青山保林』紅色經典展的開幕式上，將《平津日記（一九四九）》等手稿捐贈給中國現代文學館。此次影印出版，既是對這份熱忱的回應，亦是對百年紅色文藝傳統的接續。透過泛黄的紙頁與遒勁的墨迹，我們觸摸到的不僅是歷史的温度，更是一種精神的傳承——那是阿英及其同時代的文藝工作者以筆爲劍、以文載道的奮鬥精神，是黨領導的文藝事業從篳路藍縷走向繁榮興盛的密碼。

在新時代新征程上，中國文學正以更加自信的姿態走向世界。站在文化强國建設的歷史節點，重温這些手稿，既可銘記『文藝爲人民』的初心，亦能激發守正創新的活力。願這部《阿英日記手稿》能够成爲一座橋樑，讓昨日的星火照亮今天的征程，讓中國式現代化叙事在傳統的根系上綻放新的繁花。

王　軍

二〇二五年二月

我所知道的祖父日記（代序）

祖父阿英（錢杏邨）最早於何時開始寫日記，現已不易查考。但一九二八年，上海亞東圖書館出版的《流離》（以筆名『寒星』發表），便是根據他一九二七年四月二十日至十一月十九日的日記整理而成。在書中，他提到一件非常痛心的事——前幾年寫下的六十餘萬字的日記、手札、手稿等，被一位受托保管的朋友當作『宣傳品』燒掉了。這應是有關祖父日記最早的一些記載。

一九四一年十二月，太平洋戰爭爆發。在地下黨安排下，祖父及家人分批離開上海，進入蘇中根據地。後應陳毅代軍長邀請，從蘇中新四軍一師駐地前往蘇北阜寧停翅港新四軍軍部。自一九四二年五月三十一日至一九四七年六月十九日，祖父寫下了時間跨度長達五年的日記。這批日記近五十萬字，除了祖父個人的經歷，還反映出抗日戰爭和解放戰爭時期新四軍和根據地、解放區人民的戰鬥、生活風貌和根據地、解放區的政治、軍事、經濟、文化等各方面的情況，具有較高的史料價值。一九七七年初，身患重病的祖父讓我把這部分他整理裝訂好的日記手稿用紙包起來，并在紙上寫下『敵後日記』四個字。祖父去世後，這批手稿由子女錢瓔、錢小惠整理後交江蘇人民出版社，并於一九八二年出版。然而，另有同时期的部分日記殘稿，當時未及整理出版。本次影印的《烟臺日記（一九四七）》，便是其中的一部分，撰寫時間爲一九四七年六月二十日至九月二十二日。此外另有一九四五年一月至十月的殘稿五十餘張，均因水浸而文字漫漶，極難辨識，無法影印出版。

一九四七年九月，祖父帶領文藝研究小組從威海奔赴大連，進駐大連建新工業公司，開展文藝活動。有關這一時期祖父及文藝研究小組的各項活動，祖父在日記中均有所記述。而祖父及文藝研究小組的主要工作成果，則在次年的『大連建新工業公司工友繪畫展覽會』及『關東藝術活動周』等活動中得到了展現。本次影印的《大連日記（一九四七—一九四八）》，便寫成於這段時期。

一九四九年春，祖父受命從大連赴北平，期間曾在瀋陽作短期停留，留下了《瀋陽日記（一九四九）》的手稿。

祖父從瀋陽經天津抵達北平後，參與了第一次中華全國文學藝術工作者代表大會（下簡稱文代會）的籌備工作，并留下了一九四九年四月十二日至九月三日的日記。這批日記在祖父逝世後，曾以《文代會日記》之名部分發表，而江蘇人民出版社出版的《敵後日記》則以『另一卷』爲題全文附載，并對原《文代會日記》整理過程中出現的一些錯漏等進行了修訂。二〇〇三年，安徽教育出版社又將這批日記重新點校整理，以《平津日記》爲名，收入《阿英全集》。這次將這批手稿以《平津日記（一九四九）》爲題影印，既可供方家對之前出版的整理本進行更深入的研究，又可使讀者瞭解這批日記的原貌。

一九五一年夏，祖父調任華北文聯主席，并於任上留下一九五三年一月一日至四月七日的日記。華北文聯自一九五一年夏成立，到一九五四年秋因行政區劃調整而撤銷，前後僅存在三年左右。也因此，與華北文聯密切相關的文獻資料，可供查閱的較少，往往零星散見於其他文獻中。這次影印的《華北文聯日記（一九五三）》手稿，應能爲相關研究提供較可靠的第一手史料。

祖父的日記手稿，前期多爲毛筆書寫，之後則用鋼筆。紙張多爲買回大開張紙後自己裁切、裝訂，但因爲忙碌與動蕩，有時也夾雜一些臨時找來的紙。有些字迹潦草難識，或是書寫環境惡劣所導致。各個時期日記書寫的格式并不統一，文字上很隨意，部分日記僅僅是把當日各事以簡略文字記述，再以破折號等符號相連，看上去更像是簡要的備忘録。儘管如此，這批手稿仍能使人感受到那個時代的真實歷史氣息。

感謝中國現代文學館和國家圖書館出版社本次影印出版祖父的日記手稿。二〇二五年是中國現代文學館建館四十周年，又值祖父誕辰一百二十五周年，這批日記手稿的影印出版，既是對祖父的紀念，也是向當年無數爲新中國的誕生與發展而奮鬥一生的革命文學藝術工作者致敬。

錢榮毅

二〇二五年二月

簡注

錢榮毅

爲便於閱讀理解，本次影印整理時，對日記中涉及的部分人名、機構名、事件等，進行了簡單的注釋，并集中置於書前。因學識所限，難免有錯謬之處，懇請專家和讀者不吝賜教。

一、**烟臺日記（一九四七）**

一九四七年六月二十日

薛：即薛尚實，曾任北綫後勤司令部副部長兼宣慰部部長，時任膠東區黨委宣傳部部長兼秘書長。

一九四七年六月二十一日

氓兄：即李一氓，曾任蘇皖邊區政府主席。

鄭：即鄭景康，攝影家，又記作『景康』。

一九四七年六月二十二日

汝醴：即劉汝醴，美術家，又記作『劉教授』『教授』『劉』。曾任魯迅藝術學院華中分校教授。

一九四七年六月二十三日

姚市長：即姚仲明，時任烟臺市市長。

維基：即朱維基，時爲華中建設大學教授。

一九四七年六月二十四日

之的：即宋之的。

適夷：即樓適夷。

一九四七年六月二十五日

雲兒：錢曉雲，又記作『小雲』，阿英幼女。

一九四七年六月二十七日

尚實：即薛尚實。

一九四七年六月二十八日

治方：即孫治方。

彭：即彭康，時任中共中央華東局宣傳部部長。

一九四七年七月一日

程：即程翰亭，又記作『瀚亭』，時爲文藝研究小組文學幹部，後任大連建新工業公司工會文教部部長、宣傳部部長。

一九四七年七月三日

軍長：即陳毅，曾任新四軍代軍長、軍長，第三野戰軍司令員兼政委等。

一九四七年七月四日

李、曾：即李一氓、曾達齋。曾達齋，原名袁殊，日記中又簡作『曾』『老曾』，曾任中共旅大地委財經調研室副主任并開設博古堂文物店和信達商行，以博古堂經理的身份參與對香港的秘密貿易工作。

一九四七年七月五日

李主席：即李一氓。

仲超：即吴仲超，曾任中共中央華中分局秘書長，時任中共中央華東局副秘書長。

金政委：即金明，曾任新四軍第三師第十旅政委，時任膠東軍區副政委。

一九四七年七月七日

解總：即中國解放區救濟總會。

一九四七年七月八日

力人：即朱力人，又記作『朱立人』『朱立仁』，時爲阿英勤務員。

一九四七年七月十五日

湯宜濤：即湯宜陶，又記作『湯一濤』『宜濤』『一濤』等，曾爲李一氓組建的淮海實驗劇團（後更名蘇皖實驗劇團）成員，時爲文藝研究小組戲劇幹部。

一九四七年七月二十五日

彭司令：即彭林，原名彭棟材，時任膠東軍區東海軍分區司令員。

一九四七年八月五日

慧深：即趙慧深，阿英同窗好友趙景深堂妹，時任華中建設大學教授。

一九四七年八月六日

振發：即錢振發，又記作『錢正發』，時爲阿英勤務員。

一九四七年八月八日

雪葦：即劉雪葦，原名劉茂隆。

一九四七年八月十二日

劉、祥：即劉汝醴、錢厚祥。

一九四七年八月二十二日

程等：即程翰亭等。

青禾：即華青禾，時任山東新華書店總店副經理。

一九四七年八月二十八日

吴秘書長：即吴仲超。

一九四七年八月三十一日

饒政委：即饒漱石，曾任新四軍政委、中共華東局書記。

一九四七年九月一日

李、夏校長：即李亞農、夏征農校長，時爲華中建設大學校長和副校長。

一九四七年九月六日

劉部：即劉伯承部。

一九四七年九月十三日

小組：即文藝研究小組。

于市長：即于洲，時任威海市市長。

一九四七年九月十八日

張司令：即張鼎丞，時任華中軍區司令員。

一九四七年九月二十一日

張秘書長：即張愷帆，曾任蘇皖邊區政府秘書長。一九二六年初曾考入李克農、宮喬岩、阿英創辦的蕪湖民生中學就學。

二、大連日記（一九四七—一九四八）

一九四七年九月二十三日

錢老：即錢醉竹。

朱部長：即朱毅，曾任華東局財委會財政部長，時任大連建新工業公司經理。

一九四七年九月二十四日

劉教授：即劉汝醴。

吳秘書長：即吳仲超。

一九四七年九月二十五日

黃先生：即黃則民，又名趙平生。十月九日記作『平生』。

一九四七年九月二十六日

陳局長：即陳藝先，曾任蘇皖邊區郵政管理局副局長、山東和華東郵政管理局副局長。一九四九年十一月任上海郵局局長。

趙、田、宋：即趙慧深、田稼、宋之的。

景康：即鄭景康。

一九四七年九月二十七日

日期原錯記爲二十六日，後改正。

沙惟夫婦：即沙惟、吳瓏，均爲文藝研究小組戲劇幹部。

翰亭：即程翰亭。

江凌：時任旅大地委關東公署教育廳廳長。

地委書記韓：即韓光。

一九四七年九月二十八日

日期原錯記爲二十七日，後改正。

關東副主席劉：即劉順元，又名劉辛恒，時任關東公署副主席。

一九四七年九月二十九日

江、李、夏：即江凌、李亞農、夏征農。

馮部長：即馮定，時任中共中央華東局宣傳部副部長。

一九四七年十月二日

陶陶：即陶濤，原名肖如琴，朱毅夫人，時任大連建新工業公司工程部資料室主任。中華人民共和國成立後曾任化學工業部副部長。

一九四七年十月三日

莉：即林莉，錢曉雲之母。

一九四七年十月六日

劉亞：時爲文藝研究小組音樂幹部。曾任蘇北文工團團員，一九四五年八月在淮陰戰鬥前綫曾創作《一定要拿下淮陰城》等歌曲。

一九四七年十月七日

小兵：似爲徐肖冰。

一九四七年十月十一日

郭部長：即郭石，時任大連建新工業公司人事部部長。

一九四七年十月十六日

顧馬車：應爲『雇馬車』。

一九四七年十月十七日

周科長：即周炎武，時任大連建新工業公司人事部宣教科副科長。

一九四七年十月二十日

王霜：又記作『王雙』，時爲文藝研究小組美術幹部。

一九四七年十月二十四日

十月革節：即蘇聯十月革命節（公曆十一月七日，俄曆十月二十五日）。

一九四七年十月二十六日

胡調海：阿英的通訊員。

一九四七年十月二十九日

劉、沙：即劉亞、沙惟。

一九四七年十月三十一日

趙、鄭、田：即趙慧深、鄭景康、田稼。

一九四七年十一月七日

曹禄：即曹魯，時任大連建新工業公司秘書長。

一九四七年十一月九日

光華邵：光華書店經理邵公文。

一九四七年十一月十八日

曾科長：即曾達齋。

一九四七年十一月十九日

田楓：即田風，曾任旅大文工團團長，時任關東社會教育工作團副團長。

一九四七年十一月二十日

社教團：即關東社會教育工作團。

一九四七年十一月二十一日

陳隴：時任關東社會教育工作團團長。

一九四七年十一月二十八日

江、曹：江凌、曹維東（時任關東社會教育工作團副團長）。

一九四七年十一月三十日

日期錯記爲十一月卅一日。

一九四七年十二月三日

鳳凰巢：似爲『鳳還巢』之筆誤。

一九四七年十二月五日

丁强：時爲文藝研究小組音樂幹部。

一九四七年十二月八日

周部長：即周炎武，『部長』係『科長』之筆誤。

一九四七年十二月九日

葉秘書：即葉純，時任大連建新工業公司秘書處秘書。

一九四七年十二月十日

譚政委：即譚光廷，時爲華東財政委員會駐大連辦事處主任兼政治委員、大連建新工業公司政委。

一九四八年一月十六日

陳藝局長：即陳藝先。

黄師長：即黄克誠，曾任新四軍第三師師長兼政委。

一九四八年一月十九日

邵經理：即邵公文。

葉克：時任大連大衆書店總編輯。

一九四八年一月二十六日

曹團長：即曹維東。

一九四八年一月二十七日

王儀：即李一氓夫人。

一九四八年二月四日

日期錯記爲六日，後在『六』旁加『四』字更正。

一九四八年二月六日

曹、陳：即曹維東、陳隴。

一九四八年二月七日

班部長：即班茂宣，時任大連建新工業公司總務部副部長。

一九四八年二月十一日

張茜：即陳毅夫人。

一九四八年二月十四日

梁近發：又記作『梁正發』『梁勤務』『小梁』，時爲阿英勤務員。

一九四八年二月十五日

田團長：即田風。

一九四八年二月十六日

桐江：即洪桐江，曾爲新四軍第三師第八旅文工隊成員，一九四五年五月阿英的話劇《李闖王》首演時飾演長平公主。

一九四八年二月二十日

周部長：即周炎武，『部長』係『科長』之筆誤。

一九四八年二月二十二日

愷帆：即張愷帆。

愛萍：即張愛萍，曾任華中軍區副司令員、中共中央華中局委員。在張愛萍的提議下，阿英創作話劇《李闖王》并於一九四五年五月六日在江蘇阜寧的益林鎮首演，此後數年，該劇共演出數百場。

一九四八年三月六日

程、沙、丁、吴、王：即程默、沙惟、丁强、吴瓏、王霜。

一九四八年三月九日

李治修：即李治，李克農長子。

一九四八年三月十七日

譚部長：即譚偉，曾任新四軍軍部秘書，時任大連建新工業公司經理部部長。

一九四八年三月二十八日

李自修：似爲『李治修』的筆誤。

一九四八年三月三十一日

袁方：即馮定夫人，曾任新四軍第四師《拂曉報》編輯和記者。

一九四八年四月一日

之的：即宋之的。

白塵：即陳白塵。

一九四八年四月五日

曹、陳：即曹維東、陳隴。

一九四八年四月十八日

馮亦初：曾在新四軍軍直政治部工作，時任大連建新工業公司金屬廠人事科科長。

一九四八年四月二十二日

任參謀長：似爲任英杰。

一九四八年四月二十四日

列平：今譯作列賓。

宇宙風：應爲《宇宙鋒》。

一九四八年五月九日

沙攝：『沙』即沙惟，指沙惟所拍攝。

一九四八年五月十日

鳳凰巢：似爲『鳳還巢』之筆誤。

一九四八年五月十四日

羅圖書：即圖書室負責人羅繼祖。

三、瀋陽日記（一九四九）

此後的日記手稿中，日期欄中出現的F表示廢曆（即農曆、陰曆），W表示星期。

一九四九年一月三日

馬主任：即馬文，時任東北軍區軍工部政治部主任。

江部長：即江澤民，時任東北軍區軍工部副部長。

王部長：即王逢原，原名王勛賓，又名王逢源，時任東北軍區軍工部副部長。

一九四九年一月五日

唐局長：即唐宏經，又名唐韻超，曾任大連職工總會委員長。

立三同志：即李立三。

何部長：即何長工，時任東北軍區軍工部部長。

四、平津日記（一九四九）

一九四九年四月十二日

光華：即光華書店。

曉邦：即吴曉邦。

軍工部：即東北軍區軍工部。

即絮：即王即絮，演員、編劇。

小惠：即錢小惠，本名錢厚康，又名小晦，阿英次子。

厚祥：即錢厚祥，阿英三子。

達夫：即郁達夫。

一九四九年四月十三日

瀋、連：即瀋陽、大連。

一九四九年四月十四日

宋乃德：曾任新四軍第三師供給部部長、江蘇省阜寧縣抗日民主政府首任縣長，時任天津市軍管會財經接管部部長。

陳宜芳：即陳宜方，宋乃德夫人。

黄司令：即黄克誠。

陳軍長：即陳毅。

饒政委：即饒漱石。

一氓：即李一氓。

闌西：即王闌西，曾任中共鹽阜區委宣傳部副部長，時任第四野戰軍政治部秘書長、天津市軍管會委員。

一九四九年四月十五日

朱、陳部長：即朱毅和陳平，時任大連建新工業公司經理和副經理。

小組：即文藝研究小組，一九四七年十月至一九四八年底，阿英帶領文藝研究小組，在大連深入軍工企業大連建新工業公司，開展工廠文藝活動的探索和實踐，在公司所屬各工廠舉辦十餘次畫展，并於一九四八年五月和八月在大連市内先後舉辦了建新公司工友畫展和關東藝術活動周，展現了工農大衆在中國共産黨領導下表現出的藝術才智，在社會上産生了深遠影響。

沫若：即郭沫若。

在八瀋八萬元：應爲『在瀋八萬元』。

黄丕顯：應爲黄丕星。

錢毅：本名錢厚慶，阿英長子，曾任《鹽阜大衆報》副主編、新華社鹽阜分社特派記者，一九四七年三月在敵占區采訪時犧牲。

一九四九年四月十六日

陳志芳：應爲陳志方，曾任新四軍第三師第八旅兼鹽阜軍分區政治部主任，時任第四野戰軍第四十九軍政治部主任。

吴法憲：曾任新四軍第三師政治部主任，時任第四野戰軍第三十九軍政治委員（日記中誤作第四十九軍）。

長江：即范長江。

俊瑞：即錢俊瑞。

翰笙：即陽翰笙。

荒煤：即陳荒煤，時任天津市軍管會文教部文藝處處長。

錢瓔：本名錢厚如，阿英長女。

凡一：本名樊心一，錢瓔丈夫。

一九四九年四月十八日

《**工人是怎樣翻身的**》：四月十七日的日記中作『工人是怎樣轉變的』。

一九四九年四月十九日

郭局長：即郭洪濤，時任平津鐵路管理局局長。

饒君：即饒顯愷，係阿英在上海的舊識。

一九四九年四月二十日

初梨：即李初梨。

孟波：曾任新四軍第三師魯迅藝術工作團團長，時任天津市軍管會文藝處副處長。

一九四九年四月二十一日

武子胥：即伍子胥。

一九四九年四月二十二日

亞子先生：即柳亞子。一九三九年春，柳亞子在上海看了阿英的明末史劇《碧血花》劇本後，曾與阿英就南明史劇和史料有過多次書信往來，阿英長子錢毅在阿英的史劇《海國英雄》中的表演也得到柳亞子賦詩稱贊。一九四七年五月，柳亞子得知錢毅在蘇北被國民黨軍殺害後，爲之題詞：『是人民的文學，是民族的的精英，從墨寫的言辭中，輝映着血寫的生命的火花。』

一九四九年四月二十三日

F6：應爲F26。

一九四九年四月二十四日

F7：應爲F27。

克服：係『克復』之誤。

一九四九年四月二十五日

二十四五日：應爲二十五日。

中組：即中共中央組織部。

譚光廷：又作『譚政委』等。

劉少文：曾任八路軍駐滬辦事處負責人，時任中共上海市委委員、華東軍政委員會委員。一九三八年，劉少文將蕭華交給他的二十餘張紅軍長征途中繪畫手稿的照相底片轉給阿英。阿英通過這些底片，出版了畫集——《西行漫畫》。中華人民共和國成立後，蕭華稱自己并非作者。此後幾經周折，終於查出原作者是黄鎮。一九六二年，人民美術出版社將這部畫集再版，并更名爲《長征畫集》。

施復量：即施存統，又名復亮、伏量。中國民主建國會的發起、組織者之一，新中國成立後任勞動部第一副部長。

一九四九年四月二十六日

F9：應爲F29。

骨董箱：即『古董箱』。

一九四九年四月二十七日

F10：應爲F30。

校隨筆十至五節：應爲『校隨筆一至五節』。

一九四九年四月二十八日

W5：應爲W4。

法條：應爲『發條』。

一九四九年四月二十九日

W6：應爲W5。

陳無禧：係『陳元禧』之筆誤。

一九四九年四月三十日

李克農：時任中共中央社會部副部長。

一九一〇年李克農與阿英相識，并成爲終生摯友。

文聖堂：應爲『文盛堂』。

落發二卷：應爲『落發二回』。

離情　癸卯（二十四年）：應爲『離情　癸卯（二十九年）』。

説書小段　乙亥（二年）：應爲『説書小段　乙亥（元年）』。

金石語　壬寅（二十四年）：應爲『金石語　壬寅（二十八年）』。

匋雅一部：應爲『陶雅一部』。

一九四九年五月一日

宋部長：即宋乃德。

一九四九年五月四日

黄部長：即黄松齡，時任天津市軍管會文教部部長。

一九四九年五月六日

巍峙：即周巍峙，時任天津市軍管會文教部文藝處副處長。

不遇備留者：應爲『不預備留者』。

一九四九年五月九日

天佐：即蔣天佐。

一九四九年五月十一日

牧之：即袁牧之。

小璋：即錢筱璋，阿英堂弟，時爲北京電影製片廠新聞處處長。

漢年：即潘漢年。

一九四九年五月十二日

旋又同訪牧之處：應爲『旋又同返牧之處』。

徐小兵：應爲『徐肖冰』。

一九四九年五月十三日

端方藏石：應爲『端方藏存』。

一九四九年五月十四日

姜春芳：即姜椿芳。

一九四九年五月十五日

邵公文：時任沈陽光華書店經理，後調京任生活·讀書·新知三聯書店經理。

一九四九年五月十六日

潘、夏：即潘漢年、夏衍。

一九四九年五月二十一日

汪楊：應爲汪洋，曾在上海明星電影公司工作，時任北京電影製片廠副廠長。

仲彝：即顧仲彝。

一九四九年五月二十二日

小璋夫人：即錢筱璋夫人張建珍。

一九四九年五月二十五日

安部長：即安子文，時任中共中央組織部副部長（主持工作）。

乃超：即馮乃超。

振鐸：即鄭振鐸。

舒湮：即冒舒湮。

一九四九年五月二十六日

蘇軍管會：應爲『蘇南軍管會』。

白桃：即戴白韜，曾任蘇皖邊區政府教育廳副廳長，時任上海市軍管會文教委員會副主任。

一九四九年五月二十七日

果蘋：係『蘋果』之筆誤。

副主席：即周恩來副主席。

一九四九年五月二十八日

羅氏拓瓦：即羅振玉拓瓦。

陳曾師：係『陳師曾』之筆誤。

周、孟：即周巍峙、孟波。

吴軍委：似爲『吴政委』之筆誤。

一九四九年五月二十九日

華東野戰場：係『華東野戰軍』之筆誤。

沈亞偉：係『沈亞威』之筆誤。

西蒙：即沈西蒙。

一九四九年五月三十一日

楚生：即蔡楚生。

一九四九年六月二日

平林太子：即平林泰子，日本作家。

最缺點甚多：應爲『雖缺點甚多』。

一九四九年六月四日

瑞芳：即張瑞芳。

一九四九年六月五日

光慈：即蔣光慈。一九二八年初，經瞿秋白同意，蔣光慈在上海與阿英等人共同創辦革命文學團體太陽社（附设春野書店），成員都是共產黨員，并建立了黨的支部——中共春野支部（隸屬中共閘北街道第三支部）。

駿祥：即張駿祥。

一九四九年六月六日

安娜：即郭安娜，原名佐藤富士子。

一九四九年六月七日

達齋：即曾達齋。

一九四九年六月八日

何部長：即何長工。

短篇集作集：係『短篇創作集』之筆誤。

一九四九年六月九日

之華：即李之華，又名李一、忻欣，時任職於上海人民廣播電臺。上海『孤島』時期曾與阿英等共同編輯抗日雜志《文獻》，後在上海劇藝社從事宣傳和戲劇評論工作。

揫予：即羅静予，黎莉莉丈夫。

莉莉： 即黎莉莉，原名錢蓁蓁，錢壯飛烈士之女。

一九四九年六月十日

彥祥： 即馬彥祥。

起予： 即沈起予。

敬文： 即鍾敬文。

一九四九年六月十一日

學優： 即嚴學優，蘇北當地的新四軍美術工作者。一九四六年冬，阿英從蘇北撤往山東時，將二十餘箱書籍、報刊、文稿、日記等埋藏在當地機關内和嚴學優家中。因長期埋於地下，這批物品後來黴爛損失近半。一九五〇年，嚴學優在當地政府協助下，將剩餘物品運到天津交還阿英。

陳廷驤： 留學德國的冷凍專家，上海知名律師陳志皋之弟。一九四一年底，阿英離開上海前，將一批古籍、手稿等寄存於陳廷驤家。上海解放前夕，占駐陳廷驤家的國民黨士兵，爲了生火做飯，燒掉其中大部分。一九五〇年，陳廷驤將殘存部分運至天津交給阿英。

一九四九年六月十二日

陳豔秋： 係『程硯秋』之筆誤。

王迎秋： 係『王吟秋』之筆誤。

一九四九年六月十五日

戰前戰二十元： 應爲『戰前二十元』。

一九四九年六月十六日

蔡冰： 即蔡冰白。

廷驤： 即陳廷驤。

一九四九年六月二十日

東山： 即史東山。

歐陽先生： 即歐陽予倩。

一九四九年六月二十二日

老頭子：係琉璃廠舊書商。

趙謙之：係『趙之謙』之筆誤。

一九四九年六月二十四日

三野：即中國人民解放軍第三野戰軍。

一九四九年六月二十六日

六月二十五六日：應爲『六月二十六日』。

吐餘篇：應爲『唾餘篇』。

一九四九年六月二十七日

六月二十六七日：應爲『六月二十七日』。

萬美：即陸萬美，時任第一次全國文代會華東代表團副團長。

一九四九年六月二十九日

楊帆：即揚帆，曾任新四軍第三師政治部保衛部部長，時任上海市公安局副局長。

一九四九年六月三十日

主席團常委員：應爲『主席團常委會』。

一九四九年七月二日

反反把：應爲『反翻把』。

一九四九年七月三日

康農：似爲本年六月二十二日日記中李克農送托阿英檢查的警衛團創作平劇《唐賽兒》的作者，係一九四九年七月二十八日中國戲曲改進會發起人大會公布的發起人之一。

一九四九年七月四日

壽昌：即田漢。

一九四九年七月五日

王明：原名陳紹禹，一九二四年阿英在六安的安徽省第三甲種農業學校教國文時，王明曾在該校就讀。

一九四九年七月九日

雪峰：即馮雪峰。

一九四九年七月十日

秦寄塵：即秦粤生，字寄塵，江蘇淮安秦少文之長房長孫，著有《寄塵詩稿》《寄塵文稿》。

一九四九年七月十一日

譚部長：即譚偉。

朱部長：即朱毅。

一九四九年七月十二日

李主席：即李一氓。

信芳：即周信芳。

一九四九年七月十三日

寶墨齋：係『墨寶齋』之筆誤。

乞士林：即起士林，俄式西餐廳。

一九四九年七月十六日

涵彥：應爲彥涵，版畫家。

中蘇友好發起人會議：即中蘇友好協會發起人會議。

恩來主席：即周恩來副主席。

墨寶：即墨寶齋。

一九四九年七月十七日

大會第十四三天：應爲『大會第十三天』。

木刻與生産：即錢小惠的木刻漫畫集《戰争與生産》，新中國書店一九四八年出版。

一九四九年七月十八日

凌青：即張凌清。

一九四九年七月二十一日

人民人藝叢書：係『人民文藝叢書』之筆誤。第一次全國文代會贈送每位代表一套中國人民文藝叢書，叢書共五十餘種，其中包括阿英的《李闖王》劇本。

一九四九年七月二十二日

本日僅列日期，未寫内容。

一九四九年七月二十四日

改造協會：即中國戲曲改進協會。

平羽：即徐平羽。

一九四九年七月二十五日

信芳、**予倩**、**田漢**、**天民**：即周信芳、歐陽予倩、田漢、張天民。

陸部長：即陸定一，時任中共中央宣傳部部長。

清風：即江清風，曾任關東公署教育廳副廳長。

一九四九年七月二十八日

小翠花：即筱翠花。

一九四九年八月一日

乃超：即馮乃超。

伯奇：即鄭伯奇。

陳醫生：上海克美醫院醫師。一九四一年底，阿英全家離開上海時，他續租了阿英在壽萱坊租住的房屋，并答應保管阿英存放在亭子間的一批書刊、信件等，阿英則免除了他的頂費。一九四九年初，這批物品被發現流散於市面。但阿英仍未放弃最後一絲希望，讓兩個兒子帶信去上海找尋陳醫生，打探這批物品的下落。

凌鶴：即石凌鶴。

藥眠：即黄藥眠。

一九四九年八月二日

景深：即趙景深。

管主任：即管文蔚，曾任蘇北行政委員會主任，時任蘇南行政公署主任。

子展：即陳子展。

家璧：即趙家璧。

傅雪華：係『傅惜華』之筆誤。

一九四九年八月三日

日期誤記爲七月。

一九四九年八月四日

柯老：即柯仲平。

一九四九年八月五日

華大：即華北大學，中國人民大學的前身。

此生：即陳此生，參加過左聯，時爲中國國民黨革命委員會中央委員，新中國成立後曾任政務院文教委員會委員。

一九四九年八月六日

郭老：即郭沫若。

一九四九年八月七日

田、周、洪、歐、馬：即田漢、周揚、洪深、歐陽予倩、馬彦祥。

梅、周：即梅蘭芳、周信芳。

一九四九年八月九日

寄一：即王寄一，時任中國農工民主黨組織部部長，新中國成立後曾任交通部海運局副局長。

伯青：即薛伯青，攝影師。一九三六年底，新華影業公司老板張善琨接受阿英建議，派出薛伯青等三人組成攝影隊前往綏遠百靈廟，拍攝了傅作義部百靈廟大捷的宣傳片《綏遠前綫新聞》，戰鬥結束後二十餘日即在上海上映，每天連映七場，場場爆滿，各界轟動。

一九四九年八月十日

愛萍：即張愛萍。

宮：即宮作英，錢小惠未婚妻。

新中國：即新中國書局。

一九四九年八月十二日

走別：應爲『走動』。

茅公：即茅盾。

一九四九年八月十五日

翁偶紅：即翁偶虹。

宋公：即宋乃德。

一九四九年八月十六日

忙已哉：似爲『忙矣哉』之筆誤。

一九四九年八月十八日

少春：即李少春。

一九四九年八月二十日

胡醒靈：即胡心靈，導演、編劇，妻子龔秋霞爲著名影星，妹妹胡蓉蓉是二十世紀三十年代的著名童星。

一九四九年八月二十三日

趙瑛：即李克農夫人。

一九四九年八月二十七日

燕銘：即齊燕銘。

一九四九年八月二十九日

王萊：原名王德蘭，演員，賀賓夫人。

送賀賓上戲：似爲『送賀賓上戲院』。

坐樓殺媳：應爲『坐樓殺惜』。

一九四九年九月一日

木天：即穆木天。

一九四九年九月二日

日期誤記爲八月。

五、華北文聯日記（一九五三）

一九五三年一月一日

蘆佃：即蘆甸。

一九五三年一月四日

祖光：即吳祖光。

苗子：即黃苗子。

鳳霞：即新鳳霞。

宜靜：即吴素秋，京劇藝術家。二十世紀五十年代曾參與戲曲改革工作。

一九五三年一月十一日

粹深：即華粹深。

玉堂：即王玉堂，又名岡夫、宇堂等。

桂林：即任桂林。

一九五三年一月十三日

姬傳：即許姬傳。

梅先生：即梅蘭芳。

一九五三年一月十五日

模範段：指阿英深入北京豐臺機務段采訪後，着手創作的劇本（未刊）。

菊隱：即焦菊隱。

宜周：即吕宜周，又名吕瑞明，吴素秋丈夫吕超凡的二弟。一九五〇年起在吴素秋劇團任編劇，一九五二年任北京京劇四團編劇，一九五三年調至中國戲曲研究院文學組從事編劇和戲曲創作。

一九五三年一月二十三日

瑞徵：即程瑞徵，時在天津市文化局任職。

一九五三年一月二十五日

張部長：即張磐石，時任中共中央華北局宣傳部部長。

一九五三年一月二十六日

黑丁：即于黑丁，原名于敏亦。

劉志銘：即劉芝明。

章競：即阮章競。

一九五三年二月一日

克誠：即黄克誠。

一九五三年二月三日

張萬宜：即張萬一。

一九五三年二月四日

光宇：即張光宇。

熙春：即王熙春。

一九五三年二月九日

壽昌：即田漢。

一九五三年二月十四日

懷沙：即文懷沙。

一九五三年二月十五日

小丁：即丁聰。

家倫：即盛家倫。

一九五三年二月十七日

頌甲：即張頌甲，時任天津《進步日報》記者。

一九五三年二月二十日

上雜：即上雜出版社。

一九五三年二月二十二日

永剛：即吴永剛，一九三九年在上海任阿英創作的歷史劇《碧血花》導演。

一九五三年二月二十六日

光宇、**震宇及之芳**：即張光宇、張正宇及龔之方。

一九五三年三月一日

鏗然：即陳鏗然。

一九五三年三月三日

言吾生：即言慧珠，著名京劇藝術家、梅蘭芳先生弟子。

一九五三年三月六日

國英：即董國瑛，又名夏昭，錦江飯店創始人、中國女權運動先驅董竹君之三女。

一九五三年三月十一日

一舟：即古一舟。

渢川：即趙楓川。

一九五三年三月十三日

謝剛主：即謝國楨。

一九五三年三月十八日

啓文：即嚴啓文，阿英姻親。時任中央人民政府情報總署行政處處長，曾任中共上海閘北區委春野（書店）支部最後一任支部書記。

一九五三年三月二十一日

正秉：即朱正秉，阿英的大姐錢德貞之子。

一九五三年三月二十八日

慈旭寄窗花一批來：慈旭時爲察哈爾省文聯美術創作幹事。同年八月，阿英爲佟坡、慈旭、華迦合編的《民間窗花》（人民美術出版社，一九五四年）一書撰寫了七千餘字的序言。

一九五三年四月七日

瀾濤：即劉瀾濤，時任中共中央華北局第三書記、華北行政委員會主席。

目録

上冊

下冊

烟臺日記（一九四七）

一九四七年六月二十日至九月二十二日

初四 22

早饭后给[illegible]信——早饭后送[illegible]——借报——饭来同去郭[illegible]处，取回材料书——民盟的人来——郭与他来——送去（由日报）来——同访丁秘书，田政市长——取回市——[illegible]——“[illegible]”等——六点归——晚饭——阅原书——打下[illegible]书（旧书）

初三 21

早与[illegible]——[illegible]——午秘书长[illegible]——[illegible]——午后[illegible]——[illegible]——晚饭——[illegible]来[illegible]——[illegible]——[illegible]——[illegible]四

初二 20.

上午整理[illegible]——[illegible]——写[illegible]——[illegible]——[illegible]——[illegible]——[illegible]——[illegible]——[illegible]来——[illegible]——[illegible]点[illegible]——[illegible]——[illegible]寝

晚夜雨，渐止。

初五 23

早饭后[illegible]——[illegible]——[illegible]——[illegible]——午[illegible]——[illegible]——[illegible]——[illegible]——晚饭[illegible]——[illegible]——[illegible]寝

初六 24

早饭后[illegible]——[illegible]——[illegible]——[illegible]——[illegible]——[illegible]——[illegible]——[illegible]——[illegible]——[illegible]——买[illegible]——[illegible]到家

[illegible]

[illegible]纪念[illegible]文

[illegible]

把美国鬼子赶出去
千古恨
[illegible]
[illegible]
东北人民大翻身
[illegible]
[illegible]
[illegible]
[illegible]
[illegible]
[illegible]

晚饭——[illegible]——[illegible]——[illegible]——[illegible]——[illegible]寝

✓梳子 600
✓鞋子 2500
✓牙膏 350
✓皮球 350
✓書 650
✓英文書 450
✓法文書 } 500
✓像册 }
✓洋灯 750
✓洋油 750
✓花生油 315
冰淇淋 600
✓绳 190
✓[illegible] 60
✓掃帚 130
小人 500

初七 25 晨，回信幼苗，李子伯返烟市宣传处。

午前宣传部民间会议——午后到山下的郑同志治理医院——到新华书店买书——到旧书店一游——又买点心——回烟口医院梳洗——归来——李程送保健来——看到"冰运"一部——分所长行，送3000元——午寝（晚饭后打画）

初八 26

晨同王月，李一声送凡德希来，仪嘉侠侠刻儿子——到烟台日报开会，遇李楷——午饭与文协同志中兴楼——到传达院——遇李青山——旅行会——6点休息——晚饭——寝

初九 27

5点到大市——买X，买扇——整理——写信淄宾，小惠——午后——说来——接——送两封印册——华安农民之衣——这就院——烟口医院——回——收到小惠信——晚饭后寝

初十 28

4点30起——写小东、李东四——陈秋羡信——纪秋书信一集——发号统——下去了——论陈占长春她两帮知画——与她买牙刷——一旧书店买小说一册一大四书志，兹论古地蛋西——刊《凌陵集》，不忘《饥华》，春秋回信，《退四册》，白纳东侠女人，十竹斋笺谱十二册，平云阁船笔——归买洋笔，洋纸，钱后书，书知1000元买抽屉，叶书贝，皮，拟革西厢律句——买茶叶（1000），梳子（300），牙刷（900）等——回旅舍后买拖鞋二双（300）——叶与四十多件来，已三时——方定来，呈给我们的信，合缚线去。——五宝奔来——晚饭后演讲，改方向信，刘子强回，张苗来——送梅东邑节知——十时许寝——（寓烟中日益四十五，与古德威海行引）

十一日 廿九

早饭后自四市一趟，二马路买烟灰缸——买100信封100元——到[illegible]书馆人未来——到大山房看画——小张兄之来信，遇[illegible]——同去看画——至下午一时一[illegible]——午饭——买鞋——写作——新[illegible]1200信笺——往同道隆[illegible]——[illegible]——[illegible]——5[illegible]完——饭后——[illegible]归——至[illegible]道隆[illegible]——买缸——归晚饭——[illegible]——[illegible]来谈——[illegible]——瘦，因胃病也。

十二日 卅

[illegible]——早饭——[illegible]来同[illegible]——[illegible]——十时同去[illegible]十二时返——[illegible]——[illegible]——小书店，[illegible]——[illegible]——午饭——[illegible]——与[illegible]同去[illegible]——看[illegible]书——[illegible]——民[illegible]——回道——“[illegible]三书”——[illegible]甲申记——[illegible]——[illegible]回“[illegible]”——[illegible]——早寝

十三日 一日

早饭后吴[illegible]夫妇来——同去看[illegible]——[illegible]信[illegible]，[illegible]信——[illegible]回信——[illegible]，[illegible]——[illegible]借书八册去——午[illegible]——[illegible]小[illegible]——看“[illegible]”[illegible]——[illegible]四[illegible]——[illegible]书目录——[illegible]来——[illegible]来[illegible]也

一九四七年六月二十九日至七月一日

二日

晨訪亨菁送信方，計劃將[illegible]口岸——我与張藏穆留思山房

看畫——買李東二幅，看指點：傅山、招方，——同去另一

字畫鋪——買小條幅一張——先寫——到史明[illegible]陵篆

白話，[illegible]——至[illegible]接[illegible]回[illegible]25幅，[illegible]

由館帶回16幅——晚與袁價談（至[illegible]）

三日

眼病仍甚，但甚勝。雨甚大，夜未眠，至下午止。——

擬畫目（給吉光）完——三點鐘入市——至藏館——

送布料——古董舖——買茶——至陳處——歸——

回——三時——晚，讀書來賓。

十六日 4日

早饭后与[illegible]乘车至[illegible]，十时许回——写信给[illegible]

三〇，稿一篇。天大热

午饭后上街至剧团——自该处出——归便至[illegible]看电影——到[illegible]山房——翻读地方志——[illegible]十分钟[illegible]3000至1000未决——

归已七时

十七日 5日

早饭后预备[illegible]来谈[illegible]——归后[illegible]——收到[illegible]

信。——[illegible]来——[illegible]英[illegible]——[illegible]信[illegible]

——二时上街——[illegible]——[illegible]——

七——剧团——[illegible]——[illegible]——[illegible]——收到[illegible]

[illegible]——[illegible]——晚饭——[illegible]——[illegible]——[illegible]

[illegible]——晚饭后[illegible]来谈——[illegible]

——天大热——夜间热不能睡，十二时起读"[illegible]"7—8——

二时始就寝——夜大雨（写[illegible]信）

十八日 6日

雨。早饭[illegible]饭后为（[illegible]午后一时，借"[illegible]"[illegible]

——[illegible]书馆[illegible]——[illegible]

[illegible]——[illegible]——[illegible]——摘抄"[illegible]"不[illegible]

改不到了

~~十九日~~ 7日

昨夜雨止。晨早饭後又[illegible]二。薛部长来，乘其便车至外[illegible]办公处，晤[illegible]主任委，漫谈。访[illegible]出至[illegible]访[illegible]主任，介[illegible]一、[illegible]二、信，三[illegible]烟。到[illegible]俱乐部结果，[illegible]小[illegible]买[illegible]面[illegible]子[illegible]然後访延年——到山房，人不在，看画关化组，看书，又[illegible]四书，可[illegible]阅古陆军，谈[illegible]刊[illegible]书，[illegible]西报英战况谈"[illegible]"，至一时[illegible]吃大[illegible]信[illegible]——午[illegible]二[illegible]——到[illegible]饭馆借[illegible]——晚[illegible]——[illegible]在看[illegible]至四时许始归——以1000元一元[illegible]及乾隆[illegible]上[illegible]，[illegible]记归——[illegible]延年——晚饭——李[illegible]来——访郑[illegible]不遇——疲乏——[illegible]写[illegible]，九时回。天阴。

~~20~~ 8日

早饭後，张[illegible]等来——[illegible]来——[illegible]朱[illegible]来——[illegible]——上街——取出车，门口——买[illegible]乾隆[illegible]，[illegible]——[illegible]——[illegible]到民[illegible]于[illegible]，[illegible]纸[illegible]——取[illegible]来我——[illegible]——回（午饭後，写[illegible]致[illegible]信，[illegible]及井部长）——归[illegible]——晚饭——[illegible]力人取箱子回——访[illegible]不遇——[illegible][illegible]问[illegible]——脚痛——阅[illegible]，未之实

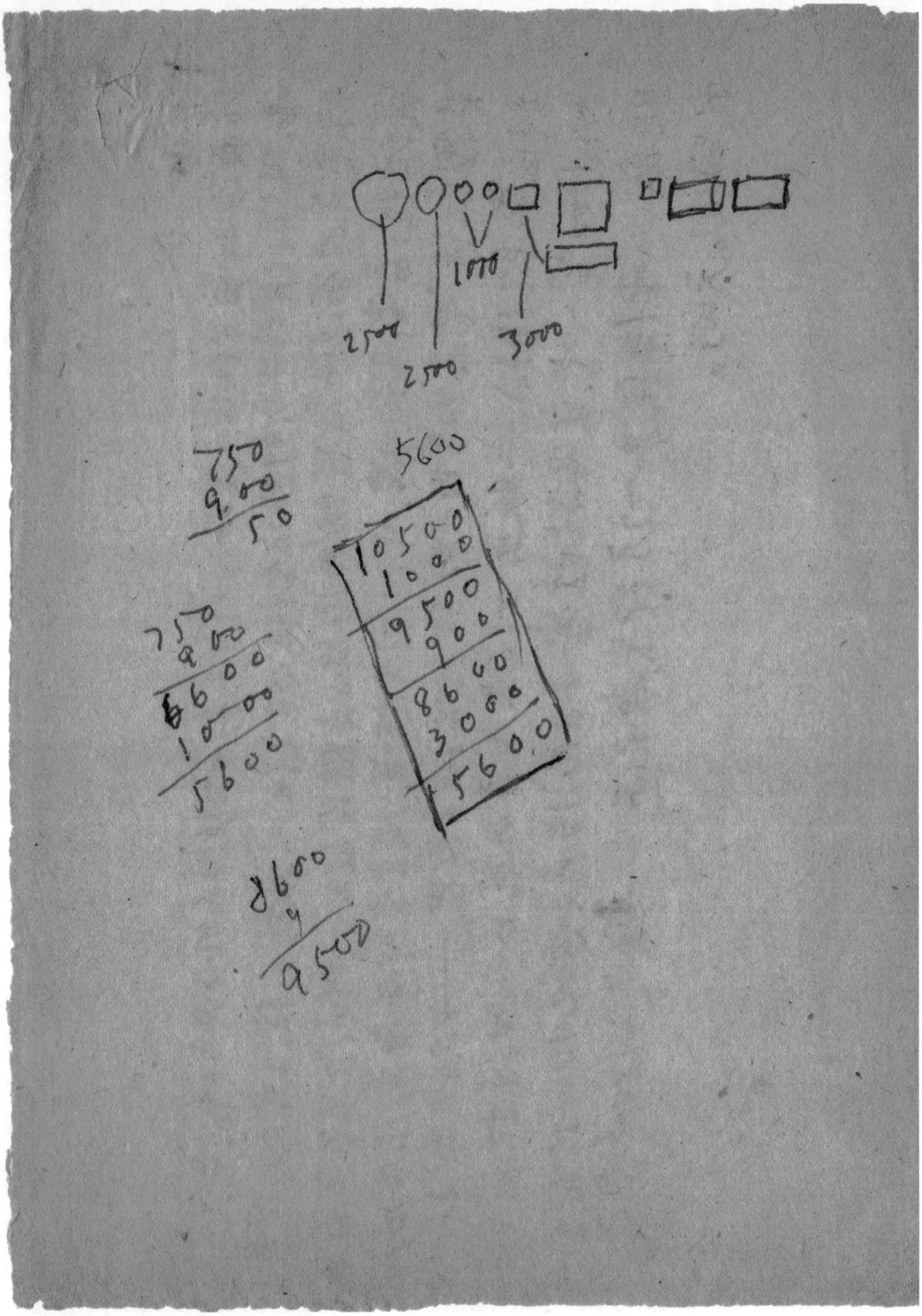
1000
2500
2500
3000
5600
750
900
50
10500
1000
9500
900
8600
3000
5600
750
900
8600
1000
5600
8600
9
9500

一九四七年七月八日

星期三 9

晨王伟同志来访，拍全家照，同去找王某——访姚市长，值会——小孩们回来，找张书4、5册，小画画——一起去同往午饭——满说好极——饭后很累归，钱去写台本——送风信3000元——[illegible]——[illegible]——[illegible]——[illegible]——[illegible]——一晚饭——午后刘[illegible]接来——[illegible]来[illegible]——[illegible]插画。

星期四 10

[illegible]写信给[illegible]，[illegible]，又[illegible]来[illegible]——午饭后[illegible]——买[illegible]——回[illegible]休息——午饭后[illegible]——写[illegible]信——写大连[illegible]信——晚[illegible]——[illegible]来[illegible]谈——[illegible]——"[illegible]"去

星期五 11.

大雨竟日。——上午王[illegible]同志来，谈，同访姚[illegible]，[illegible]午饭。[illegible]读[illegible]——[illegible]——到吴[illegible]信——[illegible]来信[illegible]——晚饭，[illegible]，九时归。

24日12 写信寄小迟

大雨—买菜—访子揆：到又钱—趟—午饭后—借20000—去山西路到~~来~~来古斋，小公—古籍山房—买"十竹斋"100张，"石墨馆草"100，墨10000，标小纸、小碗1000，当时钱200斤，洋12000（借借1000）—买茶叶1600，买烟2200—午饭，付房租3000—归—沈醉来—王萍送照片来—二团日本来—与刘子正谈定文化晚饭—饭后慨庐揆—归后送读书坊"海鹰书"及"四书"到本—带钱借回—谈会，见到徐小大山人，郭一礼，刘士铭等—归后查十竹斋等。

25日13

早饭后给刘鳌西—李飞日本来—午饭后往上上街—与刘同行—~~来古斋~~、古籍房纸—~~古书~~大意买画—来古斋—大福良冰—美术馆买最新的法、日本画集—四顺饭—晚饭后李来—访刘—钱办

~~26日~~ 14

早饭后上街——临之整理旧报——在古董店买墨盒一对，买邓石如隶书一幅，送小瓶及自用纪念，为书联两幅，书鲁迅四书后刻石印章，读旧书——"汉文七种"及小说等，欢喜佛未解决——二时去买宣纸——三时许到家——天晚来，写作二篇——晚饭后大雨——刘熙之来谈——大雨——无事

~~27日~~ 15

早为写宣传品给宣传部——去小书摊二画册——返，张照~~册~~刘宇萬——游新华书店市府——午饭后，至民国信5000元——买照片13张2000元——为阅印，换字印，之后，小冊借3000元——找市府，与厚部印——晚饭后与刘兹接待照片，无事——据藏海行14号到，大约因雨未行也

~~28日~~ 16

上午为张等订书四册——宣传部装箱子——调回订箱——午饭——自己书装箱——送邀行发函——刘合楼来谈别后——致回报一包，画书一部，照一册——留照，拓引，中公统一，刘毓任一——中兴纹饰写——夜间热不能眠——二时~~大雨，二时~~撑起，三时大雨——三时许午睡，五时许起，看中兴纹一两张

[illegible]17

早飯後與韓自忠出—大國[illegible]訪王[illegible]修—要[illegible]錢
向李秘書借20000—看画古陰，全上午無所獲—
買"石鼓讀"1500元—3000買石瓶—[illegible]
致—飯後[illegible]，補[illegible]，1000元買[illegible]，
散抄—到市府遇見王[illegible]—路上買得"[illegible]
[illegible]"，"廣州新志"—韓先去回—路遇見折回—
夜閱大觀（下午雨一陣）
王韓自忠來—

[illegible]18

清理[illegible]—[illegible]—王韓自忠回[illegible]
到吳惠信，[illegible]，[illegible]—午後上街—[illegible]
[illegible]—到[illegible]—[illegible]錢[illegible]—[illegible]
—[illegible]—古陰買承華[illegible]，[illegible]
—[illegible]—[illegible]6600—
[illegible]5000—[illegible]—[illegible]—[illegible]十枚—[illegible]—
牛奶—[illegible]5000—[illegible]
[illegible]人來[illegible]，[illegible]—[illegible]承華[illegible]

19

[illegible]—[illegible]來[illegible]信—[illegible]
[illegible]—[illegible]—[illegible]來—午飯後[illegible]—[illegible]
—[illegible]，[illegible]—[illegible]—[illegible]—[illegible]
—晚飯後[illegible]—[illegible]，[illegible]雨[illegible]

一九四七年七月十七日至七月十九日

20 雨，今日不得行矣。整理一切。午后晴，入市，买烟台志，得"蓬莱志"一部二卷，另黄县志一册，有关志三种，及胶东志又一种。后偕张迎周，同游似缺者一二片，拟返。到刘荪樵处，看他新买的"不衔样"，"日本汉画史"。

21 早饭后，至刘荪樵处谈。郑兰芬同志来。午前来信——下午一时乘车——二时发——40十里路以不能过，折回——"东牟车"——抵家已七时矣

22 阴雨转晴——参观日照博物馆——聊斋故居旧址——午后与陈剑何去往周道陆看病——施针点——大书店：买板桥书法木版等书，周亮工二册——致新鲍章——寄钢笔——晚饭招宋——寄江张迎驻俗——（致书便记）

23.

早，检讨[illegible]，记得，[illegible]这一年来成了行一
致[illegible]，发现是他编、新字记、[illegible]日报、[illegible]
等书，买前三种10000，借2000（嘉諆），（[illegible]）钱（[illegible]）
[illegible]，四。据说有15本。午饭后[illegible]。一路[illegible]，
水多，约40－50里间。途中不停，60华里，60[illegible]。
6时至威海，[illegible]到东山[illegible]，由于[illegible]
馆，[illegible]。

24.

上午三时起，[illegible]，往[illegible]。十
时到市府—民政馆—小市—市委—[illegible]
长行—[illegible]（[illegible]，纪念堂，
[illegible]）—午饭—[illegible]—[illegible]书报
种—文协—各报[illegible]—~~[illegible]~~[illegible]
—民政馆—返—打了[illegible]
问

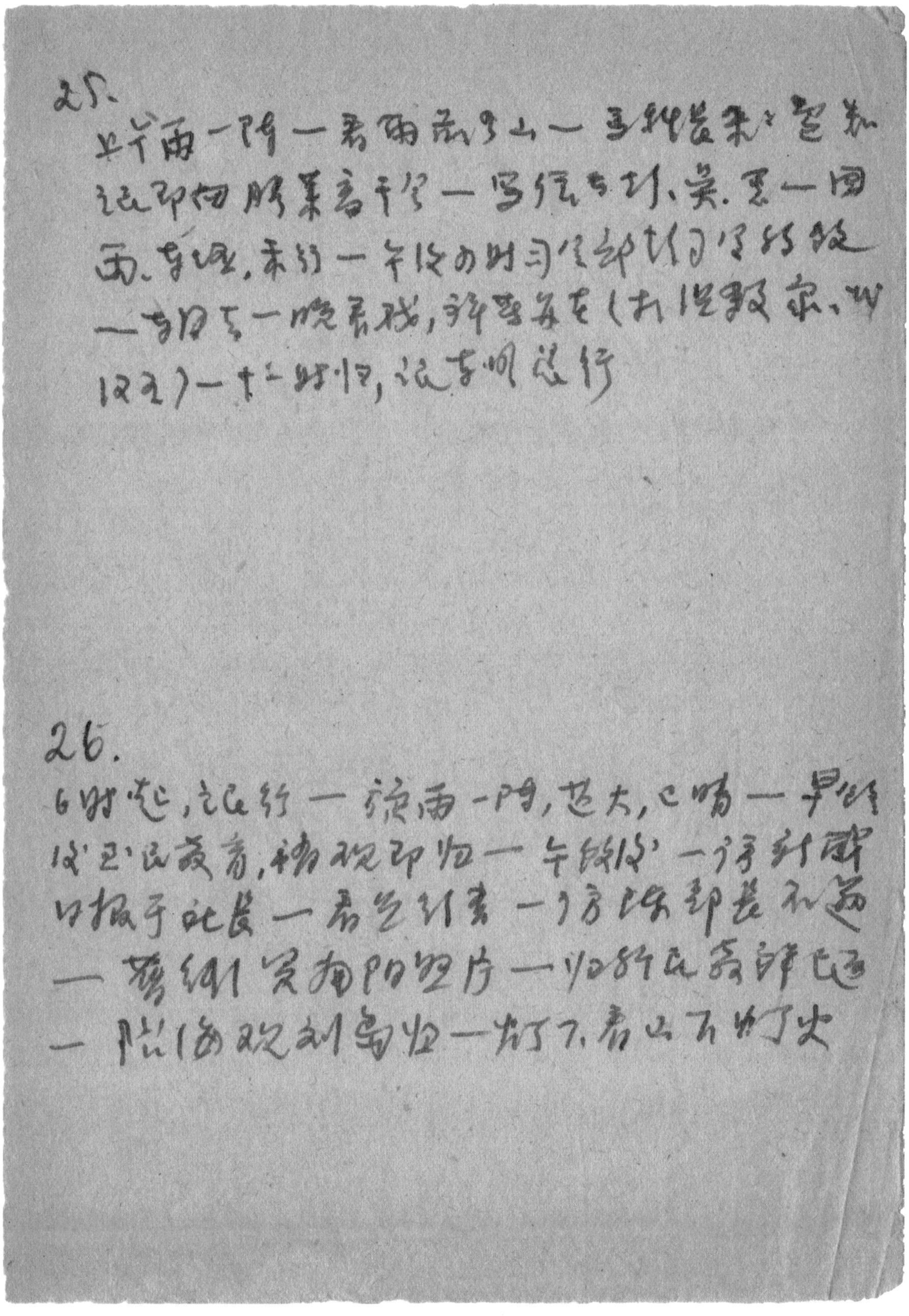
25.

26.

27.

昨夜大雨，今日未能去劉島，吳一蒼飯後，乘車從隆來，邀往民政局談話，寄[illegible]邦[illegible]一封。讀[illegible]不看——午飯後，[illegible]一支[illegible]來，談[illegible]了解，晚飯後去一瘦。一川[illegible]，[illegible]，[illegible]，明日可去劉公島。

28

去劉公島，小舟小艇，風浪大，未去——[illegible]城遺留一集一節書一卷書法[illegible]（李佛州，鄧山人，司備之）——寫詩的——[illegible]——兩個[illegible]不停——只是看書而已

秘書長：
總長將到，並無信一件，據將到。我見李主席曾於23
日抵威海衛。茲覽宏空27—31日。我即利用此時間，前
加會方空伐，並了解其道情形。如無意外事故，（因係
伯有日行前，有偽第在此擊潰于一對之間），至四日以前
可返烟，並必須留此

一九四七年七月二十八日

29 晴

六时许，文协派一小学校长来引导到白鲁迅
园小学参加欢迎会——参观序幕，以后回西——
到会报告后，我等讲话——李副厅长讲话——
"兄妹开荒"——"张得宝归队"——十时许散会——
回住处饮茶，同路逛街闲谈——三时午饭——
与钱杏邨，陈、马同回——谈大众周刊与大众
文艺问题——晚饭后闲谈——月已将圆，出街
漫步，排练，美观——同诸同志到大街上散步——接
陈部长信，明日九时开戏剧座谈会

30. 晴

五时起——六时登烟山市——九时半食，已出行
坊——座谈会——时许结束——市委食饭
——回寓睡——飞机——小睡——访某
同——晚饭——阅看全体队员表演
式——读报——赏海月

31. 晴

晨[illegible]市府来者同去某—两行1时[illegible]—写
4子军，买纸二巾—请不作无机票—拜到
—民[illegible]、—某中戏院饭后—写当回。—
三对开山—市府—1备当三行—民众饭
问[illegible]日食—买豆心与写回四—晚饭后
看戏不成，1学读戏剧—半猜仍实用
三十〇—信[illegible]砲

8.1. 晴

[illegible]民众馆[illegible]会—[illegible]陆[illegible]回，
由[illegible]—[illegible]送朱[illegible]戏院饭后—写当四—
[illegible]式—午饭—[illegible]—写[illegible]来[illegible]
—晚饭—写当[illegible]—[illegible]
—[illegible]—九点[illegible]（[illegible]）—
10点[illegible]来—1点就寝

8.2 晴
六时半至小市买烟(2100)失火,东头,传闻
了见报,昨夜事。午睡除马。二时去北陵看
"血滴纪"拟改题"家已"。市委晚餐。至交际
处见首长。看"小雷山","大团会"两场四。
五山脚,与不能上。

8.3
赴新民日报社谈会。午饭后雨。到总商馆。
(电市府与各种委员商量。)寻英文世界传记探险
纪念书。雨止。写兵回。五时,电斯长来谈
我经台。天雨。行司令来谈,秀欧展览会,

天大雨。晚饭后谈俊。

8.4日
復饭后至市新专科长,云明日有专一日到区委会
通知—市委—路阳公司(福州,陈发字长,张
雅三,兵书组写长)—市委饭—谈话—五时报回
—以逸路的—四千已来—看馆长李思方,以
五为宁—去专科长—晚饭后对来客谈—
做运动员—写出理折稿子,不成。

8.5.

晨六时半来，王政委—早饭上车—鲁米送—700万元—国际英雄作—英平小叙11元—年平萬昌捡去—过大河，走邦安路—下午二时抵烟台—熟深来—返来，始去看新华书—浸浴—晚访学生不遇—加画帽備忘一試—八点来人，收到十五信二通，科华书店付

8.6.

早五时许起写成海信二次1111指数去—午饭后门看展览冬—黄安彼—飞机—三书局，二西書—買烟—归午饭—招教读与送院—与陈詳上街—照相—書店二國語，三書局—回光日看机场—借书款到—晚饭—浸浴—陈震读大字、秋林十年集诗，蔚北大字黄石纪念册—归对黄河台—灯下写惠、秋言、陈荷之信

8.7.

復為之寫致鉞強信——早飯後偕同志回去——
与厚祥去街——李之如借30000——買定菴筆
記、明季史，地學碑目，紅樓夢書肆，印泥盒，為
張啟銘南俞等——逛市街——無耗——買茶葉
——乃回——午後休息——子康來作長談——訪
如看宋本唐宋叙——遇朱情之——到黃慶
來館舊籍等——借印古傳書目，宋一，明三，清
十數種而已

以所印社來

8.8. 印箋連券為"十竹齋"定稿

复姚信，与戈刘上小市买册子二刀——到书
店借明墨三块，仇吉副女像，戈复为俏，并为
张叔任刊何大傅等，还取黄花以致首册——
买烟一条遇无机——雪华等一行来——下午二
时与高到诚斋，遇盱眙，得戈九斗萧册，
旧拓武梁祠题字，汉及至千年古刻，金石何
拓序之作，西汉阳三老石堂画象题记，刘燕庭
藏东坡寓汉隶赞，飞鸿十二行，小拓黄帝女志，
又商年小万二，小篆某方子一，林纾花卉轴，
为张伯驹二部。晚华等来谈、夜大雨。

8.9.

天色甚佳，晨发李雨一件——借纸通知一书籍发箱编目，达夜始定，计二箱一百五[illegible]等书籍一旧书陈来道的三信册，计4500多元[illegible]一上午，[illegible]为查乘给[illegible]信，[illegible]并我看明通全信，整出"列女传"68张另做一详目。

8.10.

晨雨浮[illegible]上纳。丰维熙之来，谈美元[illegible]会了。买木条十六根计洋450元。[illegible]"九宫山"了。到书店，取苏城志及[illegible]志及[illegible]刊一[illegible]志及[illegible]告志。[illegible]通求古书，嘉庆[illegible]十[illegible]画册一部，买[illegible]本日。午[illegible]，寄稿费及[illegible]来[illegible]。午后到[illegible]通，[illegible][illegible]，雨[illegible]，[illegible]，[illegible]，雪[illegible]回。晚[illegible]来借信。

8.11

天大热，终日未出。陈乞林送旧书来，以12000元为说之买隋嘉靖本"文中子中说"一部。上午，拆散会要本到半件，再装二个箱子，预备北行。晚读书。下午，小可去看"月宫夜仙人"。夜十时始眠。

8.12

天大热。晨，威海维归去。与刘锋去胡同上看锦集不遇。至陈处，借孔丛子一部。午后，寄锦集信。建民来谈一过去。陈乞林送旧书来，共计之，14000元。小可来，将未了的书排好。晚饭后，刘长来谈。据此钱复职，殊不能保。

8.13.

天大热，上午拟上街，因热中止。下午访[illegible]，天不果。傍晚陈东枝来取[illegible][illegible]某的[illegible]。午饭后，与刘[illegible][illegible]去[illegible]家，借[illegible]卷本、[illegible][illegible]全书[illegible][illegible]全[illegible]录[illegible][illegible][illegible][illegible]一册。

8.14.

[illegible]，[illegible][illegible]来信。拟去拜访，下山遇雨，在[illegible][illegible]知小雪而返。[illegible]部长来。午饭后小睡。至陈[illegible]，取"[illegible][illegible]"中之石册，借回。[illegible][illegible][illegible]城，价40010元。买烟二条4600，火柴二包900，茶叶半斤2400，肥皂二块600，[illegible]食一斤600。晚饭后，刘[illegible]校来谈。

8.15.

上午大雨。夜又大雨。午后上街，得"家书"，"琉球の学问目录"各一部。找陈绍禹不遇。访王乃夫不遇。黄谷，钱梓行，陶咸伯来访。刘丹白，刘海来，陈只民来。十四 下午去看苏联电影。

寄黄洪宪信

8.16.

晨去郑振铎，看纪一，想李伦一，找王乃夫，看楼梯 一理发一归一钱梓行、魏绍昌来一下午，陈鹤章等来一雨一停一晚学康、黄、孔来 借去十册一为范勤阳同游草阴 过新山

8.17.

晨，[illegible]木箱一[illegible]来。[illegible]
[illegible]一[illegible]来一[illegible]一[illegible]
[illegible]一[illegible]，[illegible]，一
[illegible]中[illegible]一[illegible]
一[illegible]一[illegible]一[illegible]
[illegible]来[illegible]。一[illegible]
15夜[illegible]。（[illegible]）

8.18.（[illegible]）

晨[illegible]入市一[illegible]三，[illegible]一，
[illegible]二，以[illegible]，五台山水，[illegible]
[illegible]，[illegible]，[illegible]一[illegible]一
以[illegible]一[illegible]来[illegible]一[illegible]
[illegible]5[illegible]，[illegible]一[illegible]
[illegible]，[illegible]。天晴雨。一[illegible]
一[illegible]来[illegible]一[illegible]
[illegible]

8.19.

晨至·黄秣处，取照片与黄部长看——昨病未
痊愈好，告一拟来潘一年的与原拂，拿来上州
照片，钱锋纸来一看所呈——送布一书店；取
石卷张东全剧诗二册，英国之将，字武字石碑
及汉泉四园——时拨小麦100斤——水——
晚去四一晚，谈节节与看戏，戏但与字源
读信记——昨夜可四腾病，今日上午，
注意寒热也。

8.20.

陈东校造全剧诗来，结帐。——情况甚好，回发备
战，唐政针付——三时至工商与伪药所长彼今日
行，托其分纪工商与阅仿——逢段郑若山日去来
谈——将公之运往信，借款，参加工程设方——
晚饭后与黄康生市新线决工程问题，未延市
长——午前陆高来信嘱回，黄部长意，专此再
坚持一时期工作——节部长行

8.21. 晴

晨，庸同志来联络卫教工作——偕晨访姚市长，解决卫教问题，当可不出院，但对情况隔绝，即当下面解决，以进城方为宜——去市府早饭——[illegible]同志来与之谈情况问题——午睡后，议定给上级，[illegible]部长经卫部，秉[illegible]去，刘所长，[illegible]同行——饭后到[illegible]校处看石器，书籍——沿海岸归回——情况估计，无安全[illegible]一般——晚到学康处看放幻片——

8.22. 晚大雨

偕晨与时纯争——到市府找郭等商述店——陈杰，将吴大谈论[illegible]回[illegible]，[illegible]文告一会由，无[illegible]书数册抄，通[illegible]。此事真[illegible]材料为论文资料——[illegible]来同到张清处及[illegible]——村[illegible]——到民众馆[illegible]出门去二，一[illegible]

牧信，一支造反——内阁9倍30000——
石振已，甚么样去——归来未来同志多个事如
——铁路材料——写信与王新找信号——
晚晚后大雨，在说文之与连南名余某馆
谈——收到陕西信，接翰斋小丫大使结果。
有些苏巴匠出，给他村另来了——共产党3/4
土中材料——十一点睡——大雨假出，做梦不
止，信中成阵阴关（困倦）

8.23
昨夜大雨，且晴，忽然后又雨，近午始放晴，
晚又雨。写铁路铁路材料。据报君达已为
敌俘，该州失去。李达洪同日送地作。林木
亘铁路修订稿。陈宗校来，昨始返来谈文件，
准备一九四七年拓的日记。午夜后，整书箱
第三号，收拾画幅。吴月波出来与冯俊周来
访。晚饭后吴象来谈。灯下接完全部铁
路材料。记录整理翻译印件——附苏联包
相机及底片照片。

8.24.

晴。烟台解放二周纪念日。部队等大市区游行。八时雨，近午晴。送校"遗山诗集"及"全祖诗综"材料。午后，到陈友，借宅插东及第一期阴符，价钱2000元，借"国朝江左诗钞"，"依写诗"。地摊上，买会画辑二，被面拟东一，小西厢共一册三种，合1500元。旧书数本，4500元。买字画楼梦合1600元。遇刘江伯。送洪纸，价若干妇人，书江浙湖广坊店信去。"空头"为晚餐后，张复来谈昆虫。作为之排整理，依己意速写之偏。晚，在寓中谈补遗，大雨，风来。前日所见，故作按语。今日，村中腊烟数次，晚饭。借予曼英5000元。

8.25.
上午参加文化会议，无新主题。至十二时，先一步。午食前又与毕"书戏"，未及听也。还"全唐诗录"。午后读"江左诗钞"完，倦之，睡。金政兼来，谈甚好。谈好同志，以会员来此编，见说得太多矣。晚饭后外行。借来陈安守的诗选。

8.26.
上午8时开会。午后小睡。旋往见金君，到法国医院注射针。到光明café，买纸本子800元。买茶叶点心1800元。乃去回。晚徐克明来谈。

8.27.
6时，徐克来，约往小市。得一旧书，国印两本刻集。一刻嘉庆藏之秘本，索1000元，未成。吃牛奶油条。雨。借古欢堂集及诗集。到光明找陈纵谈话。买国货人"书房一篇"，150元。归后摘拟古欢堂集完。买毫三节，打消息，价1450元。~~午后，拟~~雨一阵。下午，徐克明来谈，拟为写徐颇真印材料。晚无事。

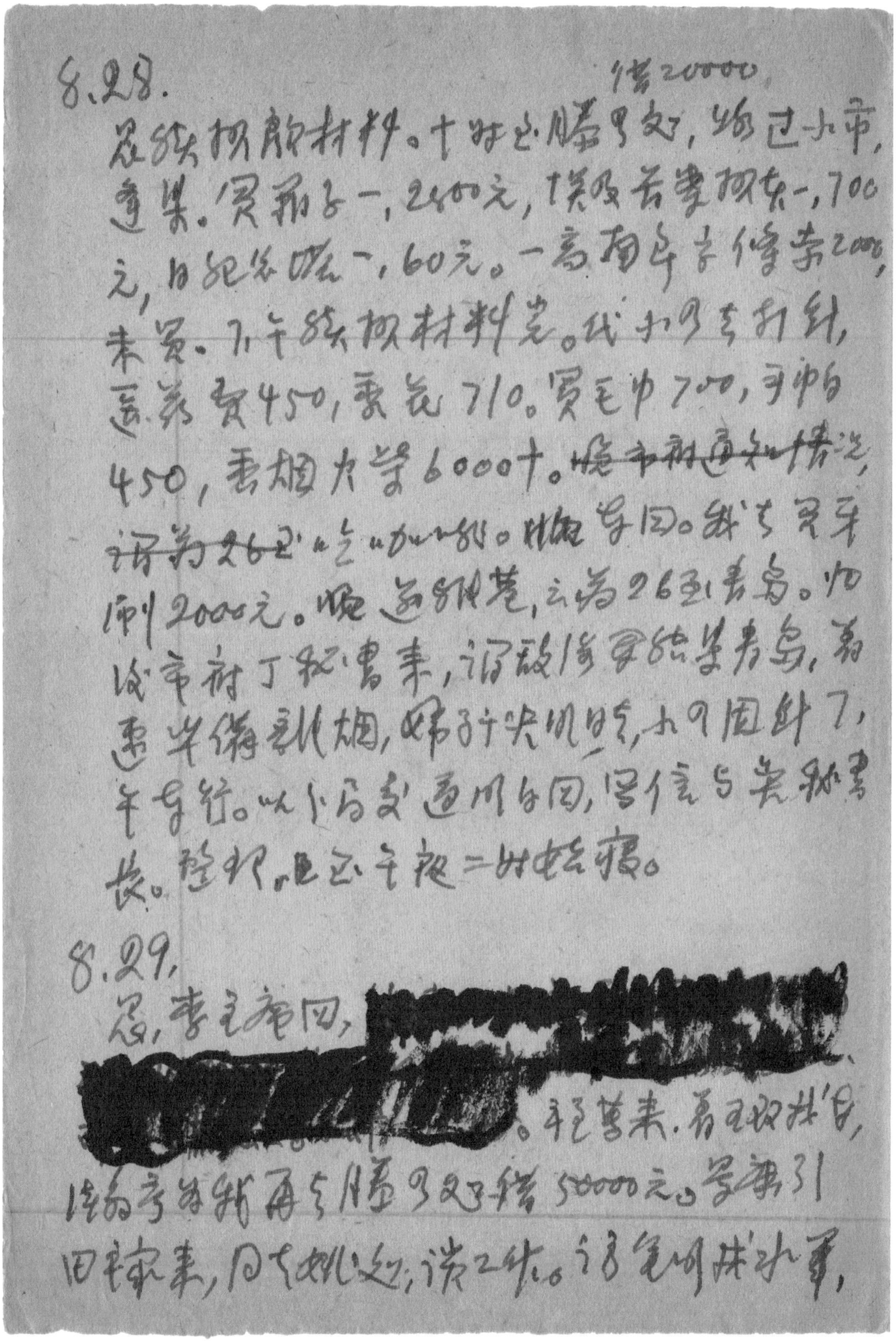

8.28. 借20000

晨续拟购材料。十时去胜男处，始过小市，逛集。买瓶子一，2600元，[illegible]一，700元，日记[illegible]一，60元。一[illegible]2000元，未买。下午续拟材料完。代小[illegible]去打针，医药费450，车钱710。买毛巾700，手帕450，香烟大[illegible]6000十。~~晚市府[illegible]借汽车为26[illegible]~~ [illegible]回。我[illegible]2000元。晚[illegible]，云为26到青岛。[illegible]市府丁秘书来，谓派[illegible]给某去青岛，为[illegible]，[illegible]午出行。[illegible]通川[illegible]回，写信与吴秘书长。整理，[illegible]二时始寝。

8.29，

晨，李主席回，[redacted]。[illegible]来，[illegible]，[illegible]与胜男处借50000元。[illegible]引田[illegible]来，同[illegible]，谈工作。[illegible]，

记件，带二子去。为谈整理此件画。午後，拉
架来，缴陈佩朱之人结束医院手续，由翠英
交数目，计810粮30斤，粒粮50斤，又2000元。
为铨画幅。为子写信。五时，至新闻处看石药
慈，旧子接行二。晚饭後至行，二子，乙双日十，
又写英画一件。子改款5000+700+400。借
黄日记日去。晚，至谈之处与写意等候读。
此行情况。

8.30.
上午修谈之画，为铨装箱完毕。木匠打
箱架，买钉500元，洋灯2600元。午後[redacted]
与小四去打针。买糖。剃
头。买肥皂400元。整理行箱及日行。

8.31.
~~定与厚辅~~手续业来，拟刻印章等事。
上午整理，作出行准备。订报存情上。
午後，与厚辅上街，借"文苑英华"一册归。
晚与谈之至，小四假，去定陵看王坟全本也觉甚，
十一时归。马部长来行嘱来拍画，请三后吾来
电专请车船，决日行。

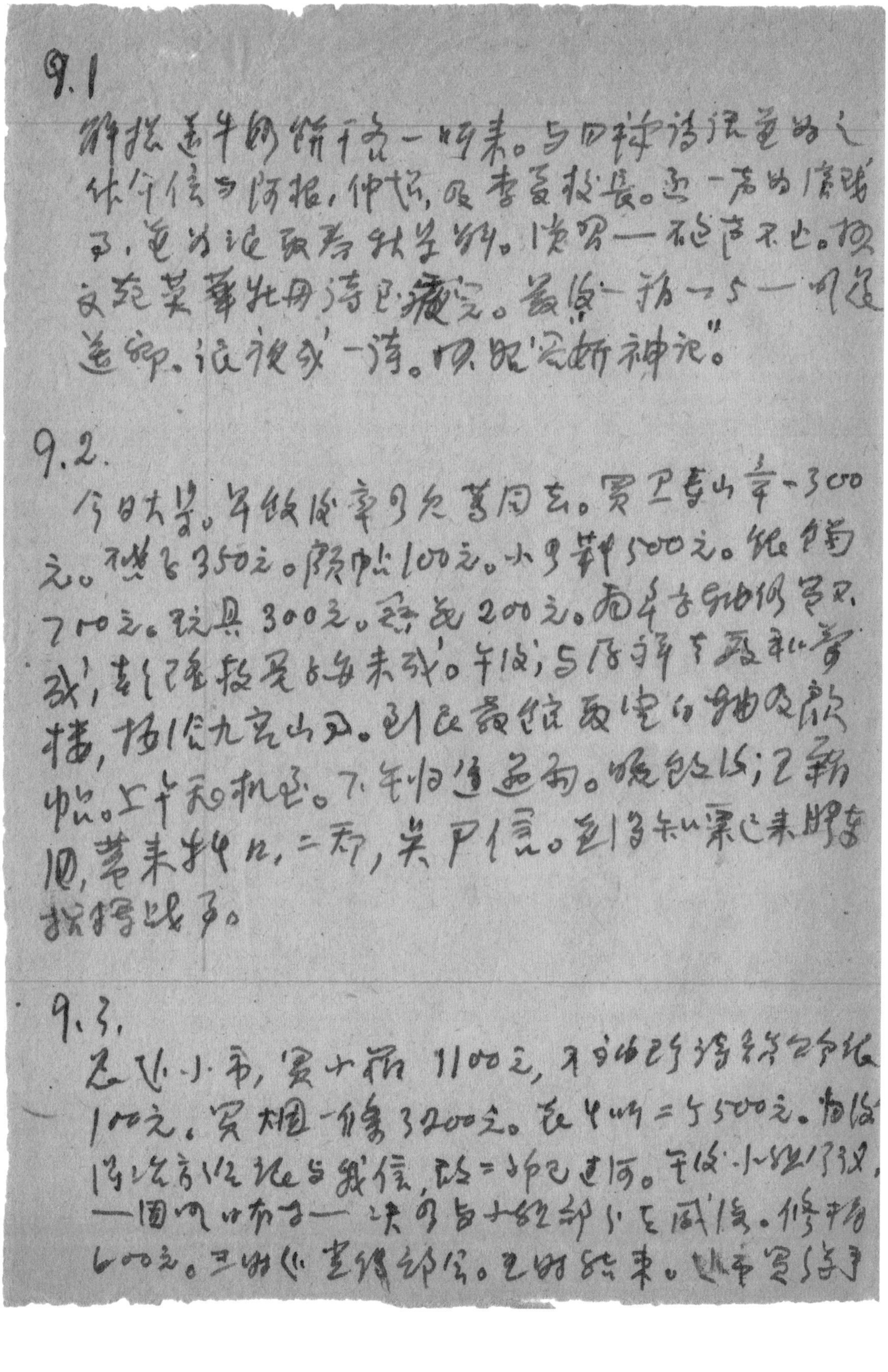

9.1

将报送牛的饼干一听来。与田[illegible]请[illegible]之作介信与阿根，仲[illegible]，及李蒸校长。还一年的房钱了，[illegible]我秋学期。[illegible]一[illegible]不止。校文苑英华牡丹诗已校完。[illegible]一[illegible]一5一[illegible]送卿。说[illegible]成一诗。[illegible]神记。

9.2.

今日大[illegible]。早饭后[illegible]同去。买[illegible]山[illegible]—3500元。[illegible]350元。[illegible]帖100元。小孩鞋500元。[illegible]元。玩具300元。[illegible]200元。[illegible]，[illegible]来我。午饭后与[illegible]，[illegible]九[illegible]山[illegible]。[illegible]帖。上午[illegible]。下午[illegible]。晚饭后[illegible]，[illegible]，二[illegible]，吴[illegible]信。[illegible]挤[illegible]了。

9.3.

[illegible]小市，买[illegible] 1100元，[illegible]100元。买烟一条3200元。[illegible]5500元。[illegible]与我信，[illegible]。午后小组[illegible]，一[illegible]。[illegible]600元。[illegible]结束。[illegible]

巾500元，帆布包1400元，笔套800元。茶叶2包400
元。香烟又一条3200元。肥皂二条，800元。收到
宣传部送"九宫山"演出。归途遇雨。到华岗处
一谈。潘之汀来。夜三时才听到他们动
身，大雨方止也。

9.4.

忘了九宫山了，作为来，出井部长。付小孩650
元。写信与戚佛民、朱凡（附致朱凡一信）。井部长候之
出。王嫂来。去山行，决定明日出发，人偕行
通知。晚与傅治去看戏。我与李之华，[illegible]
王三访刘光青来，不遇。回已等候久，倦了。

9.5.

上午上街，买得收音一，纪念票二，又为施之借"编
行集"、"宋词"。午后，何白送衣箱来，当谈之，
并加整理。回时，刘伯青来又吃饭。晚饭后
整理衣箱，常落切状，一切收好就寝。

9.6. 大雨

今~~□□~~大雨。無侶，整理對聯目，試改存可留者分為一冊，得104聯。黃昏雨始小，與張先生等晚飯，情況未甚緊張。劉師已抄六冊。晚，研究詞選——白石詞選。

許君、殷和黃楊談九宮山的筆記。旅君、孝先看書，借得從集精華錄一部回。回見先廣播，知在年度。晚，閱從隋集，先二冊。

9.7. 雨

晨~~[illegible]~~微雨。晨往市，購取二冊呈來，往集（與羅陳等同行），買"聊齋誌異評"一部，四冊，共二（500）。歸後大雨。以本一章[illegible]，午後二時

9.8. 晴　　　　（寄晨表及女兒像果）

晨六時，與羅家乃足上小市，旅君先購看"九宮山"紀錄。買得晚清33家集詩四冊（放北京寓），又訂"唐詩品彙"二冊未取。下飯時，情況較近平，度達去山後，將轉移來商決十日後行動。至市府領運箱子。晚，劉丹將看王嫂"鏡花緣"未去。讀從隋精華錄，得宋末詩二首。（為收紙作二書）

9.9.

上午与小布往找陆部长会晤，学谦与小四为其白竹，至十二时来至我处。午饭后去其将饯拉佛寺，蒋白纸——与祥坐约一局不仅可，乘车回。夜乘凉，是夜始睡，不知之痛甚也。今日发来五一女来，带小孩子。小四与子信写描一张。

9.10.

昨夜睡后体力不支，今日上午休息。写胡调信买皮带，（写）。定将为李将决要付诚借钱问题。晚子来，他与小高，送秘书长。并托买钱。晚七时与沈先生去合团看新本"九宫山"，十一时完。子乘刘车，我乘姚车回。夜来大雨。

9.11.

晨找祥东同早饭后来。早饭后，与沈决定写一篇"九宫山"意见问题。次付稿费450及欠款2400元托钱与李借钱。同单王25000元写信去买东西。我与小路与合国医院打摆疾针，(1000)，买牙膏牙刷，牙膏，扣子，棒膝(250)，微雨，乘车回。王晓牛来，谈意见，王与小四摄影。王写信"红黑女剪影"，小四去看球。下午谢丁来访，约写九宫山文，

州一信，约午饭言。刘部已拟入选，南京承认退役
郑林汉阶段。傅自大学来同，仍不克行。大
家欲在再留一二日，看局势转换定。买文具
意见表，1500元。

9.12.
晨，道长处出去。约九时许去大学，借一册1500元。
到悦明处吃牛奶，返回十二时。午后小休，后出[illegible]
甘所午饭，去"增盛"则已结束，遇孔楼。下午
地9000元。旧已六时许。晚饭后，陈君来，
买纸4000元。还来拔来。后到阿午写文作，
笔，找知识等等。

9.13.
七时前，小组集中来我处。饭后一同，九时往见与李
建之市府，买市府拨单，领放各文件，买草书五册1本。
编号二，是水一。到陈处买琉球同盟报，托送李之信，
饭后小憩。会后，出外，孔菜，返回已十二时。饭等一时
始出发。我陪孔先生，往孟谢丁，并见姚。四时
许散，6时回来。然后，遇小麦等前到。到酒馆
吃饭，十时许回，即宿市府。于市长在上
午即搞七段，马科长为司令，陈部长去大连，
吴政委为主。约一时睡。（小麦去找航路）

9.14.

晨起，看室内藏日文书，得"双影夜情"、"華之寶"。与沈芝昂至小市，逛窑，归饭。饭后至安山，小竹行，得黑诗三份像，以赠沈老。我与芳林看吴亚委。得知李调七郎、刘子波方——此地仅供在，前线司令部，市委正在联系回人，陈安川至大连去。谈工作计划。返回安山，我们住原室。午饭后小休息而已。今日报载刘写捷报，延安捷报，陈郭城捷报。

9.15.

晨五时去小市，买木箱7500，铁=1200。锻核200，母鸡400，扇子200，画册200。早饭后，理发，剃头，吴亚来谈组织谱写报告。[illegible]，益发家日行。择定总店周小学地址。归午饭。[illegible]饭后，傅先校来谈[illegible]。[illegible]长吴政委来，谈话，送此手稿。查，[illegible]有副材。晚饭后至新威看戏一出，知事力，全本回盘山，演何日下达转信，归已十一时许，小读而寝。[illegible]今日未到，估计到大连去矣。

9.16.

早饭后，吴政委来，乘汽车到司令部访陈参谋长。午饭后返报社。晚饭后到新戏院看全本"孔雀[illegible]"，并将"九宫山"剧本交[illegible]。十时许，大雨一阵。

9.17.

晨与姜参谋上小市，买得稿纸4刀[illegible]，[illegible]知[illegible]。作书朱部长，并[illegible]日去文化[illegible]，一谈一月日去。作书朱部长，[illegible]秘书长，[illegible]，送朱部长烟一条。吴政委送山[illegible]，午饭后我与[illegible]到[illegible]园，[illegible]一会。大时[illegible]行。午饭后我与[illegible]，晚间[illegible][illegible]公安局[illegible]市[illegible]晚饭。是日疲劳，晚间[illegible]，作小休。

9.18

吃[illegible]饭后，先[illegible]又[illegible]上旅途了。[illegible]，绕小市，[illegible]一把，找100元。买稿纸1400元。旋[illegible]同志来，[illegible]来[illegible]信，[illegible]不[illegible]，[illegible]决定一部[illegible]，我也[illegible]内。并有信[illegible]吴政委处一他[illegible]夜回。[illegible]未[illegible]上车。旋[illegible]与[illegible]去吴政委处，[illegible]司令一信，[illegible]山一信决定我去[illegible]。[illegible]，且[illegible]稿[illegible]编[illegible]，决去。[illegible]来，[illegible]

回，至市府午饭。二时访李勇，谈地方志。归来44。
电话稿拟发。钱转竹留言在溪电话，望去。
先找刘凯，托其发电。后到新威挑战，去与
傅社长小谈。刘回，电台无空，乃复访吴，
谓他处无办法，可俩寻人送。四时，王东生来
访，文协XXX来访。刘凯回，谓东海书局明日
有人同道，乃将书送去。全秘书等一行来谈。
敌等李勇来，谓明日决派书记去，乃决将鱼
取回交他。毕按其帮忙解决了似信问题。
晚饭后，去新威看"梁山伯"，悲剧演成喜剧，
州刘数等改编喀秋英台，"喀山伯"。归后
整理一切，近十二时睡。

9.19.
晨赴小市，买连行稿本二册700元，手帕2条，1000
元。写信与一报同志。傅启板来谈戏剧问题。吴玖
寄来信。报载徐悲鸿去世。全秘书等及曾君年同志
先后来谈。午后，喀胡调海等打扫房屋。三时大
雨。午睡不着。但日感疲劳不已，痛苦甚深。

今晨洗下肢腳，大雨，寫紅葯水，送吳政委，回來談。飯後，馬仲長來談。晚飯後，于市長來訪一純。今日自卸回，芳來，談英區刑罰，那家弟弟已去沙，說小子部送知有電話，不久偕劉方兒來，陪帶二十四外，明日可到。九時雨止。八時後雨止。

9.20. 小市買布一斤7000元。

上午，X處長來匯映新城情形。李館長同來。全秘書，芳達高來。與芳鄭到市委，~~[illegible]~~芳給一小台遠文管，將記信5。九時許同魚誠陸與會，王秘已送文協。十時開會，報告具体，討論。吳兆談話去，十二時半散。午飯後，全秘書來去與行（他們全體上午已到，往等他們，全七百元。將把他們住處。二時，與吳秦同訪于市長，三時去與回，臨行会拍一照。電公司送來魚一捆，合年一斤。吳型來談。晚飯後，去新城看前東"八劍嘗膽"，十時半回。新華報社論"救從如何城鄉"，12號又有新意矣。

9.21.

小市，縣，5000元。早飯後開全縣農民救種會議。訪鎮鮮訪，不遇。午飯後，張仲長來，翁子封，新會情況，至晚差大。張秘書長來，得仲良日來信一張信。他們全體去看戲。包得通知，一路在市委，急去。

十一时睡。

9.22

总秘书长去。与刘长同会。两湘书五年约。张杜马林。会说须买，小船10元。准备。二时半到常德，转长沙。防空车不开，4.30行。五时将到公共汽车站，开始搭到指南，知似日不能行。

大連日記（一九四七—一九四八）

一九四七年九月二十三日至一九四八年八月十五日

23.

昨日情况，我在莱阳东面歼敌二千团，敌已退缩莱阳。上午，领钦元，至阳丹司令部120000。倩卫瑞去，购运药物。约十时，天大雨。贵政委来信，告知[illegible]来同行。谓今日下午四时有船。即安准备。后得知船上人已多，我等改明日行。雨未止。晚饭后，泛谈之半夜。

下午五时，倩一[illegible]男同志来。携朱司令信，并为领我随军行也。

过晚，[illegible]全部提取，共十六人。

夜，繁星满天，明日天大晴天也。[illegible]，还要休息。

24.

晨，继续进行政治报告。清理文件。准备寄去，准备行李，领取粮票，准备寄走，做什么。十二时许，准备动身。三时成行，一路无事。

我们到了海边，刘公为又跑[illegible]。有船五只。约五时许，计划的船——一艘信号（帆船）。我等因清理船员，于明日启航。住戍了。[illegible]又为我们改编。[illegible]，[illegible]已自莱阳退出，似不可能。船将开，[illegible]来，[illegible]。因我等已准备，今天到[illegible]部，是隐蔽去。李[illegible]，刘义接家属今日去。吴[illegible]来。晚饭后[illegible]印稿。[illegible]，今晚又来一次。

[illegible]

[illegible]

[illegible]

[illegible]

[illegible]

[illegible]

[illegible]

[illegible]

[illegible]

[illegible]

[illegible]

[illegible]

[illegible]

[illegible]

[illegible]

[illegible]

[illegible]

[illegible]

一九四七年九月二十五日

26 ~~25~~日

刘教授　近江街修竹街口宫田耳鼻科

陈局长　关东实业公司大华公司三楼

苏斯　世纪街大连日报隔壁（关东贸易公司斜对面隔马路）

晨起甚凉，一夜未能好眠，以人载过多也。昨夜二时，到达马[illegible]海面。天亮后，遥见山影，舟入彼中英港。追纪岛。十时进口。待检验，下午三时登岸。市政府派人载往。一行分散，李张等回家，余随维清、陈局长赴公安局住此，继始移寓旅馆。刘教授来引赴旧宿舍。与等众教授出小花园、中心站、星海公园、马场、中国气象不大。沿街来，亦经过。晚饭后再出散步，项后寝。

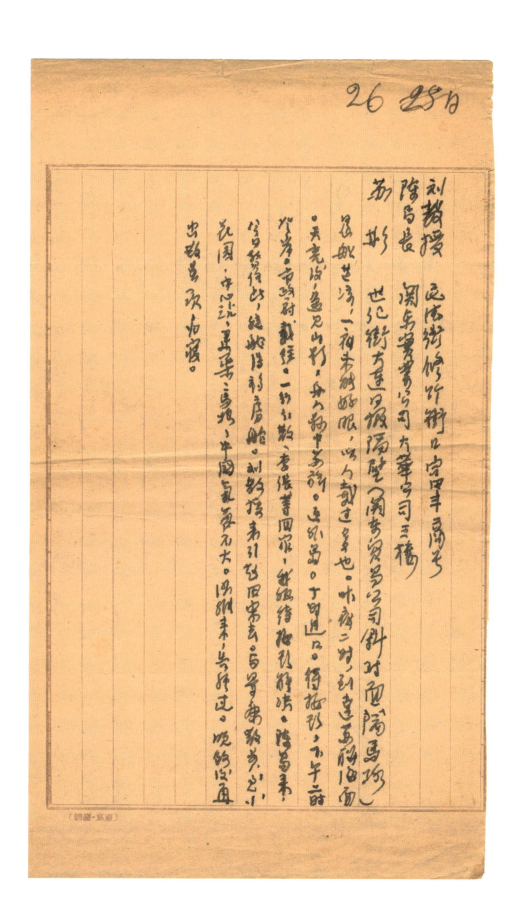

27

二十六日　雨　上午在寓写阅读。抄好工作单。

早饭后，赴大华公司找朱毅部长，未至，找陈处长，由他打电话约时间，朱下午来。同周经理嘉麟见宾队负责者，陈约来讲话，结果定于明后期到，先找房屋。饭后朱来，谈约许回。

收拾行装等物。李纳来与竹勤谈话。陈炳夫妇后来。

午饭后，同出。过一旧书店，有最早版《代数史》一部，索二五〇〇元，索价太贵，当即买下，共价，索五〇〇〇元。

江涛约同购买家具，不及往，遂去之。

朱部长来回访。

四时半，江涛同李来，谈至五时许去。彼为此任教育所长。

六时半至大华晚饭，应朱部长约也。到会者李、苏、王慧、红茂、刘丹、白涛等约十人。市长某、地委书长。与地委书记谈地区工作，基本了解大体情况。

晚有新华书店，部队宣传会，商中山堂晚会，已定预备出。

27日

4时即起，清理书箱，检出家人寄存物品。

夜至时笔写已毕二篇小说，尾声。

六时顷，天大亮，可望晴也。大风雨一日夜。寄家中给侯桂仁信函去。

早饭后，乘三路车到市府。给大连市的一正式信——主张将大连把各种工厂归公开。与何吾冀、王钧章。

解决小组问题。电影问题。东北之影问题。教育计划。

天又大雨……

与凡夫、金章、景论等去周东初主席处谈小说。一个知识阶层的孩子。

前往车站回，已12时，刘时晖带信来，请拟答问题。

午饭，二位兄弟与包约一同到他处睡。

厚祥兄要上街换衣衣。

周纯全、林一山、郭蕴风，东明去时在"辽大学"晚饭。

与周纯全问住处了，侯书为来解决。

98

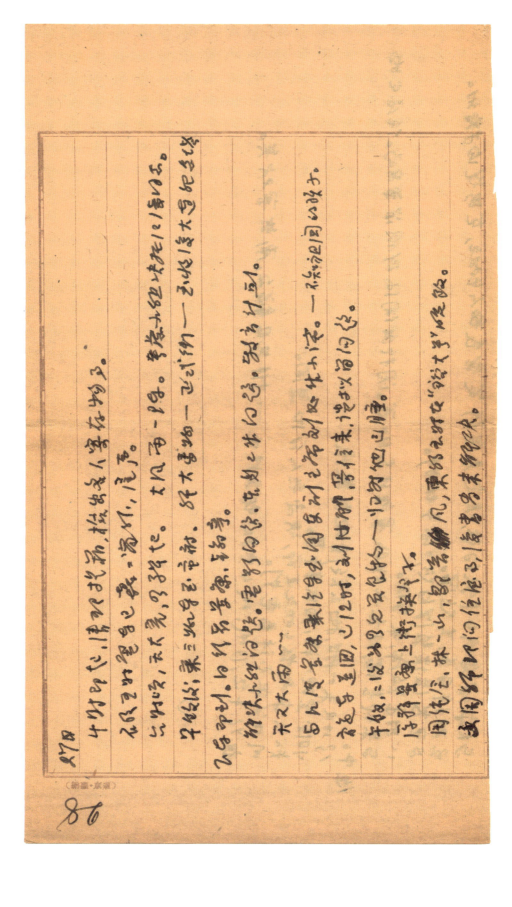

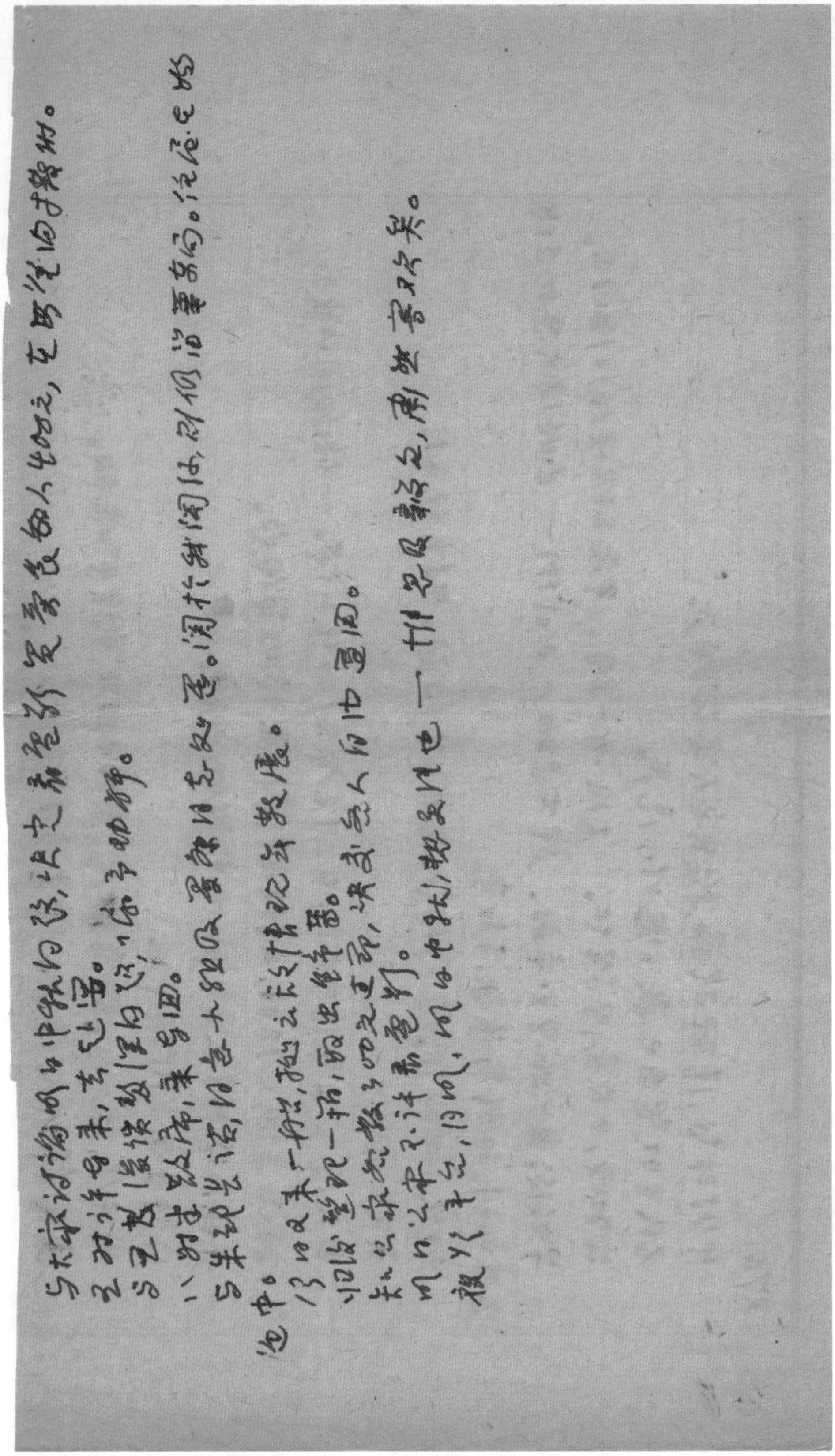
与大家讨论明日中秋问题，决定每个新兵家属每人四〇〇〇元，在明晚内拨出。
王对许长来，去总署。
与王克俊谈货款保管问题，深予协办。
八时出发席，来与四。
与朱政委谈，问老十纵政委刘同志如何。阅於我阅读，对伪当事略。住后已收
途中。
下午又来一批，报告新情况与发展。
旧货整理一箱，取出饰物。
知公家发给三〇〇元过节，决定每人自由支用。
明日公家不许发电灯。
夜以手书，月明。明日中秋，按照过去也一样思及亲友，虽然喜欢矣。

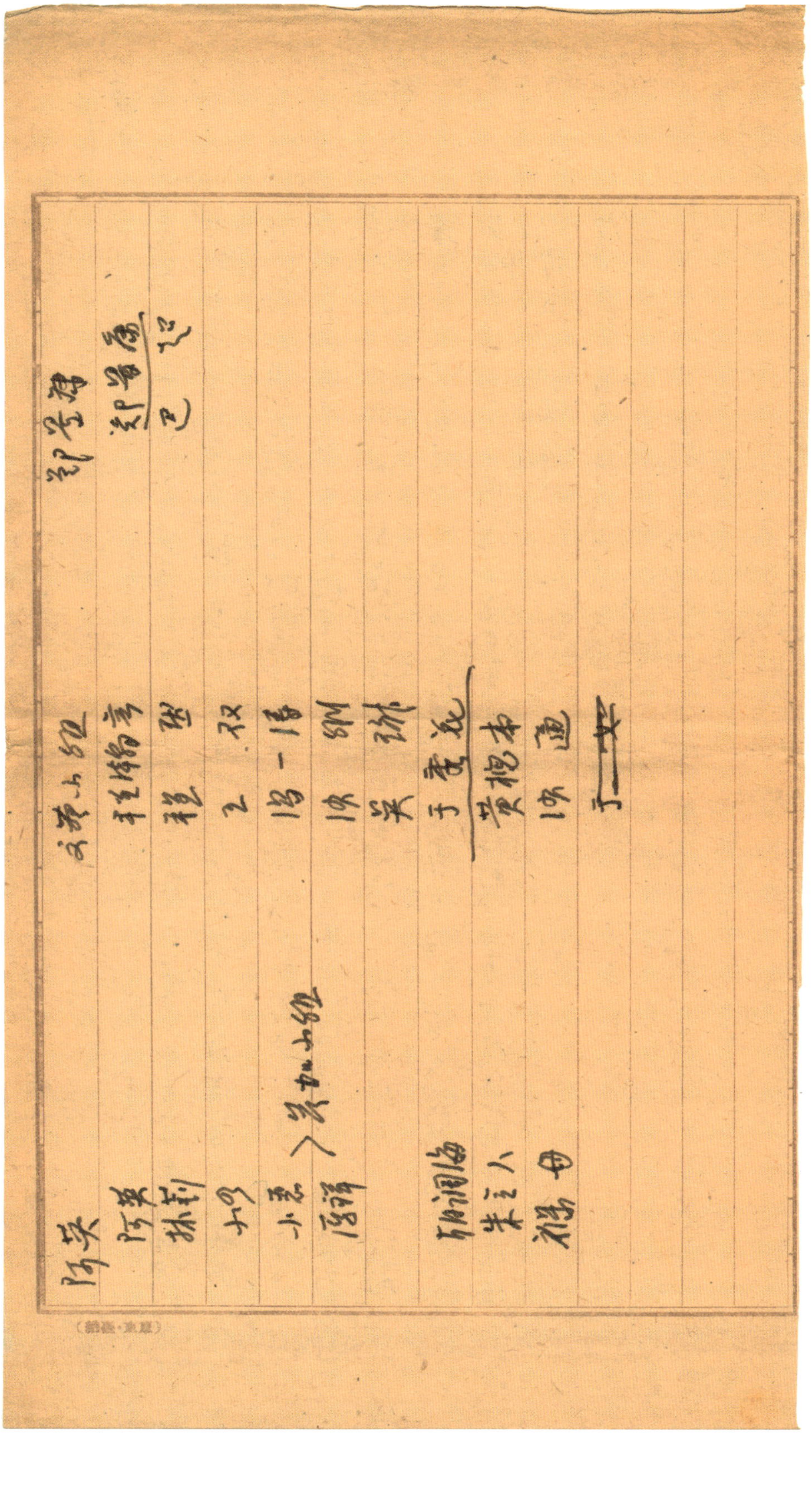
阿英
文艺小组

29

九月廿九日

晨八时。早饭后，如市买食物。修大衣，说价五〇〇〇元。在书店中看书，全翻满路词话多，题李笠翁著。翻「历代小史」。广州东三孔图。十一时，戴复司务来，始出。旧货知识颇丰富，据云去，但满字又未拍，去。饭后，与江、李、夏等商建大学了。办法条件，亦须有规定，筹备由外延。饭后与李江同访沼部长，藉悉吴法李并不在家。回寓至以心。饭后去厂长处晚饭，九时至朱部长处，畅谈商集大同设。我们决定到廿开子之一，这做工人文艺运动。明日出报纸别，解决衣服问题，病的其他问题。说与夏李同车归。据某大家闻写，月底去，但写宣传一人组织等实际。

今日中秋，月色未清亮，无趣。

九月卅日

午前八时至教育厅。苏联影片送一院放映来，当与谈影片发行问题。片子尚有二，一为音乐的，一写手的，一部分片自旅顺部队中借来，影钱多，我们无力。晚看电影二三百日。中午饭后回家。十一时半完，与黄薰同逛书店，后到旧货市，买胶板二〇〇元，看杂志书店，买苏联妇女杂志一册，四十元。回后收到晚报。晚饭后候陈来，遂去买小皮鞋一双，一八〇〇元。回途与米部长与纪为地产转让晚饭。与同去。十时归。看沈阳如何战事回忆，至十二时始就寝。

建大问题未得解决。

午间晤梁来谈，当之给纵行败念

13号去同意去甘井子，请其与米部长解决。

十月一日，晴

早飯後，偕小四等往逛閘市——新華公司一帶。小四買什架五〇〇、絨帽五〇〇。旋登地下室。多舊貨。二樓有書店，陳列舊書有昔俗畫鑑（三）、日本風俗畫大系等。中國風俗史之上卷。日譯雨窗欹枕集等。旋同去山東民生改良館，陳設有漢畫、六朝造像等，用二鐘點。午飯後續寫困之，睡稍等，甚意去午睡。起後買釘、鐵鋼條等物。旧轎寫已四。三之與地圖研決，擬建大路難決，總請示西北局。謂明日可能出去。劉洪聊、黃信來談。蕭殘來問鍔若及陳安的地址。晚飯後擬帳，與王子明談。九時許，江復電話來，並未已定。擬明日陶冶付從處定。

十月二日　晴

九时半早餐後開会，根据昨晚沪港来電討論当地問題。大家会议主以为二者为主。九时，访朱部長天華，谓该话物写正相反，以甘井子为主。候朋大会，二八五〇元。午饭後，朱部長来，与谢芳、何之同去甘井子。口连市区，红的華境。二一緯收數十尺，紅房驛在，世界到达。先就朱部長办公室小憩，听其介绍。三、旅客厨修屋，盛宴我一餐，以用一瓶，又事又到药搬纸旧会场，又为搬一部。饭後，参观满洲化学株式会社，一厂一部一色の时罪粉不准。五时会他回。五时到市街。值刘药搬来。晚饭後，与成谈笑，早寝。

十月三日

早饭后与二桂商讨明鉴问题。九时，红亭同志约看匡亚明，正睡未去。九时半与桂生到朱部长处领《资明鉴》费47万5000元（每人二五000）。宽算心。午饭后，约刘希平谈诗。与韩惠瀚合去，邵馨。买新刚改良。计二件六八四〇元。归后付刘三〇〇〇元。晚饭后开会讨论借记买布之事问题暨分别募款。团总同李亚农翁介绍田尚斋授，与韩珍研究。与刘讨论募款问题。结出计四二〇〇借款，此账信写完。

十月四日

晨饭後，约懋宗来谈编写回忆录，继等找激来。九时，入市买皮衣。为小宋买冬衣，以我未买衣为怪。由我自去看，计莉大衣一二〇〇〇元，秋衣一件〇二〇〇元。铜样两二只，剩三五〇〇元，黑一八〇〇元。回中剩1000元，线1500元。鞋袜800元。吃饭一八〇〇元。恒遇懋宗，云等我已与江同去长胡同，各偕我出窝。饯饭后，我回宿舍，剩一点，约到商务请来。黄昏，与之均同，去都买衣，路寄信一封，并与陪和杨师准备一套，仍均鞋。晚饭后，陪四兄去买鞋，一双七〇〇元，又茄子五〇〇元，又买香烟与包一二〇〇元。但钱已花到。倦极早寝。

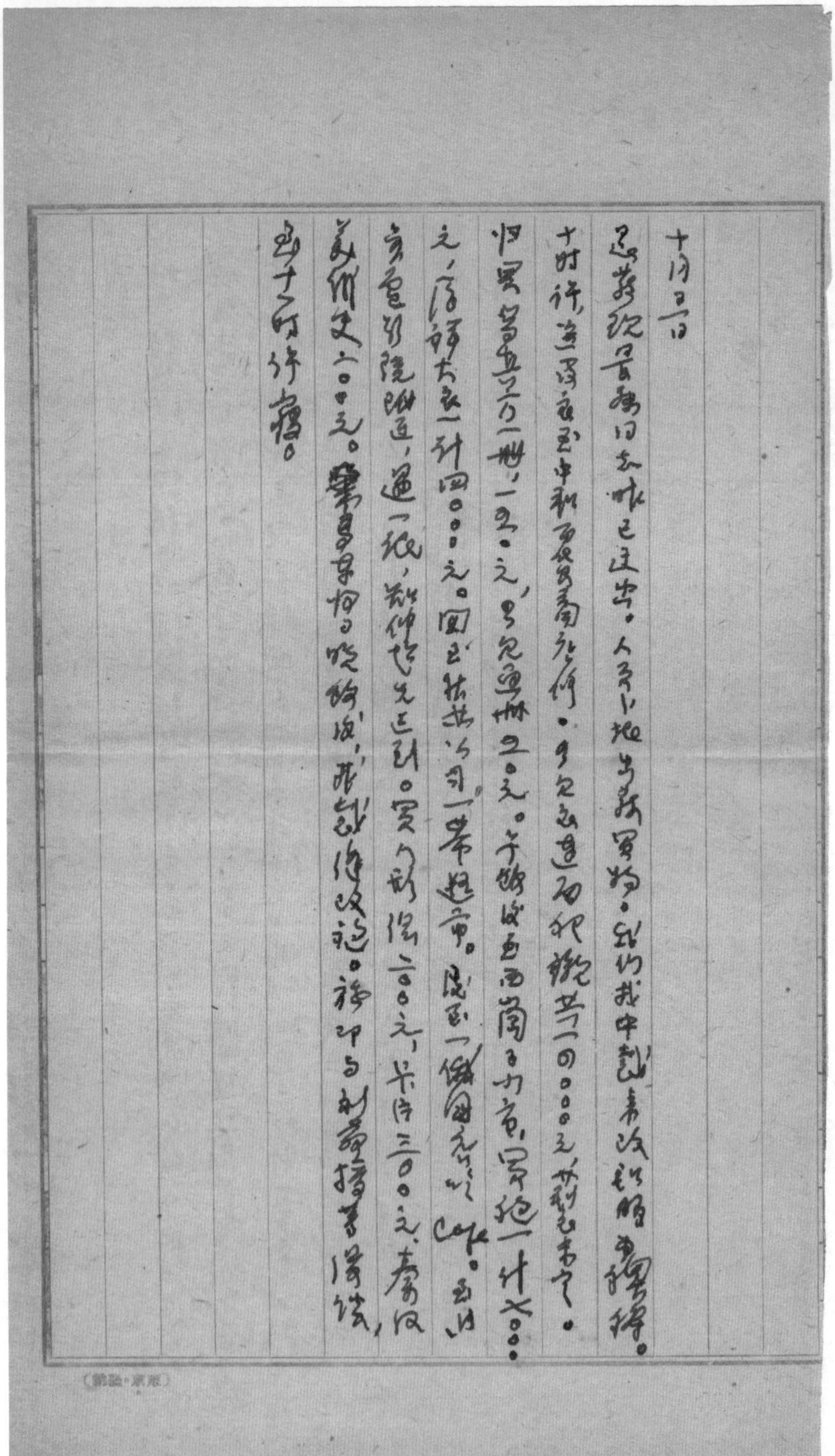

十月五日

送蔡[illegible]回去，[illegible]已[illegible]。人[illegible]小姐[illegible]买物。我们找中[illegible]来谈[illegible]的[illegible]。

十时许，[illegible]至中和[illegible]，[illegible]。[illegible]共一四〇〇元，[illegible]。

归买[illegible]一册，一五〇元，[illegible]册五〇元。午饭后[illegible]，[illegible]一件六〇〇

元，[illegible]一件四〇〇元。[illegible]一带逛市。[illegible]cake。[illegible]

[illegible]，[illegible]一纸，[illegible]。[illegible]二〇〇元，[illegible]三〇〇元，[illegible]

美术史六〇〇元。[illegible]

[illegible]十时许寝。

十月六日

晨偕内，往旅顺买衣物。为小孩买大衣六〇八元，我买毛袜上衣五〇〇元。自己又买《希腊雕刻史》、《中国文学季》（青木正儿）九〇〇元，均古籍华。又《近世册》，知为伊达侯大著。午后往刘嘉陵，读吾月借来书。途中遇逢。一读《中国风俗之册》（二〇〇元）、《大中国语》、《艺术读本》各一本，又《西藏书》卷，未见。二册书二段、未之人论、记（《新学记》。出一日东亚加纳。回过（书店），买《现代汉语之研究》三区卅日本画、佛《新修佛教论》、《刘禹锡》、我国买中国修史及甘肃四相册各一。阅路线，《商代彩陶文化》，明日往来购买，明日同往，为适十一日往甘肃。旅顺买，将书籍装入中大箱内。五时归，有点冷。东日又为续买箱一个，二〇〇元。

下午刘鹏里来，未遇，留话嘱加以规。

收15万元

付胡调侯 23750
付宋之的 23750
付于吾香 13500

61000

付莉大衣 13000
付衬衫三件 11040
付莉围巾 1000
付英围巾 1500
付英袜二双 800

88340

陪物就退 3000
付英鞋 [illegible]000

98340

付保姆车钱 3500
付英毛线钱 5000

106840

付馆 1000

十月七日

晨到兑齋訪海針。看伊近寫大幅，正在病中。與弟部長高剋辨同逛、

觀日向隨。同偕乃云母日試大倉樓。得佛教美術一冊。午飯。到一日舊書店買

得の綠田大幅。午後回，小憩來。與劉義揚逛舊書店。得日本和刻五十二冊。余

得作之柴野號，日本稱東方書，劉義揚得書數種。晚，中和地下室飲。归與弟之

餘叫，閒居討論，兼及道學問題。

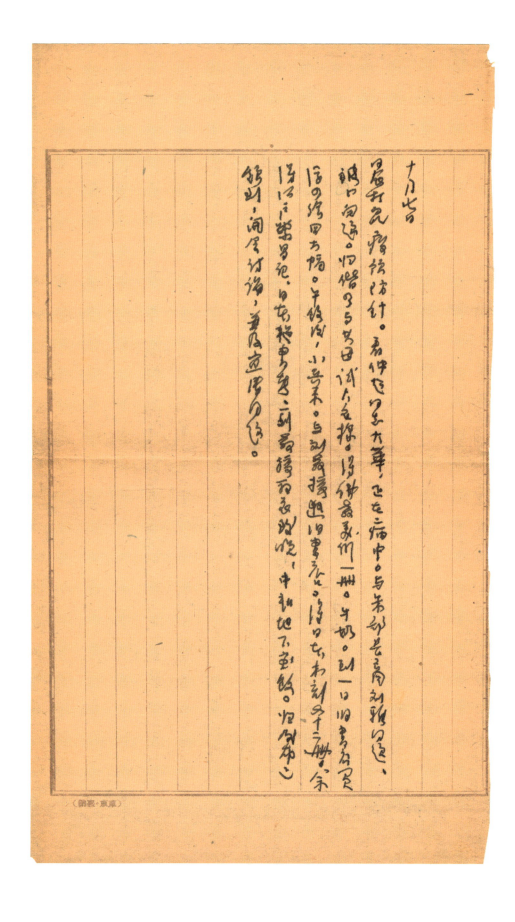

十月八日

晨盥洗，到大众，送信致结实秘书长、甘井良崧给朱部长。到中和路剃胡子，至五马路买稿纸六〇〇枚。买蜡纸笔千元。午饭后，访苏斯，已迁出。与四兄到来青书店借书。买香子四斤，1450元。归途到苏搭至中央公园，仍未见门。买得佛教美术论著、剧刻之美，五〇〇元。借阅寺250元。访英商场屋谈写。借到苏摄影日本古版画。看书报。晚到苏搭回，整理新桥戏曲词，又十竹斋笺谱的编印之新书。戏线修做清单。晚饭后访吴秘书长，在会，未访见。决定明晚开全体会。灯下又拟意见。十二时就寝。

法隆寺
佛教美術　印度雕刻史　西域十の神
別尊密部佛像解說　北西廂記四册
金色之石佛　支那風俗三册　香國二册
中宮寺之彌勒像　支那俗語文學史　金陵古蹟百首
佛教美術講話　支那文學藝術考　漢碑之研究
東洋之彫刻　日本繪畫考　秦漢美術史
佛像之鑑賞　茶與美　李孝美墨譜
彫刻之美　名家人形集　潘膺祉墨評
大和之石造美術　石佛道人山水册　金石拓一册
深世繪六件
敦煌集二册　鳥居清長之生涯與藝術　佛像一件
文麗選擇三册　江戶繁昌記

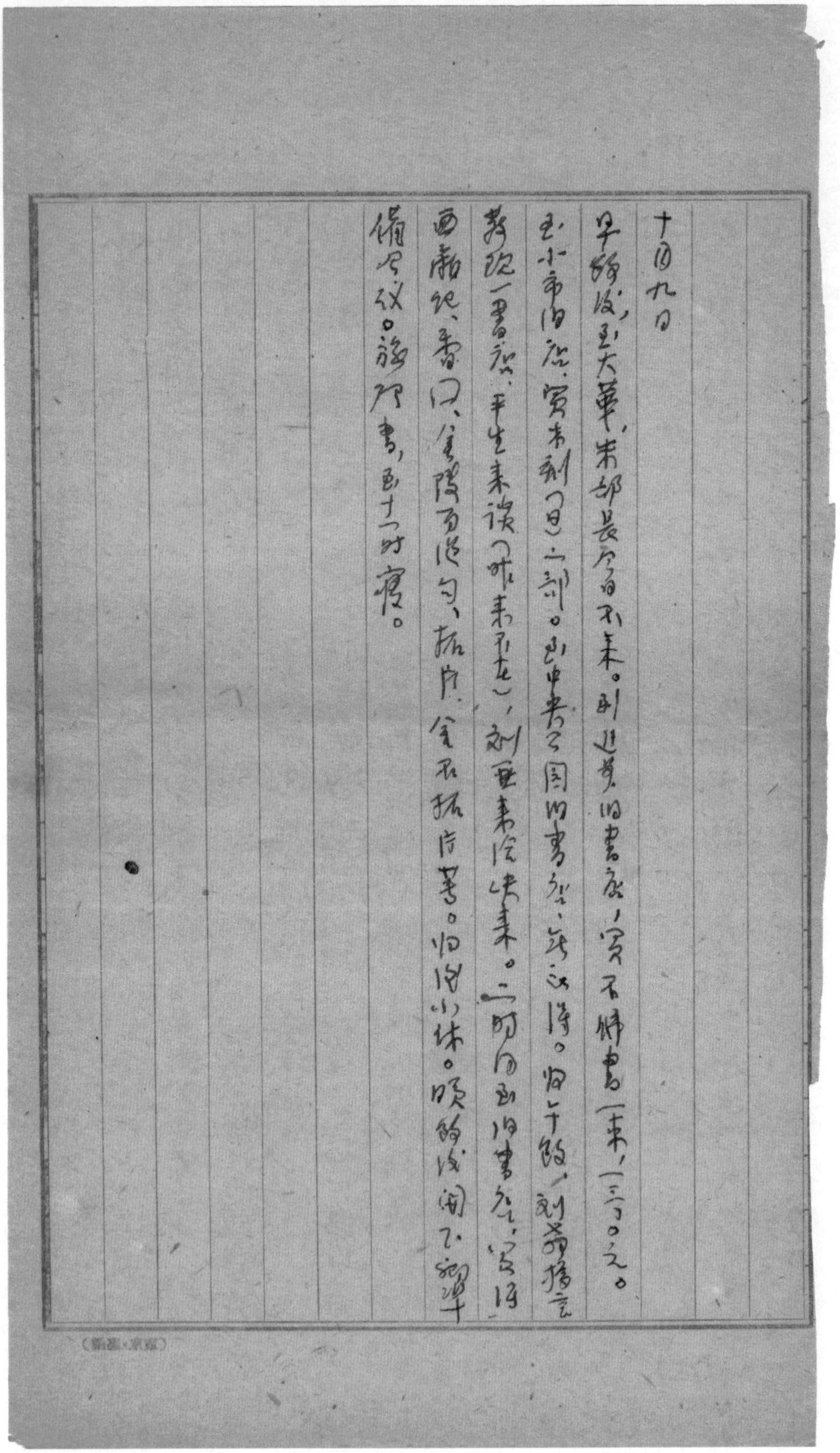

十月九日

早饭后，至大华，宋部长宣告不来。到进贤旧书店，买佛书一束，一三〇〇元。至小市旧店，买未刻（旧）二部。至中央图书馆书店，钱谦诗。归午饭，刘蕙孙言春晓一书店，平生来谈（昨未来玉包），刘亚来除夕来。二时同至旧书店，买得西厢记、鲁闻、金陵百咏、摭谈、金石摭谈等。归后小休。晚饭后阅下乡集备考。阅邓书，至十一时寝。

下午朱部长
派人给我，不
同学备，许
以明日。
公园租用
香布纸定

十月十日

早餐后，去小市旧货，找到校画三册，为二部，因无暇印，未买。到旧书店，买佛像、铁路画刊等，一〇〇元。广和堂（朱彦）价五〇〇〇，未定。归后，郑不担来坐。

午饭后至中和取午饭。【到隆华买万象八本，换金1500，又外衣14000元。】旋至秋林，

访旧书店，广和堂已为芳信买去。二案马子回。阅安以购某茶室，未款。晚

饭后至公园书店，将佛像图编一部，打回，将校画一函。旋如理小姐的区。

然后整理东西，预备明日行装。晚，请吃，至三时不能入睡，乃读记。夜

雨下。

买碟七个，700元、碗一个，50元

10.10

俳优新集
歌代啸
俳优の十八片
画谭五种
书林余话
刘知远
自东坝在去即兄画日录
山水奇观
画谱选画录
陈士画谱
日东美术绘卷
佛菩萨像谱话
西厢歌剧
乾隆帝传
风景版画一本

十月十一日

待至天明，出八角镇，出外。至车站，食豆浆油条。上车至前门西河沿下车。买得世界美术全集别集三册、汉魏丛书一册。陈垣史源学，以人名先后为序。此每价七〇〇、汉魏三〇〇。回至中央旧书，以美金四千元，买得新广一册。又至一旧书店，买明佛经二册，五千元。纸大小千幅一〇〇元。归，此明之寄往加子。好像任院长，请代送信，晤见魏书长，解决支部问题。见郭沫若，人来来，留册单。我借小马，买茶叶一二〇〇元。中饭吃面。归午饭，整理。二时半来，以小字新婚仙境记扉页钟书转主席。过祖光，医院，给刘买书。到廿五号后，入原侯处，晤郭石部长，以会谈到人这里，席间有蔡易书。知已不实，我屋候之，尚未搬，留函见她们用。晚会彻宵，至晚始谈事。晚饭后之烦，极早眠。

（京華·監製）

十月十二日

早餐後，繞道樓下寄宝，書店。与刘[illegible]等同访郭部長，郑[illegible]談第二十八。归後[illegible]佈置、清理。午後，郭[illegible]来谈。四時許，来郭處回，[illegible]与之同去刘[illegible]處。[illegible]談而已。[illegible]与郭[illegible]，明日同[illegible]。附近有小[illegible]，阅日用旧貨，夜[illegible]，明日[illegible]去一访。

閱[illegible]一九[illegible]一回[illegible]

十三日　十月

上午观海景果。他们去参观化学工厂，我们去小街。有二旧货店。买毯二，二〇〇〇元，裤的棉袜一〇〇元。买瓶二个一〇〇元。小号鞭炮五〇〇元。香油四〇〇元。遂返旅舍，一时半饭后去参观炼钢厂，观炼铁炉去渣，五时回。访米部长谈下月住屋事。晚饭后早寝。

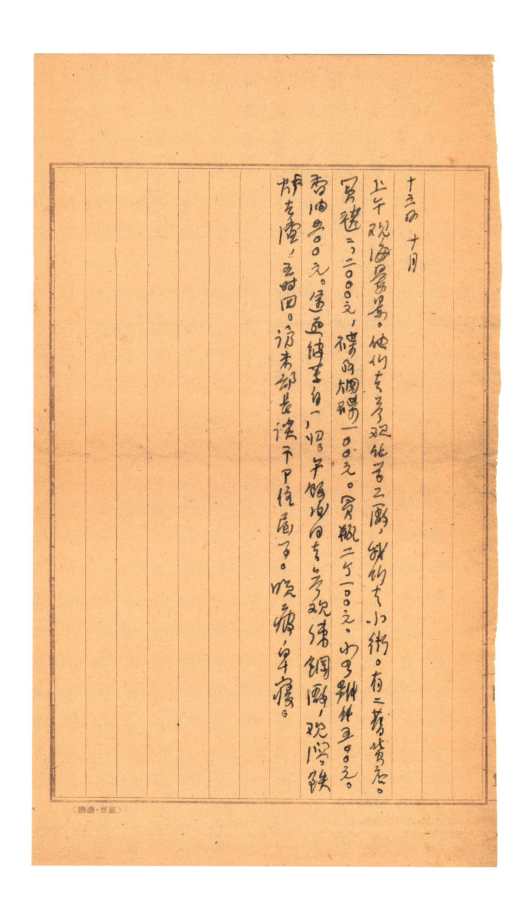

14 批款，簽字——参观金属工厰——下午参观干训班——开会——晚阅旧碑帖

15 批款，交报单——与刘祥到大连——雨后十里——找马车到小市——买别集一册——"虎侠隐仙"——翻阅收書——午饭——午到中大公园找金文乐堂——到小东子记买文具回家——找旅馆交寓——交乐堂——找文化书店——晚饮中和——宿建安饭店——写稿——写信来——下一时始入寝

羽絨衣

十六

傍晨，到電車站吃豆漿。復出街看書。取到衣舖衣。買瓦書架。買高麗紙。買木刻一套。一觀音，之達使，指缺，五樣物家，何太昌。買水瓶。取大衣，買公書。中秋中飯。回旅社讀印郎書至文書堂。買借硯要錄、地方志目、蓮居稿、宋性、信儀、（西洋畫譜一部，未買）。二時至寬，書中，商信至園林子，歸至家，四時許到家。晚飯，讀書寫畢到西北。至九時許始散。

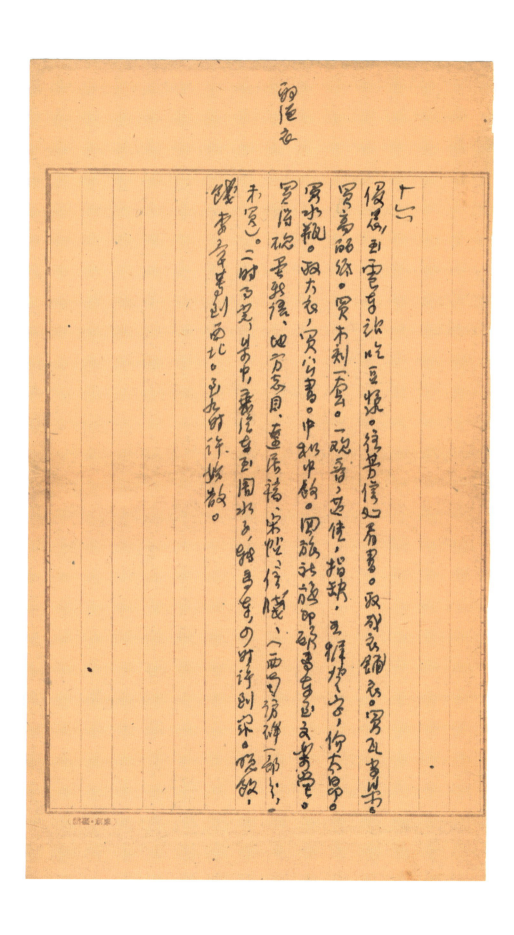

十七日

是日周科長來談。關於總支部。結果實行周科長指導等。下午
飯後。下鄉介子霖學工作。擬革命小學小惠等去調查。結果。晚飯
後劉萬操來談。
小惠等被革命班主任代領。

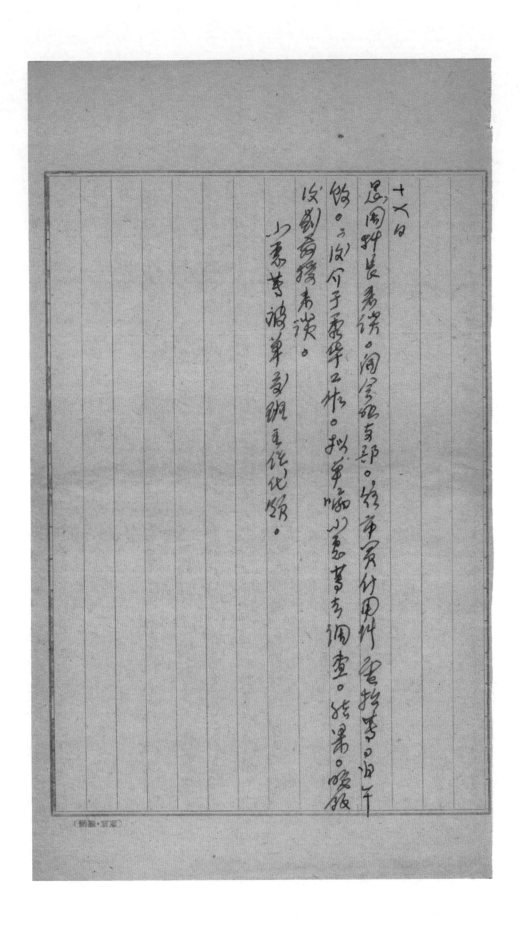

十月十八日

晨，到小沙河口小姐房子。午后，与刘某搭小马车赴甘井子，买得[struck out]茶杯、书箱。已整理楼书籍上楼。即来谈，带来大连日报、青年记者２。

晚，写角。

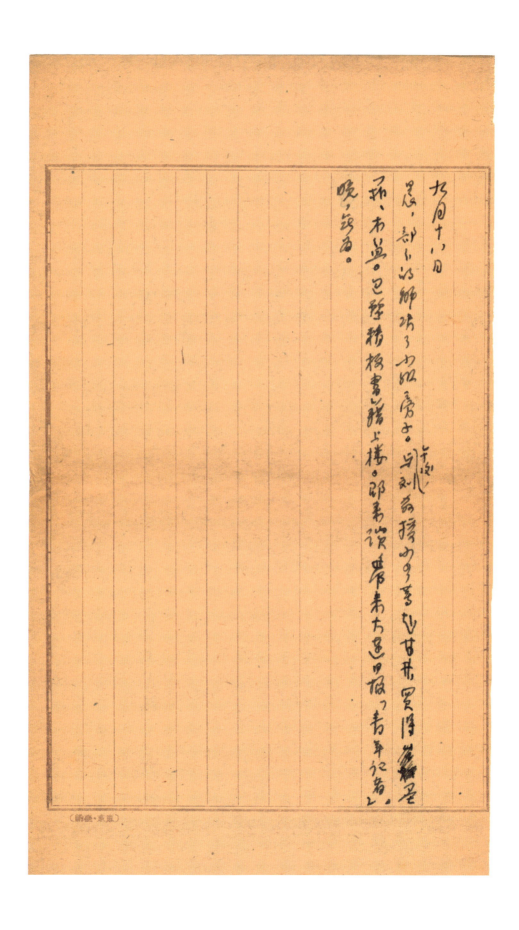

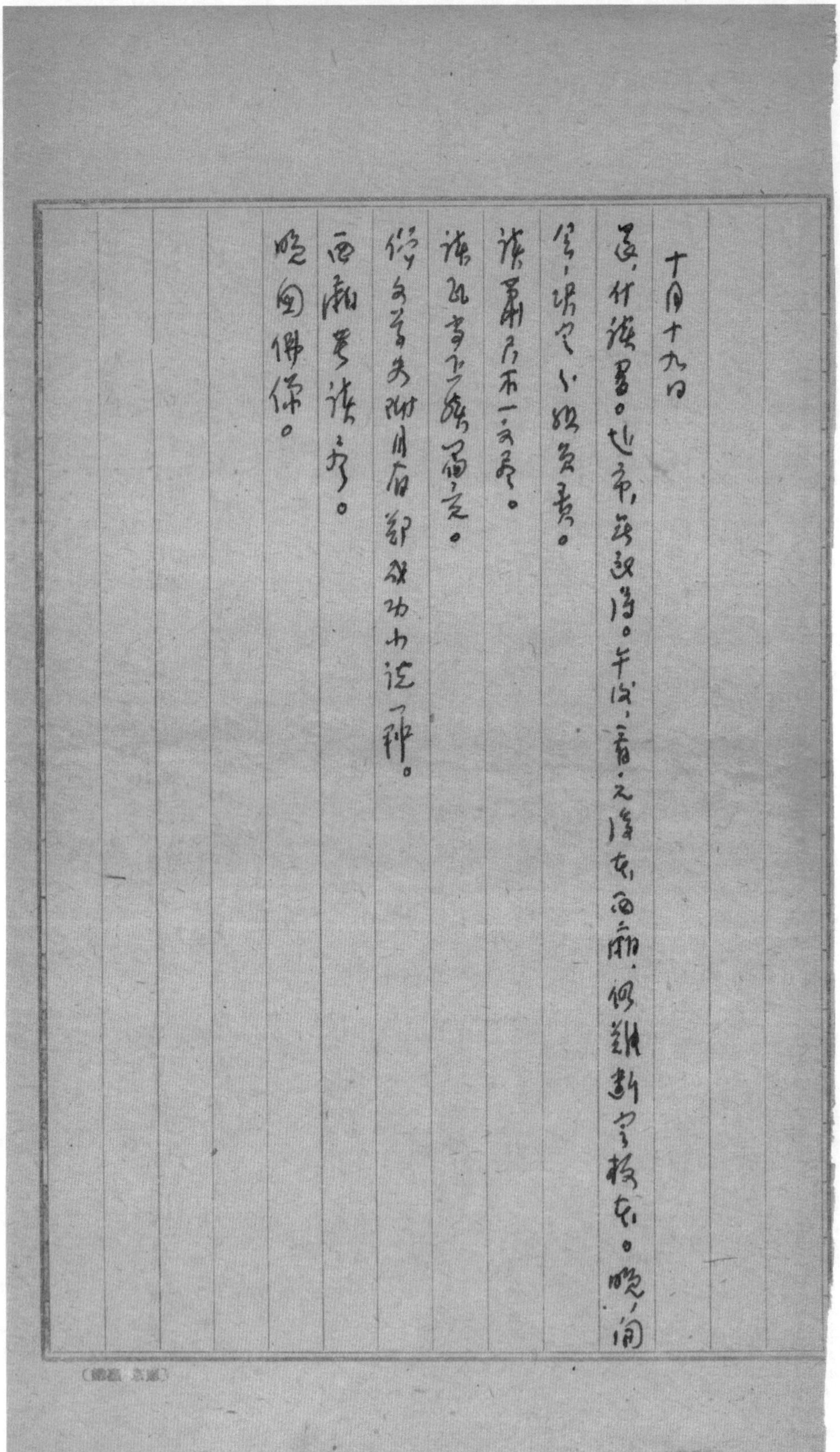

十月十九日

晨，作讀書。也未有新收得。午後，看"之後東西廂"，仍難斷定校本。晚，閱

[illegible]，擬定小說目錄。

讀蕭[illegible]不一文集。

讀孔書下集篇完。

[illegible]失附月看鄭振鐸小說一種。

西廂要讀本。

晚回佛傳。

十月廿日

終想，王霖兩大連。如寫實行與王秘書長。小組工作已開始。赴市，購一鏡框贈劉教授。于霽華來辭，調理東西。午後，新校二弟送來。處理木刻。與房屋交涉，後日遷出。準備明日往大連一項。晚作周如日木刻而已。

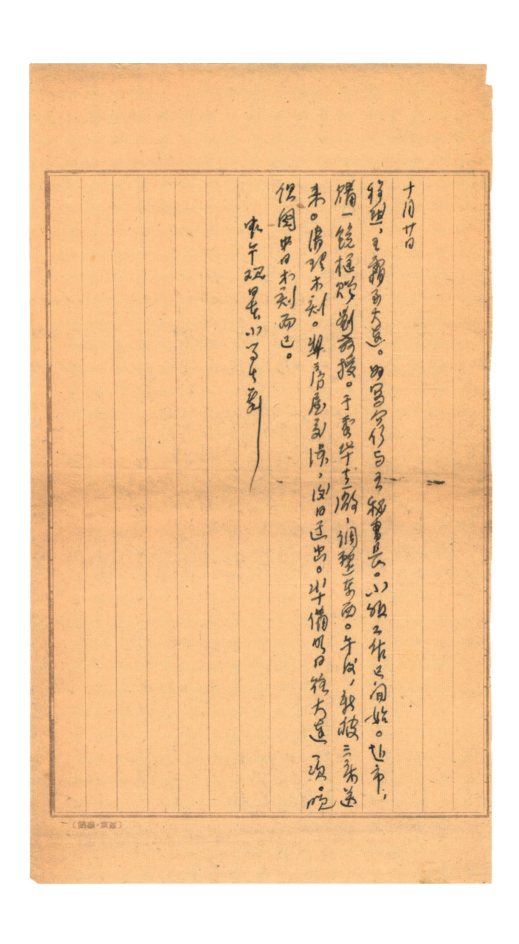

東午硯呈以寫生策

十月廿一日

五时起，备续通知昨夜雨，天仍不佳，仍有雨。至八时许出，九时与祥勤别，十一时抵西湖。买郎青孙大稿一册得。小市旧书得日史17册，又到北游修。二〇〇觉得吉郎陶瓷器来。中央书店得，足成一九〇〇〇，午餐。高站结三〇〇，找一二〇〇元，文学书得画五〇〇元。到芳竹处借房租费。买什件，留帽五〇〇元。文学堂买种子数种五〇〇元。西湖二瓶六〇〇元。祥如买尺二〇〇元，布带。肥皂五〇〇元。五时动身回，七时到家。祥琪正回，常来仲文自去信，将去解决年了问题。晚饭后与翰章到周钟若处，商谈明日往西组去二厂写作事。归后，阅今日所得书，至十一时许就寝。

十月廿二日

晨，房德由公司開汽車送走。全屋空出，清理費全上午。飯后美姐往二廠。我們參觀，風甚大。晚飯後，我隨美姐到二廠工會之橋、圍廠長均到會，當以何信介紹給職工聯歡開始。工人極表歡迎，談到安達程準備，明日見程讓，其所開大會。明晨一廠有七墨大遊，經理隨去購物，我擬去寫編。

十月廿三日

上午七时许，与唐群三二徽。八时开车，至小谷抛锚。理发，修车，十时再开。到大连后先款。买砚与笔，跟陆廿记，[illegible]、访吴伯达，留作印文押。买笔踞和满洲之土人形。文业堂买书二。到西岗买铜、搭挂，水盂等。杂各寺1100圆。留与张群声。六时，二人来寻，赴宴，参加工人欢迎晚会，十一时回。

十月廿四日

午前开会讨论十月革命工作问题。下午，修自来水。借二场开会。晚，与高。送访黄部长，与谢和赓住所，读六命不去理。午收阅军報记，繁终觉紫书，恐有一部，打与踹员。

十月廿五日

上午，开十月节筹备会于我处，至翁科长处还委刻书记于旅。午饭后，与刘芝援晋会谈。至区工会开会，决定正式筹备组织，并讨论具体开纪念会。与宣部部长看播音部房子。晚饭后，朱部长来谈。早眠。夜三时，即觉饿，复起。

十月廿六日

昨晚三时起。早饭后与刘芝援，亦适同去筹措，大家不安，改变计划。继续阅印度化播音事部室。午后小雨。上小街，买点书物。写些报纸给播音。晚饭后，读小组讨论会，与刘芝援同谈。最后约定于明日来晴，拟乘第二一车赴大连。

十月廿七日

四时许起。早餐。着唐锡春领去。八时与刘、萧、罗、于同往大连。在西岗下车，看书摊，无所得（安娜等诸君）。到书摊书店，买得大批日本书，计二八00元。逛十二时许。在附近午饭。到文兴堂书店。至日本书铺，买满洲考古学报（?）00元。中饭小憩。至大和旅馆，访欧阳仿候，不得入，后赴李达家，候下。两往文艺协会。于下，整理所得日文书目。

1. 滿洲金石志
2. 支那學論考
3. 滿洲考古學

4. 遼[illegible]集
5. 浮世畫譜二編
6. 女吉狀 —
7. 太平志
8. [illegible]州[illegible]西紀行記
9. [illegible]士夜討[illegible][illegible][illegible]
10. 書標紙 —
11. [illegible][illegible][illegible][illegible]記
12. [illegible][illegible]之[illegible]
13. 石藏鈔
14. [illegible][illegible]畫集
15. 造[illegible]畫之之[illegible]

16. [illegible][illegible]拓錄
17. [illegible]之拓本
18. [illegible][illegible]志

19. 六朝揃
20. 金匾揃
21. 金石二
22. 鼓楼紫铭

23. 顺路町细记大成
24. 东都近郊图
25. 美浓国全图
26. 大日本二千年袖鉴
27. 东都近郊全图
28. 越后国图
29. 大瀛一览
30. 东海道道程绘图
31. 信浓国地震图
~~32. 六郡图~~
33. 御道之记
34. 旅程便览
35. 异域画览
36. 服饰沿革纲
37. 浦中男女便览
38. 大日本胜地便览

39. 伊豆七岛全图

十月二十八日

六时起，晴明，出食豆浆。八时作，至西安，至旧日书店。[illegible]得[illegible]先已送
行。[illegible]宋[illegible]的书。以翰民点饰见赠，索一瓦砚。之后来，旅同出，买
稿纸七百页。十二时返回旅社。饭后翰民至西安，买帐子部，抵寓则张、韩满堂，
相与等候完。[illegible]送的到大连市场看，钱[illegible]，访[illegible]鹏亭，的一日后不忘
抱九宫山。返家，晋[illegible]二[illegible]相举来，买纸[illegible]给张[illegible]。回
时即回，[illegible]返，抵寓已晚饭后。翰家来回报纸了。以下整理书
籍到十一时作就寝。

上午[illegible]买[illegible]。

一张去满
东北书店
设好纸张
纸。

十月二十九日

早饭后，到印署勤务处以求木刻问题。与刘田贝等谈话。午后，抄石德(?)一卷。继续写定刘次稿の一节(?)。邱贝来谈调动工作问题。晚饭后，与大家同去二区，看华野歌舞(?)，看东里建(?)文工团等的节目(?)，至九时许回。

十月卅日

晨，撰石画史材料，畢石涛一卷。無錫師範劉鋭
姚小姐借宿約遊。李立常、黄遠香、陳局長來，談
組黨事，在某坊，錢與劉爾接面到某坊，請以佈置。夜
與沙明等論編劇。談一張黃圖，又到劉如晚飯，板画。
到米部長家晚飯。之後，到劉爾接與小惠等論出版事
一張黃安圖。

廿行　廿字紙

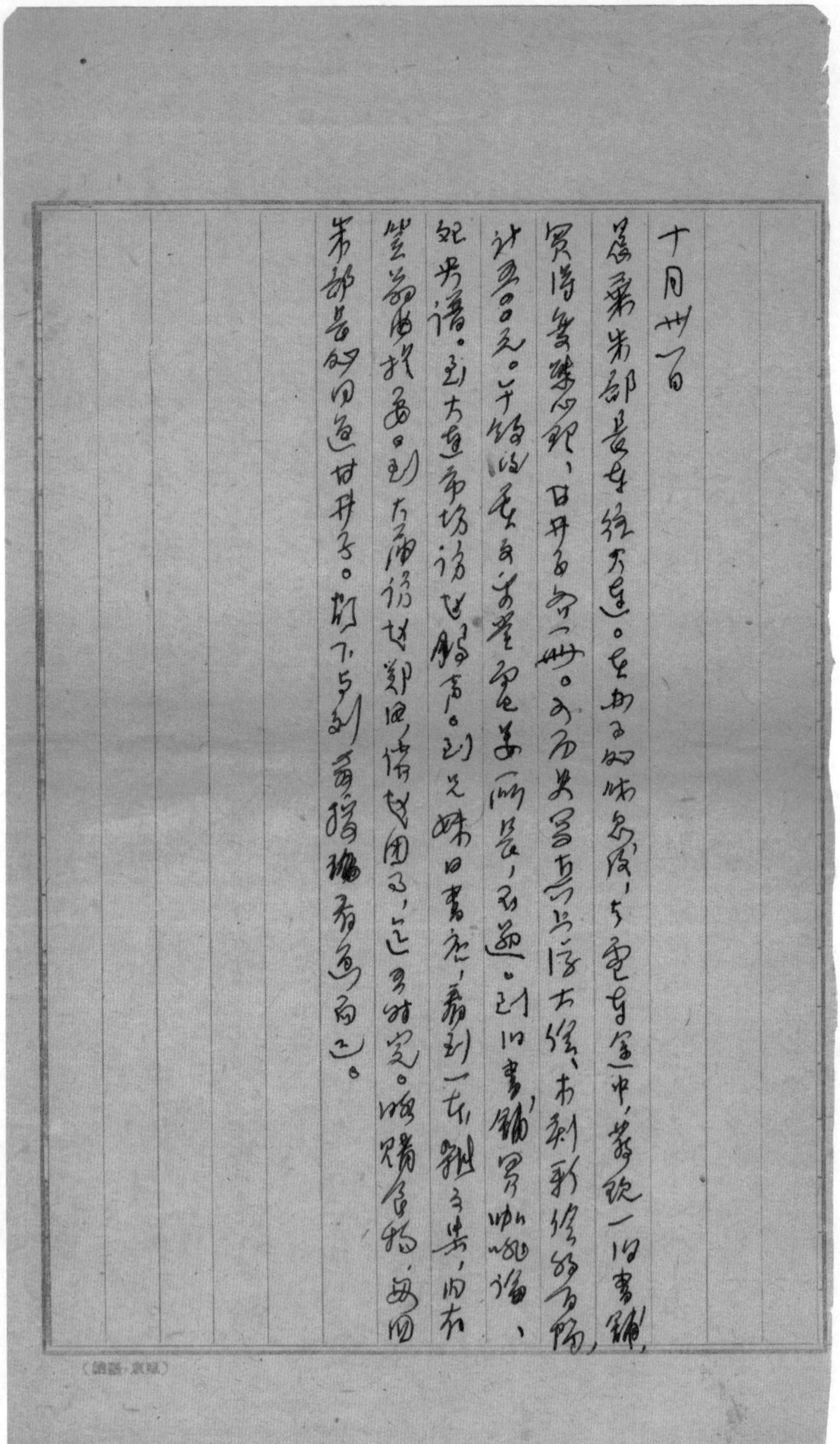

十月卅一日

晨送朱部長等往大連。[illegible]，在電車站途中，尋訪一舊書鋪，買得[illegible]、[illegible]一冊。又[illegible]寫真[illegible]大係、木刻新[illegible]，計五〇〇元。午飯後[illegible]。到舊書鋪，買[illegible]紀年譜。到大連市場訪[illegible]書店。到[illegible]書店，[illegible]。[illegible]到大[illegible]訪[illegible]。朱部長約同遊甘井子。[illegible]

一九四七年十月三十一日

55
56
———
111

香國二卷

毛晋録。（毛刻亦題）抽自録，係「隱湖題跋」，及「汲古閣書」時所摭拾群書而成。凡（收錄）香國十二種，分有類目。據說搜十九出自見書，諸輯群書者，意毛氏將未刻也。（尚非自作）本書付二十八頁，扉目錄的書頁、版權頁以無頁，不過廿頁書而已。每半頁八行，二十八字，得以為藏書文字，完的寸本。線裝二冊，一元。得於大連文求堂。

十一月一日

終日被寒濕不爽快。午後上北街買物，買什物，一〇〇元。到俱樂部多時，甚不適。晚讀毛子晉「香國」，作提要。

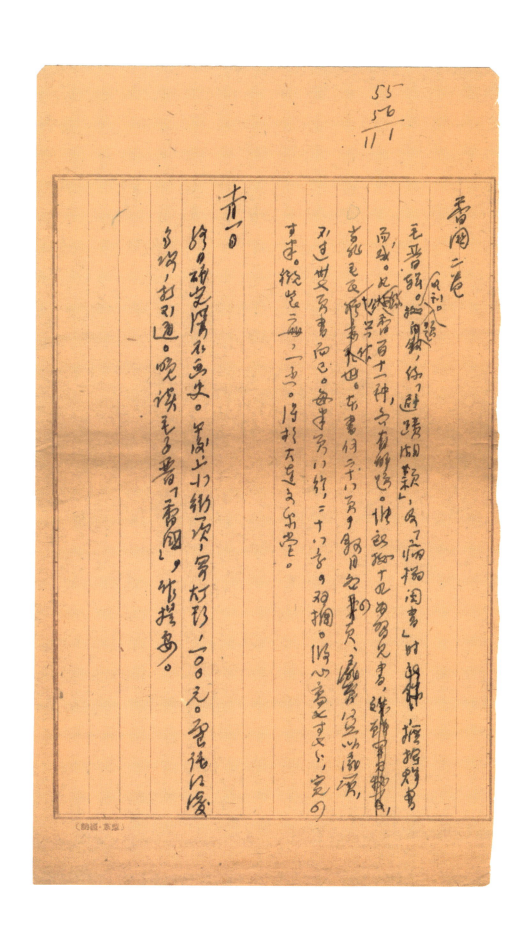

劉

十一月二日

上午，摘抄通史材料，改書稿一節。午後赴小街買碗一三〇〇元。放下，讀書，整理藏書為篇。通電話給濤同志，均不在，晚飯後打通，知他諒悉，今晚可回，通知整理報告。

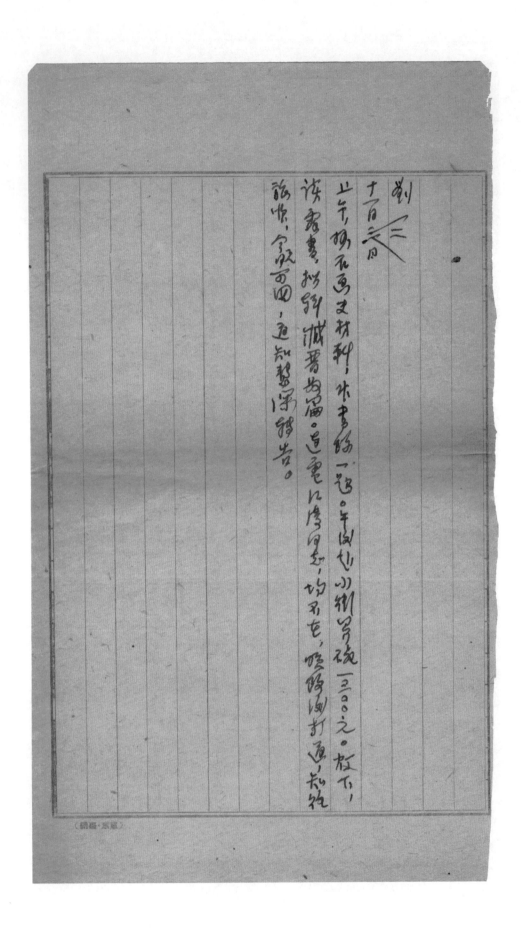

郑林

十一月三日

晨，摘抄东北之果菜与粮棉之问题在案，阅报纸四篇，颇有可疑。午后与刘芬谈至小街。此小弟兄告，于君香岛做工。晚部部长来谈，为作三：一、介于做工。二、将送刘云炉。三、小儿依方觉人。只托区公所找保母。

十一月四日

晨阅公家图书馆书房。午后出去选书房以书画。情波来把打发打扫之师十月份电二通，方拟送去。晚，至寿香送工厂去。刘梯大连，以书交十一时来，未去。

秦汉瓦当文字一卷续一卷

程敦著录。正集收瓦当文字一百二种，乾隆丁未三月携集书后刊。续集收瓦二十有五，乾隆甲寅续刊。瓦文以汉人镌印翻沙之法，照本瓦当范，镌版成之，与原文毫无差池。释文每半页十一行，行二十五字，单栏。瓦文版心高八寸二分，宽六寸半。

开花纸印，二册。

~~山東省寧州普陽山慕雲寺來函~~

偉大的第三十週年十月革命紀念日，

我們謹以至誠，向你們全蘇聯的人民，

和你們大林之帥，致熱烈的祝賀！

謹啟

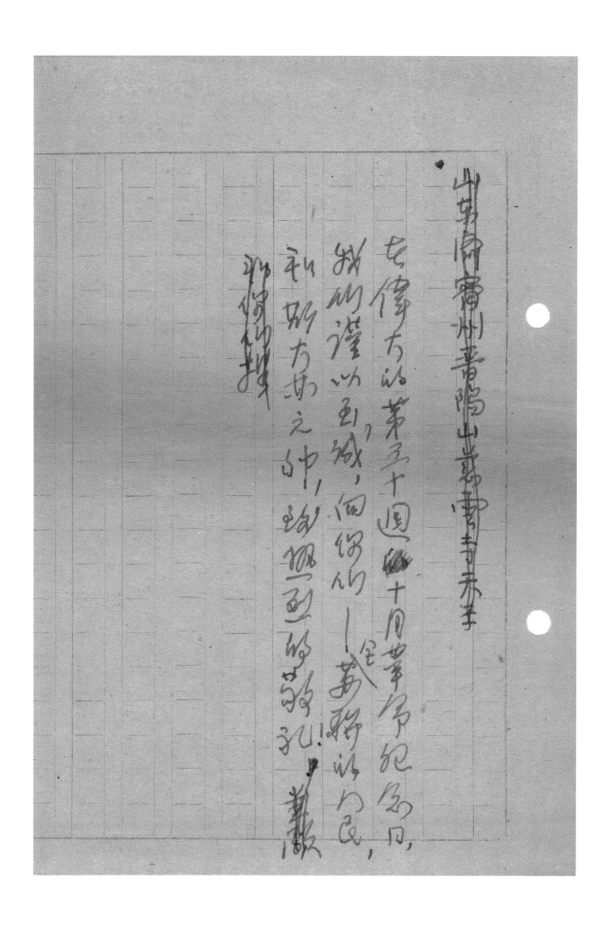

郭[illegible]拜

十一月五日

晨寫函之丁日如來，為她談電話信一通。十時偕二人至大道，
去西崗之丁飛來。買苑造路十人，送交湯圖縣。買揚子江與化風土記
一冊。至長城拂山書，買福建廚一冊。過勞信，云先華要稿。至文來買得
得古草序錄，僅千元，得以朝之明錦，六〇〇元。一日視李去千未購。至舊
書店，又買得大得古草序四冊，五百元。至中和地下室午飯。以後翻買古
西，得古西域考古即古陶器之考證一冊。至友朋書店買不無
意書。四時半歸至西崗，偕子間同，到家俟飯。晚讀所收得
畫帖。

先華要翻譯之，其稿託，允之。

十一月六日

上午，抄稿錯。米部長來談，商定到磁縣接待伯纪。安子文。向一張同日行，以天道不佳，未能遂行。回时，到二爾看魏骏，尚可。晚饭後出欲买坊。灯下，读阅什稿。今日一天总阴雨致雨，無法出房。晚间大连灯火明亮，阵阵搞照未畫，隨後洗脸，亦搞兴雷。空间信来新译、探狗灯的向手射，可见英雄日志之兴奋也。

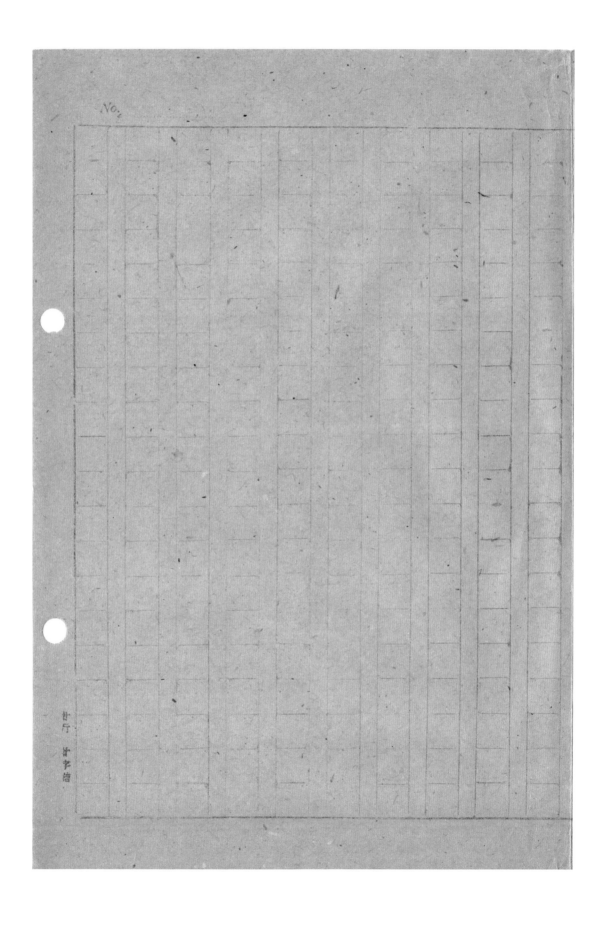

十一月七日

今日大雪，晨天色不佳，少时大雨。胃痛甚苦，到莱馀人。情况甚紧张，一刻，领歌很动最甚。三营实现机会尚有希望。苏联纪念节，午后雨稍止，一部已在进行。赵为同志强结婚，与刘萧授田宝国女士安，苏联司宗实践政治意义，苏联文学甚多。终后结婚仪式，将假借武罗斯的居邸举，萧老赴京书，已为五千四幅。

No.
廿行、廿字格

十月八日

天晴。九时许，与刘、蕭、祥、[illegible]，同来与[illegible]大连（一五〇〇），一时许抵達。午後，劉去大和旅館定房子。我們去附近漫遊。於市上買得書二冊，一為年中[illegible]，一為洋画物語，後購到[illegible]。又[illegible]美術全集二本。買曲[illegible]、勝利画集[illegible]二[illegible]，一[illegible]元，古陶瓷一冊，及世界名畫[illegible]三〇〇元。返寓時，刘与亞思夫婦同来，房已定好。到中和地下室晚飯。（[illegible]）。飯後[illegible]，[illegible]三三三，刘祥位二二〇号。回前[illegible][illegible]劇場，[illegible]停。

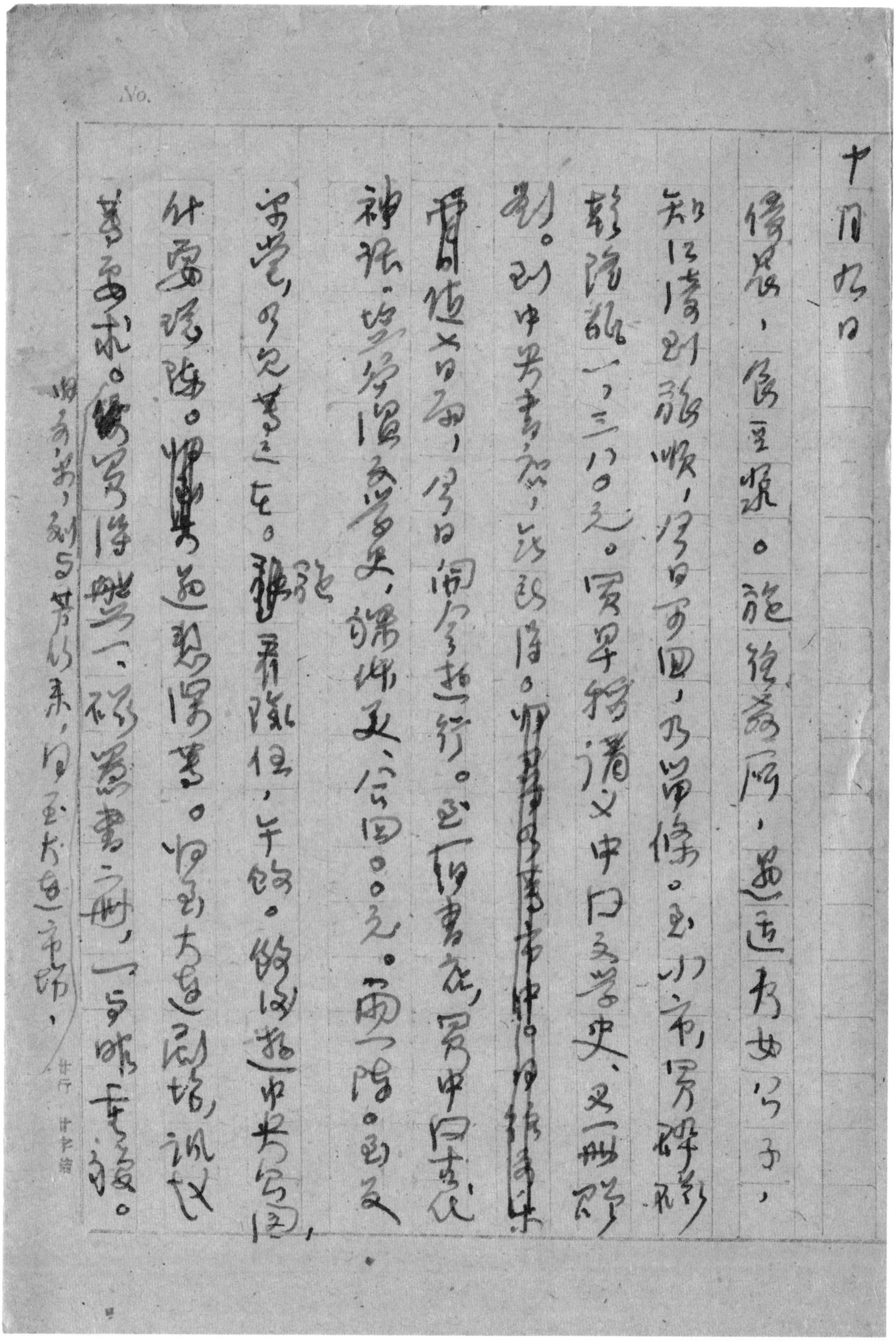

寫了兒思物。龍歸來出，只寫信電給史華郎。我
草至中刻候路十二路到中原商店，門面無過郎的去
樓上咖啡，商定以書交新兒等採辦了。龍歸離北。

十一月十日

得知領取所長，請其團服務了大連至他工作同意，
決定十一日開會大連。九時許離出，回龍北，行之表也，舞
移市中。日兼去過了安堂。到小市同邀，寫得通鑑
二本。龍意了兒兼來大行看戲。通鋪整竹，給後四
至龍北。好好等兩去。龍與與他詳回龍北結一日，去
中飯吃飯，從某陽副到，至鋪去鋪，三時許回文

學堂。我等均請書店吃茶，進餐，要費每元。
到晚許國平來，晚飯附近，同觀秋色，描下吃，餓
菜。畢，談論當近，談及讀的書，又、鄭孝胥，
十三時許去，其行甚到隨記，合華大略讀冊，可乘
鈔也。

十一月十一日

大風，天方冷。把續十字，寫讀書記，每夜三時
路讀。兩讀，後日已中秋，吃茶，吃午點，讀十時向飯。
再的兒買襪四雙，六〇〇元，帽一頂三〇〇元。更去買
元。已以書店。到了雜誌。我舊已從第某地下室手段。

廿行　廿字稿

饭后张来谈,至子英学。皓辞行,谈剧团整,请其吃咖啡。龙到以后写潘有手记一部,六〇〇〇元。买烟。又见买书店。三时半动身,六时抵家。晚饭后与子祖同学谈,并整理近买书一册。

十一月十二日

上午同大管,来若非。饭后又雨霸二十万道理。看书,阅读,读近代日。午后,决调胡调后的组!去何去。饭后写四。晚饭后写书,编写目向措施,并修缮草稿一篇文,十时许寝。

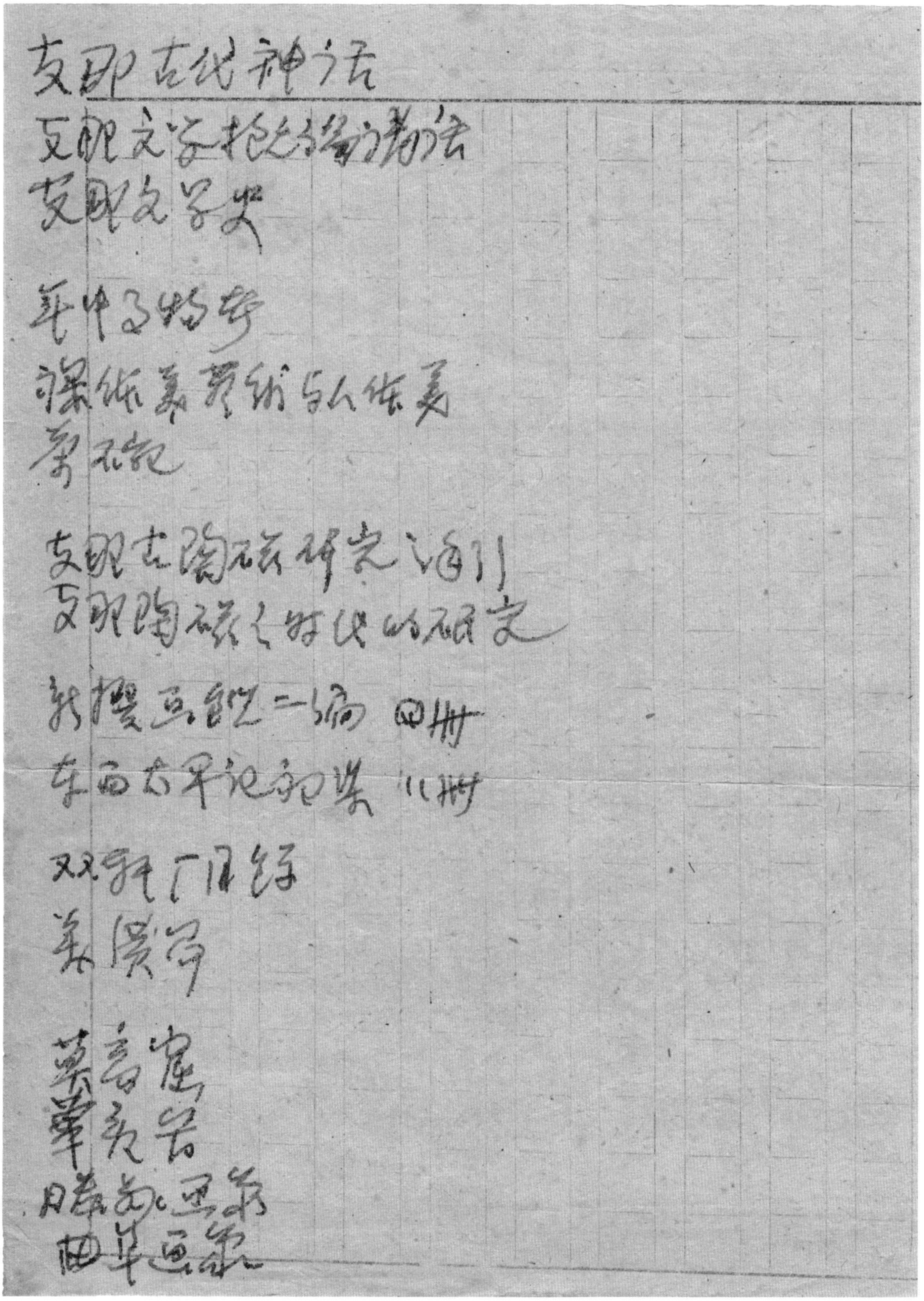
支那古代神话
支那文学史
支那陶磁の時代的研究

一九四七年十一月十一日

十一月十三日

上午，第一委员会二十一号办。伊悦思来，晚饭去看书看过。

请某资公司同志，前拔至钱为同志。续以前阿波，算

画，至寿山的鞠躬黄昏，彼等即二人回。晚饭後但

廿日中三日记日志去。打下余经一切。

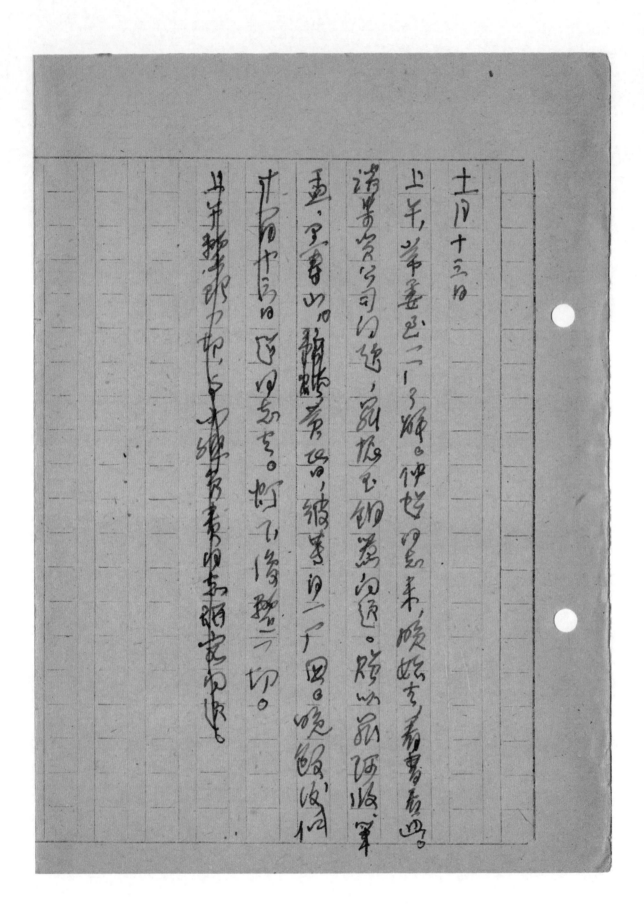

~~与第聊来郎刀招，与中绑黄青绸去将东同波~~

No.

十一月十四日

上午至小弟處借得時代經濟論叢一冊，又論通貨一冊，回寓，到蔡接。~~下午仍用掛張課業寫了十餘了解。~~午後閱讀經濟之類。繼讀時論閱書兩冊。

十一月十五日

晨陰有雪，午後始晴。晚9時小組開會。上午討論一二廠工作，下午討論其他問題。晚間繼續開會，討論工作分配。甚倦，早睡。

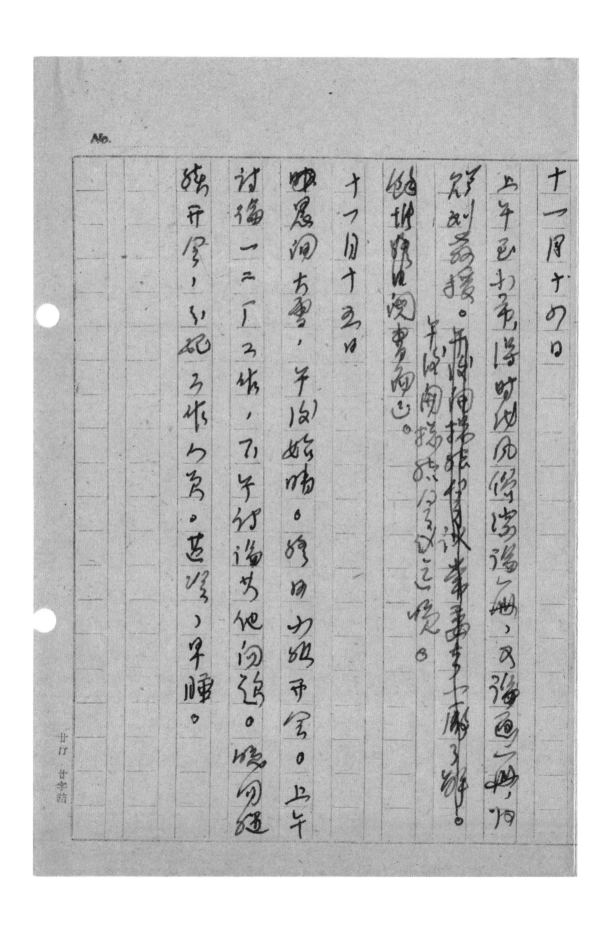

十一月十六日

晨周科長來後六人回報，俱樂部準回憶。龍與劉森談討論分書計劃及大意工作計劃。到小分會查一下。午後同徐蔭宣、小張。陳部長跟大英回報，徐泰的準備材料搜集回憶。做書籍摘錄筆。夜出去了。

No.
廿行　廿字詰

十一月十七日

甚冷。起床后，向朱部长借书款八万八千借之。未得去运。但临时又了，仍由何母女随去，我与刘为接马专程。一时许接大道。打电话至张文彬(?)，致意所，江(?)出。电向路联(?)，知不知。去文学会写得，转商部用一册。购材到大和，万应(?)，道原样一样与小组人意义(?)早一小京。同到台湾(?)安，阅好房间。晚餐以去大道市场买得绒布，我选到老裁缝处缝。但以晚饭，乃收到万发(?)剧场。与盛(?)聆嘉(?)慕(?)，并看其演(?)之会(?)。

收阅讲到十二时寝。

十八日

冷。续旅居生。偕冯经出，买皮帽一顶，三五〇〇元。热水袋一，一×〇〇元。旋访江院长，谈近日经济国内情况与局势。到十二时半返寓，写毕致刘与黄信，均未遇。小憩，读许[illegible]，看报。换房间。到文安兴附近路。许来，饭后回。读许[illegible]长篇小说。小市一回，买得《蓬溪》，回读许书。中，买得楼及三国演义，共四册，三五〇元。晚，写小说，二〇〇元。晚饭后，再到朋友处，歇了片刻，读书很好。九时归，读到十二时寝。

十一月十九日

晨到小市，换水浒后，买薛涛诗谱三〇〇〇元，又画一幅〇〇元。归途又买。十时顷，补买诗蟋蟀谱一册，又郑州风土记一册。归，其价三百。收到史华滋《兴旧》，即前三〇〇〇元。午饭。六时后，白地捕获信，收到旧书店，数点同。十二时后来到，乃到附近师书店之书，四时长媛来，还无同会。四时找结婚，便留晚饭，十二时始归。实是清谈。八时半归。今日在家，仍是安贫钱。

No.

十一月廿日

晨起後，找戴德，路過小想，寫條的蘭思詩等的十二張。到吳鐵書長處看畫，為鄧翁畫一幅。又給以前之報復大衣。十一時許收，和之談的兄，以及小文之吃飯。飯後參加前團例會。五時下課，至鍾先生家，又去看我的之學校，又復看鐵路局得路線接之的時間。傍晚回，又到店等。

廿行 廿字詰

十一月廿一日

八时，与刘若摄同至吴秘书长处看画，返阅画，取瘗鹤用画一。十时半往杨修处借碑书。取钢锯八义。十一时至社戏曲处看书画、目画。到文联会。与钱先生同到西蒿庄度岁，乐谈，谈五义，戏续为适。同王先生休息。返阵线，谈新发图片作品后，谈谈多见同志设看了十二姊，刚件。

十一月二十二日

晨与广祥去小市，买袜子。至大连买呢绒布一丈二尺凡七千元。回旅社小休，至新华书店不在家。至小岗子买得鲁迅大像照片二，小像数张。钉皮鞋三双，三五〇〇元。替以前买书。中原买日历一本一五〇〇元。三时到旅社，到文安堂，买左传册，简谱册。四时许勤男，六时许振东。一切整理完毕，十时许就寝。

十一月二十三日，

上午开党内会，讨论文联工作问题。下午开全体会议，作最后决定。评定薪给制度。晚，读露书。

十一月廿四日

上午，曹与部部长谈薪给问题。穆理来张思想杨讨论过。午后去小市，买饶桂崖集之古人诗。晚，到刘芬绶处谈。明日漱亭去大连，批示買洋糖一斤。

十一月二十五日

大雪。與米、劉、張俱樂部商談，並進行計劃。一廠來車，劉思田亦先去。

十一月二十六日

上午，劉思田、錢寶仁組長去一廠。偕望山去工作。午後去揚館，領款一三、〇〇〇〇元。裝火爐，燒煤燒不着。大連北京團來信，將明日去連，須日後報告。晚飯後向俱樂部寫備寫日後慢進一二廠工作。準備行程。

十一月廿七日

偕蕴，和侪为安函图旅馆大道，去李宗、九时半好，换达。在永恒远早餐后，往钱缝为蕴翔衣加棉衣，到中和为子鬼放大衣。逛书店。在小市买得石湾陶瓷两只，云女之。为宝子缎不能，未买，买钱布小寸许，小买之。午饭后，到商店，宝子在总团。闻江复去上友好欢舞导排练，在李延东海房后（北）即去，八点后去找我。又出得起。……时后回旅社，到文联后，缩池出及楼问剧团详情。九时后，半备报告提纲，十二时寝。

十一月二十八日

晚起太晚，八时起，换薄睡袍。到小市为小惠买车子……，回家。又打电话文，……江青，忠……，……过。九时半出发

No.

所，英乃知军事，需要去新闻，主要有好修养部，据云启屋
淮海道。在家，始知军所派回一天，我报告点时多下午四时，余不知也。
此去经行谈论经过。上午随饭校（三百元），修理通信三千
张。中和路买纸五百元。新出路纸张，二千五百元。买邮票中三
百元。在中原储备新通讯一册，三百元。二时回家午饭。买文具
纸及药（二百元）。刘英将来到。天冷，生火。搽药十二元西，
三时半张来，看信并打印表等。王来，刘祥同来。借书去等十余，
同到大华晚饭，谈四十五，七九时许。拟写信，需道所办七年
中，拟出席行程，告已写。在家看书写
的开张，二百元。

廿行　廿字格

十一月廿九日

天氣晴，零度。（前日零下九度）。午前與邢小姐事，午前為劉小、邢仲樞接談，擬包頭攻防。工程部張部長來，約為邊生民同志的續弟一到大連同去。預備了文送作報告書。約共明日為德芝堂12。張印華備行程並與高學楨（為中小學）。

No.
廿行・廿字詰

一九四七年十一月三十日

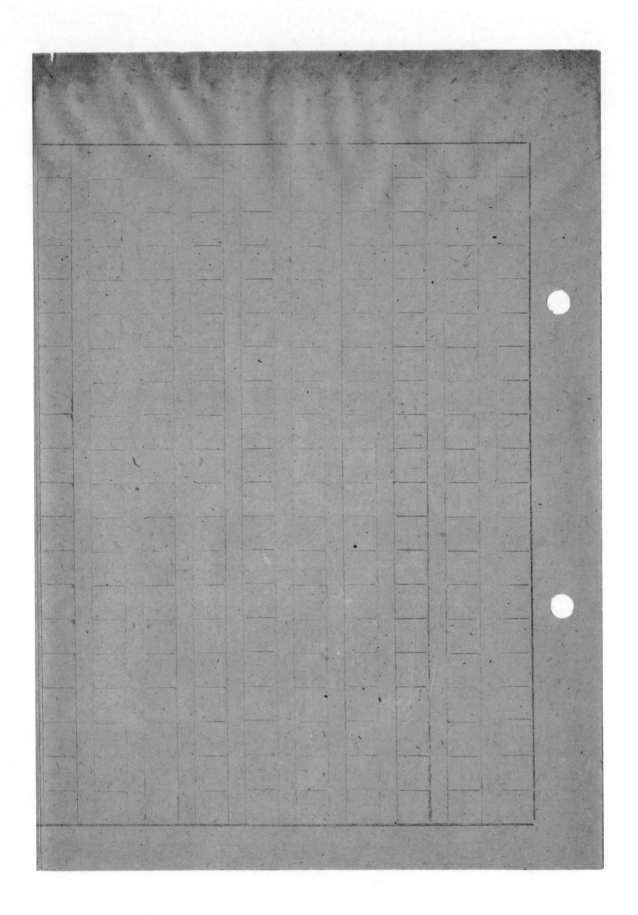

No.

十一月卅日

早飯後與~~[illegible]~~韓等、[illegible]同去大連，以
[illegible]同志、[illegible]西崗（[illegible]）[illegible]。
[illegible]來，[illegible]房子[illegible]，
小弟，[illegible]。[illegible]旅[illegible]。[illegible]
[illegible]
[illegible]

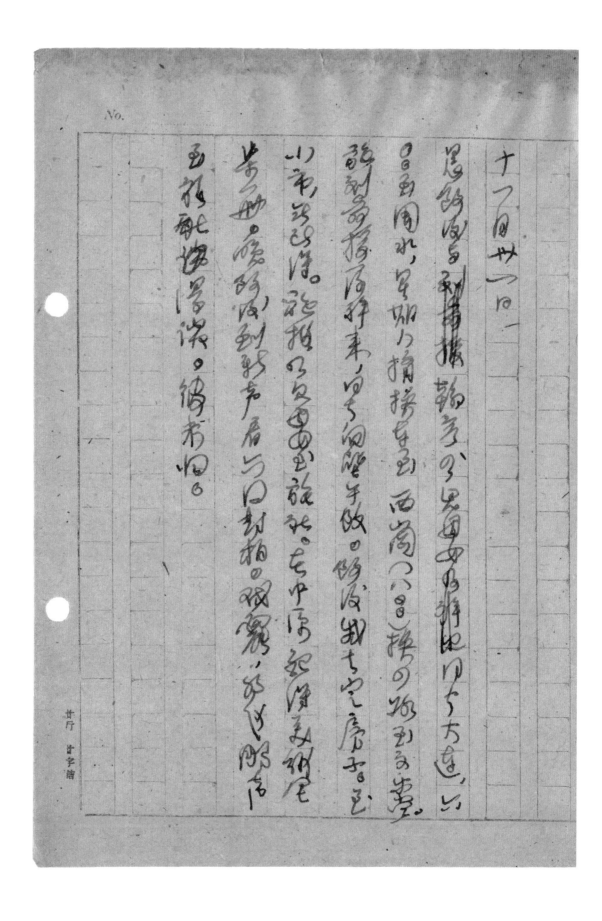

廿行　廿字諸

十二月一日

大雪。去蘇華道辭，到對面古董店，買得木刻畫三幅。12

讀電報來，約下午三時到新華圖，因雪未能去。四時許，與文叢

接洽，得編輯費17800元，小米一對。我輯的作品。明後刻印。

收拾不好出，~~排~~除到樓上辦公間書。預今人下來理論，十

二時寢。

晨，趙醒前吃早點返回。

劉若探的買得舊書本近見中國文學論著陶藝

譯書三冊。

十二月二日

晨，送稿去修。看吴秘书长。谈剧团的报告，为此来表谢意，托翻译书事。买电炉三千元。我去剧团找他，同往大连市场找阿兰修皮袍子。饭馆吃二万元，归我付另两款。钱总数共二万元。归诗社。饭后携其母女出去买东西，途中竟失帽，甚懊恼。连鞋尚未去。候舒修表，新买看拾机力黑买了一张新子。归后谈，至十二时许始寝。

十二月三日

晨送以母鞋修理，鞋修理。回后到数接着起外，同到地下室

早餐。电话打不通。洪宝[illegible]因安东行。到附近一记，

照[illegible]作序六十张，三〇〇元。程[illegible]来，知昨日搬此。五时离散。随

与[illegible]又母由群到小三元晚饭。之后到新舍看风[illegible]巢。调解剧团

与能写剧件行。回后陈正伦来，谈与郭沫若相识。程[illegible]来[illegible]

料理稿子，到十二时未曾入睡。

同[illegible]赠，晨得搬[illegible]，当[illegible]。[illegible]，与刘[illegible]

华借五万元。为小[illegible]买[illegible]五千，付[illegible]款一五〇〇。[illegible]

[illegible]，付皮鞋万元。

No.

十二月四日

起身後，往大华晤吴秘書長，解决组织生活问题。归後（送錶修理，）遇吴玉師理来遇，约地下室饮，并看日名画。十一时瀚章来，知其下午一时到文华。萬遗乃兄母在对面接线行者先往。小[illegible]与程日来，裁衣。一时许东到，偕萬先行。大雪。我饮後去小市家，买偕音画、糖日書及地图三本。因降冒雪与小京房拜账行，五时到家，雪犹不止。晚饭後整理东西，休息。

砂糖数目作记

武田胜彩藏之记

地图

十二月五日

今日大雾，南京路未见也。闭门不得出。与钟望阳谈近顷工作，甚为艰难。而经济部能与工作又来，又是第一分讨论。由钟仁知论著、刘思、黄远了张回。因经其来谈，通将编辑，拟将论文、联系，分任各文编辑。我则重担，当要不断专有数十度甚多博览，然终如之何也。

No.

十二月六日

昨夜雪止，深约五寸。早饭后与郭刘韩同去大连。吴熙说过雪灾，桥有此况。先到大华印刷所。我至文具一看，为刘买信纸两本一册。午饭后在大连市场，买信纸少定与孩梳梳一把。午饭后又买到样鞋、酒钟、买什件，为明年到大叶知信信纸墨。六时出，与刘韩同回。高专一段，雪地皆平，一片白，大连山峰隐约，如临绘，寒气甚冽，就是在北方雪地西北利亚中也。晚饭后将结果告知朱部长。夏穿六八棉不快，早寝。

廿行 廿字詰

十二月七日

早飲茶訪班，商拍電影出版。

積雪甚深，終日未能離屋。潘蕃訪劉，商借，東部回信。午後，耕曲二人來整樓上火爐。三時許，劉去看房屋，語不料搬運工甚慢。晚飯後與卓到里訪朱部長，談此問題。積雪今日未去，沙場回思舊脫離組織工作，專業學術之念甚深，擬於今時掃除之。

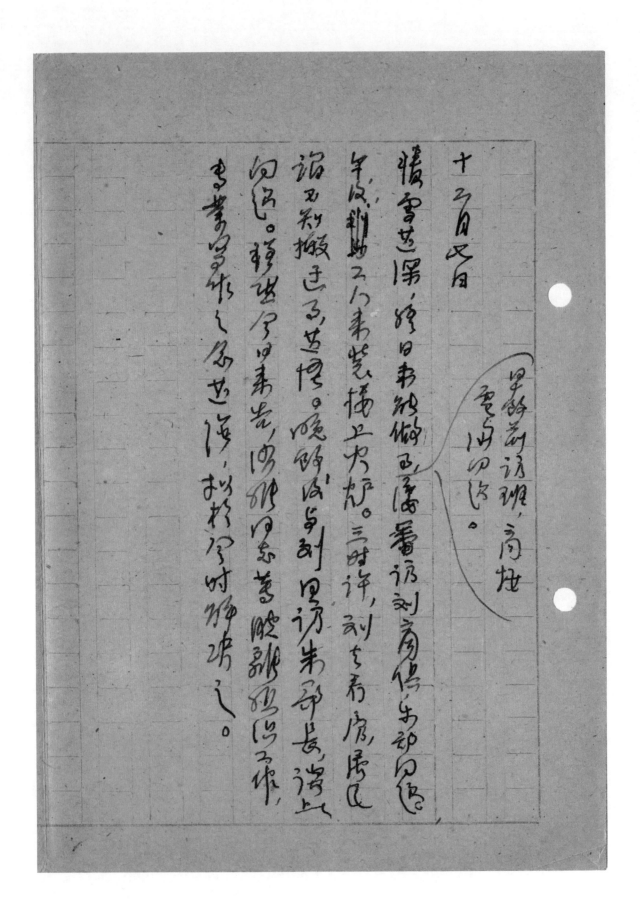

No.

十二月八日

雪仍未停，晚雨下降。送孫劍鋒教授、高偶等部內晚宴。邀
邵部長回依房子。訪陳部長，將東嶺地信，但上午往去。
午後，郭斌與劉劍鋒教授看劇場房子。電工來裝我鉛線。部
來，請孫露芳教授出，再看新房，仍不適用。請周部長再
覓。黎強後，與劉訪朱部長，我部隊來，未決。仍用
原房，交部收回。新定辦法，不仍過半矣。稍
憩午後一刻，撰寫工作。小東同回。

十二月九日

何日似在飞雪地之中。至路口，与祥上市
，买肉八〇〇、买笔二百，来此第一遭也、买镜框一，送竹
宅祝贺。结婚之，借马车回。下午发寒热，立刻前接祥三八处
外送晚饭。二次访部，知屈长结果，访朱，请他俱把编为四
的叶秘书来谈临人事造会俱好。施周科长来，谈面敌
书甚为清万事路。商对策后，访朱部长。归作二书，与郑鱼
与房东。施部来，谈已说好，一二日内可搬。当通知周刘。施将
备行程，至十二时寝。

No.

廿行　廿字詰

一九四七年十二月九日

十二月十日

早饭后，请朱部长批俘虏部款卅万元，通知的件。与刘、林、
韩、贝，同业务经理处谈出选。午饭。至韩世昌家俱乐，八万元的件。
午饭后，至韩世昌联合剧团俱乐部，十万元的件。韩去解决通知剧团晚饭。
又去书院。到旧书店，买得佛学书多撒论、晚清诗解释等
的各种书各一本。到书院，过当乐、韩约二元。为戏牧羊、胡角。书院
剧团联欢。晚饭后无事。

十二月十一日

送灯芯来，看文四廿册。秋山来谈，买零件。午后至大连市场，
音乐
买得小画片十张，明信片卅余张。小书送来，知一路向

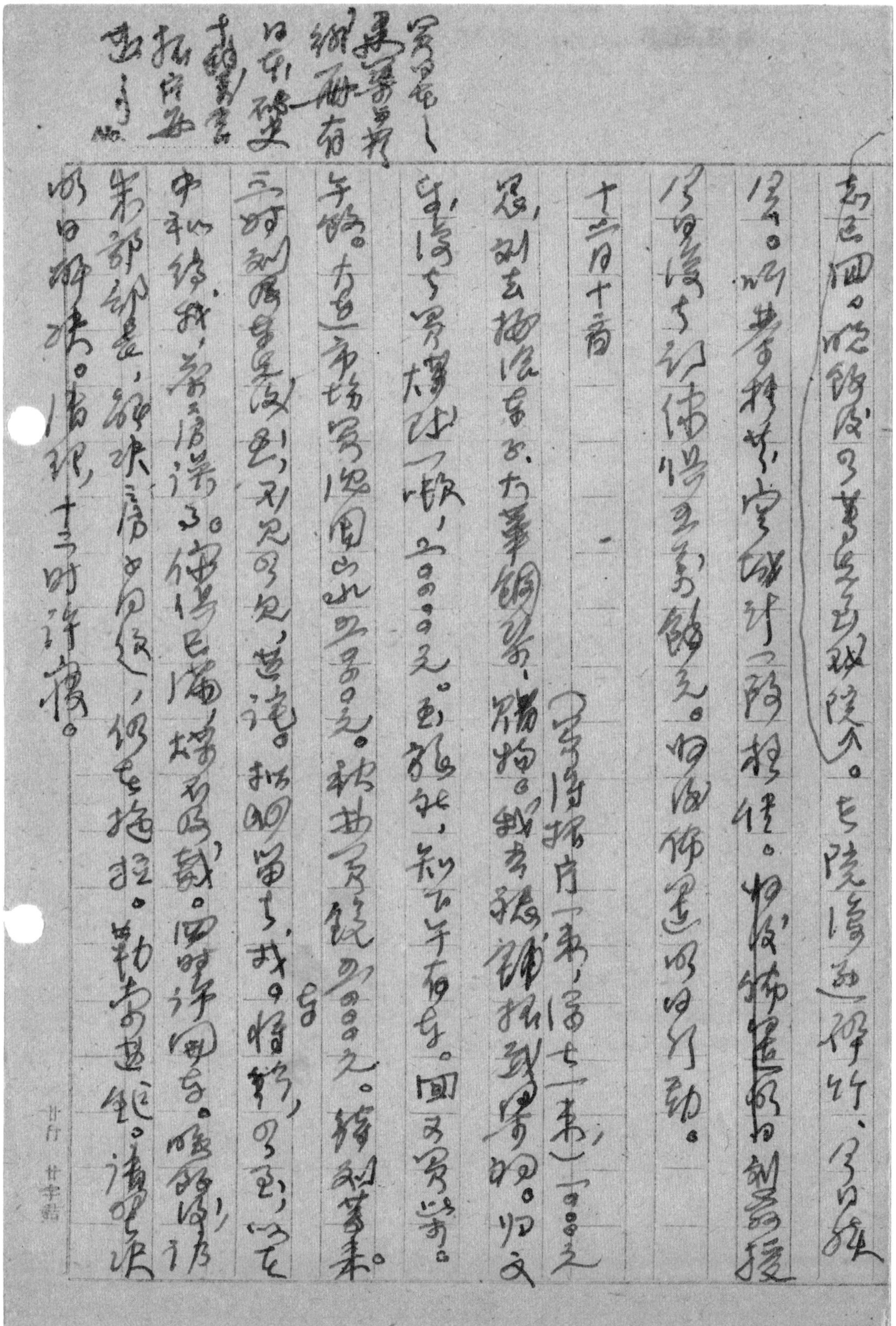

十二月十二日

十二月十三日

俱乐部依户分田搬迁出屋。与刘益接着去看屋、计划以两层砖木工商谈，计两砖，用廿工五日可成。今日拟开常委会，以俱乐部事，未成功。

十二月十四日

丢咳。小组党会，上午未开成。午后开，到夜十二时结束。讨论要点：佈置新年工作，检查一二两點过去工作。请同搞俱乐部工作。代小司之帐目来，免得道。今日木匠开工。

十二月十五日

缺诸石材料，写数千言。朱部长回，与之接洽俱乐部事。监督木工。昨夜又大雪，今日室内零下二度。晚，郭部长回，与之深谈。冯宾阳来一晤。

十二月十六日

今日奇冷，室內〇下五度，室外18度。起身後出攤購料裝電炉綫，近午而成，並暖。予母病已三日，今日始出門，可行動。下午看修屋，寫批示書。晚閱俗學部署要書，至十時而畢，十二時寢。後日讀至續，僅千數頁，再三小時，全書可畢矣。

十二月十七日

晨九时，与郭若愚携侯锋去大连的第一批储供。下午到金东兴号，恒兆商巴苏高同道。旋到长信书店，买书，日鲜辞典、辞[illegible]句书器，钱大致武梁祠拓，后在阮、王宠、刘镛、两年、翁覃溪，一〇〇〇〇元。与黄去连市场，发现得。邑一小店，买明行书十五张，三〇〇元。归陈，买碑帖。午饭。与金[illegible]郭若愚，一五〇〇元，又拐落书店，取小碑八十张回寓。晚[illegible]到，同去郭[illegible]楼四十件。到市晚饭。

晨，由予兄病落。殘夜十二

十二月十八日。

予兄氣管炎發。下午四時許，与劉荔援日寇猪日兵甚兇来訪。

六時同新長東路請新年節目，決定二。同民某各丁宣俞手編

字號定。与劉荔援、你選計劃劇場路造，估价三十萬。訪巴蕾部

長如道進，又談定同化鋼鐵若干萬。晚選評論十种，以手

留。上午至小市買書，滴一斤，归途中失之。日買冰淇一冰雪

地，路留西腳下，東留西最中物也。買皮燈三把，買電燈、紙八

紀念郁達夫夜燈炸

十二月十九日

晨，看保安部展，已大体修理，作二三角收夾，為制小市賣貨框

二，一裝匾字。午後歸，接予兄至保安部。旧裝場上收拾。

19　外阴好

旋找刘秀谈二厂工作。与刘洪定参观道，又同去看剧。芳备，程以刘秀瑞副局长要拨款意见。晚餐后，因接报剧材料费，与刘同去找朱部长，他忙，候一小时不见，遂返。晚饭后，同洪去访赫千情

No.

廿行　廿字詰

十二月二十二日

总务朱部长以地方材料十篇交。午后，布道来谈了半日。与海燕剧团谈写剧。对新华报问题，宣传部问我。公安局志强同志来南京一年。寝前，翻萧三多日四改风。晚访叶秘书，商播发材料。

十二月二十三日

晚电灯坏，后时起火灯。及时了误，我去到话剧坊了解。布道还来，谈了一日。另作一要，比朱豆仁。若垣东来帮忙，我探球。午后，看阿州编歌子等翻作剧本。稿又二稿，微微。楚萝回，来修电灯。晚饭后，叶俊来谈了一阵。谭玛神

No.

王曾刘济来，已移候鲸改去大连。刘筠授昌日到庭。见

郭中长来，借其翻民集二册，第勝图刘一册，张冠英一册。

为政协大学午宴。

十二月廿四日

晨，我有秘书长足把二韵一十四画，刘详与大连。辞

谕知朱已返，往访之，读28日电。每地二张一十八元。午餐，

借书及画之，储送移常一，或的时候举。赵特来朱去的城，

报告大连。刘芳来的交票，谈建筑史。永恒建路。郑送书信，

买得神像、瓷器如孔子，阅要何新校，阅外人隐军集的册后

二哥徐他碑。王铭如，朱来。到实剧，听古一黄之利宏涛。跋纪，

廿行 廿字詰

萬家寶來，云五时到他处去过。告他，戏卅一改期，可能復来。旋錢英来，取日丑中新坪下宮，候鵬声，猶坊情形，留一函与鵬声。回旅社，偏偏三五橋，無有。晴曦，劉群好来，並一道来見旅社也。吃饭。

十二月廿五日

晨，地下室異常冷。即去供銷部買書，下午開賣，上午可得二本，即决待。我去大連市場，買得二日瓶，買麵包，選結木丁，己吃好。至西崗書店候信，係買得書店紀念集一册。晚一时到，下御後，拜訪陸原寺田。我去橋書本工作。劉光和了，我ハ十秘書談話。韓黄来，即去看電影此后。

No.

部秘長來告，公司備三千萬，三三〇〇元，以高收購。晚飯後，
訪朱一琛。歸遇陸達生至一廠，晚回。瑞如佈置節
目。晚同黃肇均有二回，繪印三張校象，蒲副文來回，共
又未回，若多注意。

十二月廿六日

雨。總口傳佈傳安部，留從布二、傳三。適午，歸回，安來此
雷鳴。午後劉燕擇回。該家樓俱赴守備處回以來，瑞如
備三〇〇，茶葉點。從從二廠春演節目。

廿行　廿字贈

（指西南 柳华山 不毕会不 当路）

十二月廿七日

大风雪，路断。仍留政治部。与朱子奇、[illegible]闲谈。下午四时，刘[illegible]去大连[illegible]，与[illegible]一[illegible]仿佛，小东楼[illegible]。我去[illegible]部。六时回大连团。晚饭后阅[illegible]道[illegible]，至[illegible]的时始毕。李[illegible]来。

十二月廿八日

上午仍继续编选。到场指[illegible]。晚[illegible]以及[illegible]剧场。下午三时闭会，五时结束。六时由苏联方面[illegible]，以[illegible]，数分钟即回。早寝。上午[illegible]书室。

十二月廿九日

No.

昨本區優屬待工日，今日繼續工作。與此次的負責人談話。檢查工廠戰鬥工作。即請孔書記傳十科。

十二月卅日

繼續蒞區優屬業務。下午，同作輝送來，即刷校刊不甚佳。與莫同志來談。蒞訪市長，西樓用電費或捐款之。

十二月卅一日

上午去市府，撰寫年譜。午後本區區長來二次。晚去鐵業部傳達，自以來，因此組織尚可。

灯下讀毛主席形勢與任務報告。

廿行　廿字格

一月一日

今日开了三人联欢会，为迎接一九四八的胜利年。午，约[illegible]来[illegible]，[illegible]同饭。三时，[illegible]部[illegible]，[illegible]，联欢[illegible]。[illegible]。晚[illegible]部晚饭。[illegible]，与之谈话。十一时回寝。

No.
廿行 廿字詰

一月二日

日本技師原來察看暖氣設備，決定由水道工人進行修初步檢查。讀金石學錄並加摘錄。黃啓赴二廠看機模範圍，並找供差干意見。回後至供業部閒談。下午，日本同志來，未兵、實、晚看書會。

一月三日

總務供人員打掃整理供業部。劉爺與劉木匠塔看大劇場建設計劃。二廠定明日來此演出，圖紙，審核，決暫中止。水道工人動員結果，水管修復，約十七家了。劉爺接收了我部屋

No.

。与劳动组合谈接收咖啡馆问题，未得最后解决。七时学部晚饭。近日牙齿痛，思於最近去连诊治之。

一月四日

晨，料理临学部调整计。午后の时随岛乃长女到大连。购物，题画。写信两六。得沈可均隐款碑一幅。购能画，喜之。与又与得明到鞋湖上、黑山、舟锦疏亭道集，和景宗长之谢诗。子得镜框二。十时归回，换衣十一时许。夜一时始就寝。

廿行 廿字詰

一月五日

午前，吴慧同志来看画扇书。午后开小组总结检讨会。二日，始学总结二场子，始工作之草稿原则。晚，劳动组全来检讨准备，以便[illegible]人不去，不果。为多久与宣传[illegible]。晚写两晚，翻完艳所了遗集。看温饶庭诗二篇、宋史一卷、明诗综一卷、成玉[illegible]子国陂，皆所须材料也。

一月六日

晨，范老来谈遗义，而黄组正在大谈，候至明日

No.

。上午，整理書房藏書。午後，繼續開会，討論昨日報告。晚，閱韓湘子數頁。

一月七日

晨，擬去小組報告大綱。幼兒館辦遺交。本區来信劇場建築。下午參加去宣講團。午飯繼續開会，至晚，同想回返大連解決。晚飯後，欲為，但閱三謝詩選去跋文而已。金達前日去大連，寫午後過日。近日天氣頗暖。

廿行　廿字諧

壹月八日

息，我先部長批十萬元，並張春銘攜回幾條。午後，攜來白之將張。旋參加小組会议，一直到夜晚，中心批評檢查同志們組織紀律。我一點則批評檢，於此發言。 接到孔另境自明望寄，鄭振鐸自香港來信。

壹月九日

估計蔣匪今後甚遠了，今日會議熱鬧，並顯得強大生。買得了金石錄，新印揚州休園志各一部（一万○○元），隨帆用品、食物而返。下午三時評選模範。晚飯後，閱寫畫會給我會議，完成選民組織，到十二時才完。歸讀休園志，記日記一年甚佳。書勸組合明日晚飯並同萬中。

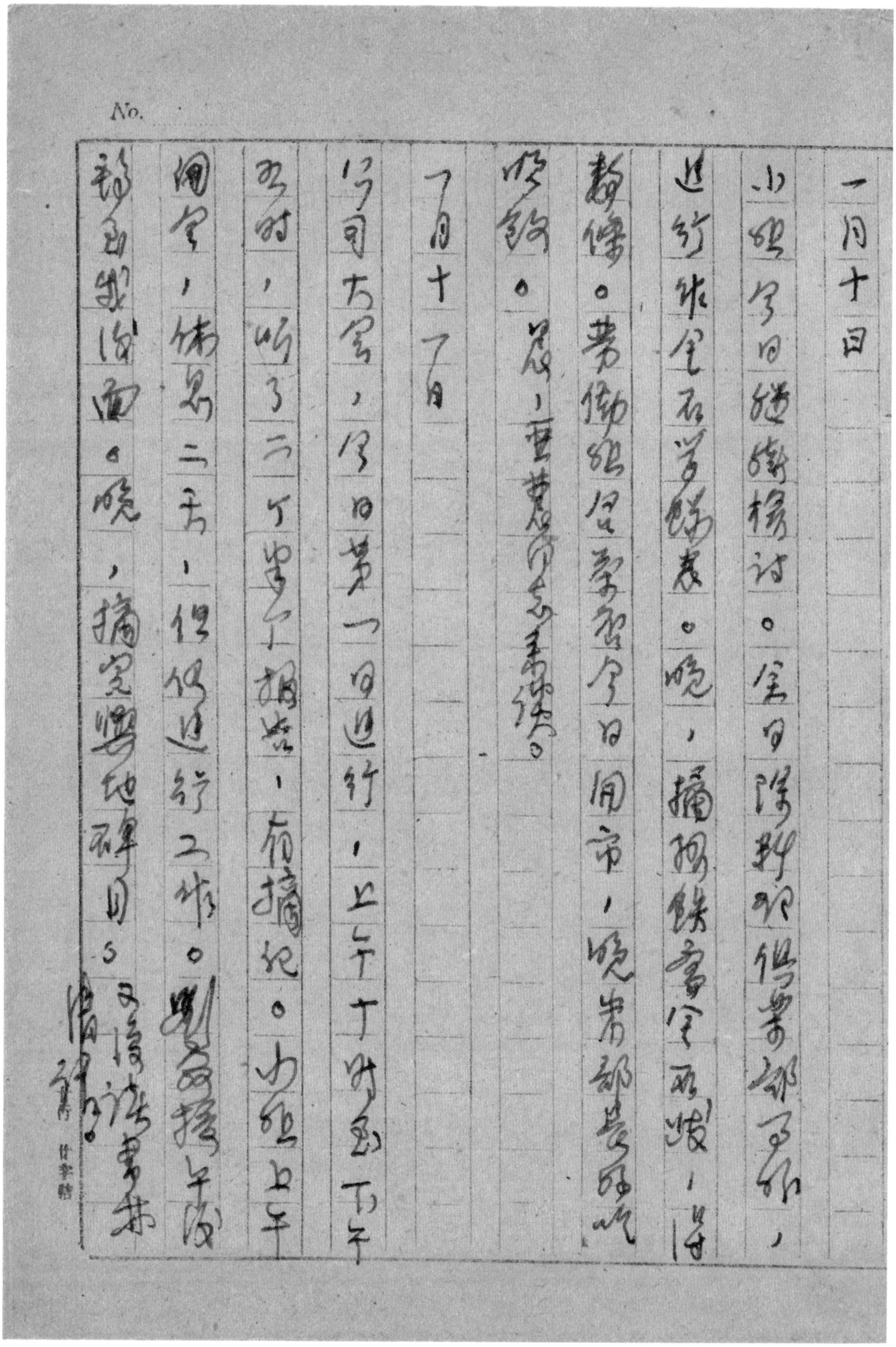

No.

一月十日

小组今日继续检讨。全日洋料加供需部分组，进行作全面学习总结。晚，摘抄铁道会议纪要，[illegible]静修。劳动组合学习今日开市，晚党部长作报告。[illegible]

一月十一日

公司大会，今日第一日进行，上午十时至下午五时，听了二个半小时报告，有摘记。小组上午开会，休息二天，但仍进行工作。[illegible]午后[illegible]。晚，摘[illegible]日记。又读[illegible]

一月十二日

未起大會，全日整理購報全石學錄搭目，這夜

何對三張未抄寫。作詩多。

一月十三日

晨，續抄搭春宮。午後大雪，深乃許。與劉筱

擬到小組開會——文藝欣賞。晚去佳第部吃飯

回，雜，斷電，燒煤乎。

一月十四日

上午，擬定不寫書部，摘出存画部分備抄。午

後，小組繼續開會，錢繼續作報告。晚整理錢令不

No.

材料。到宋部长处阅读。

一月十五日

继续研究元材料。党内开大会。下午，小组继续开会。晚，讨论。蒋欣到马同志处，宋兰一併去。追材。

一月十六日

继续不差钱华材料。午后，小组如间佈置之会议。因要总的去掉，晚上再进行。讲到几件远。他发现了一个我刻典型。前进路线长，知黄师长在哈尔滨，甚为关心，给感。宋明海今东不知去何处也。

廿行　廿字稿

一月十七日

今日上午开全体工作会议。晚时有八路军政组。暨定将照
顾村。二人谈寄寓，二人搬其、嫩房村部宿舍、招待部、
招待所组织组负责，并决指定成。其余机构，晚饭后，与刘森
接洽物资部长，招待所待业部事。均由他们办理，齐全成
就职。领得马月薪一万二千余元。

一月十八日

还好时与朱部长谈过去话。在京在金置部浴读书。读书时撰写
每季发一二〇〇〇元，谓每人一〇〇〇元即是精。每日如实写当日事。

No.

五兵如買物。新路の時會画青岩紙五好。五時半下谷回家

飯後讀冊子。六時閱平婦書房，今改擇書房，我決不去，我

難說東洋之報。讀報來，讀戰後豐道民動情況，極可注意，

戰前道橋工長公員民動情形。書報櫃。燈下，閱讀叢書如

露天語大典辭書　二十冊　一原解古書籍，時日亦繁，有更

日本釋語美術集　六冊　圖說周易傳，未完。

圖解紀元卷附一卷　羅振玉著　嘉靖潮州刊白綿紙　二冊

增訂历代紀年表　二冊　羅振玉編

唐雅那蒙古遺信　橫山宗兄著

六朝時代之藝術　梅澤和軒著

東亞之民族文化　安藤新樂著　三木安定男譯

廿行　廿字詰

一月十九日

晨與朱了县长如致田剧场建设各操。去阅大众土

作写剧准备，写午而毕。郭部长来谈。午后小

组会议。建筑师来。与叶研究建筑。下午上

下会谈，八二楼旁，五时即眠，醒之已夜。

下午，浮择回，张来花说标样、即行司书、

叶建回忘书，辞卷书。

一月二十日

午时后，高烧稍杀。楼阅外来函件，与刘文接

谈治安部论问题。到秘书长处接洽运输。

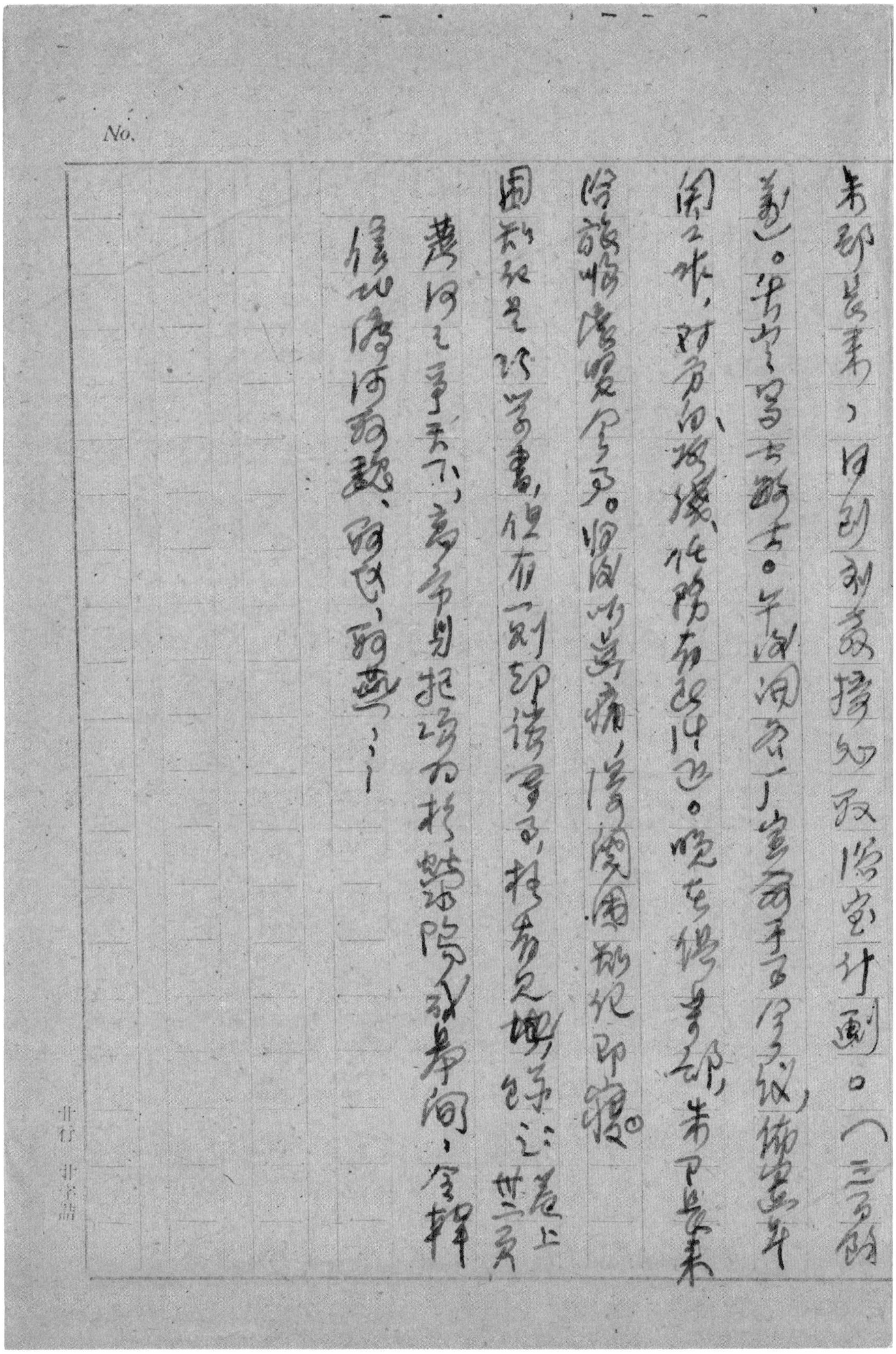
No.

一月二十一日

晨与程望谈联络工作。开梅原村会议，了解其设计的政治情况，决定工作方式。午饭后，与周科长、程瀚章同至梅原，四时回。新民行来，谈定剧场建筑费一百五十八万元，发给，当付百万。与人向朱部长借五万，因牙痛厉害，明日须去大连取牙也。晚饭后至机要部办事，决定拨给治年货购粮。

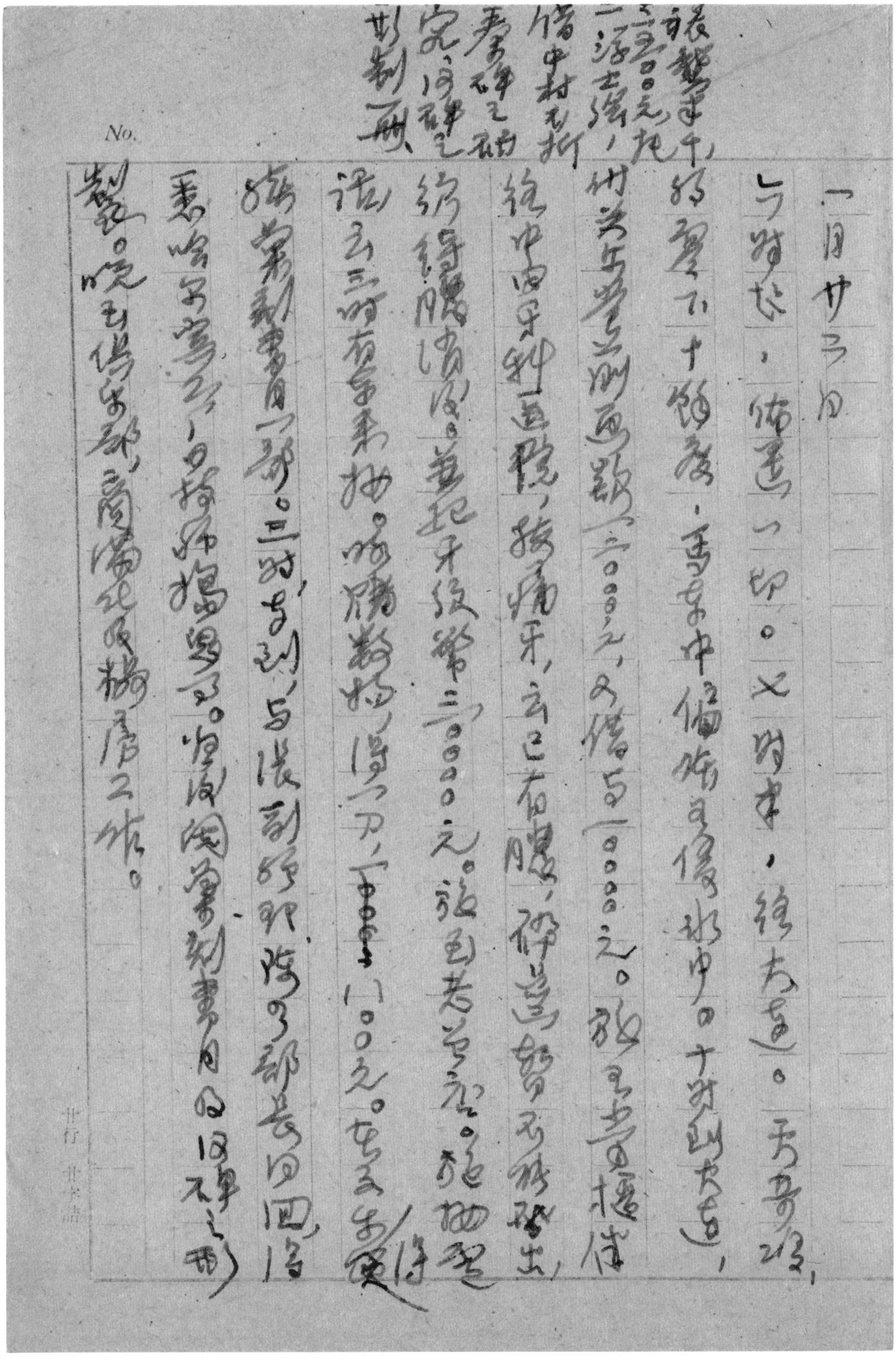

一月廿二日

一月二十四日

零下二十余度，大风如折屋，人处风中，几不能与风向相抗，寄设真可怕也，遂不能去大连治平。在炉火旁钩出土改土材料过一篇。西，已五时。续编传记、热纵三日忘了解广播，情况回，乃回去到旁接处商谈人员配备。晚饭后，凤楼电报、炉烟传新，到楼醉传第部团会一路过、传传剧团、兵兵队。我们准备话。晚饭打过就炉旁捡阅到书目中，全不学书目，已夜一时许寝。

一月廿四日

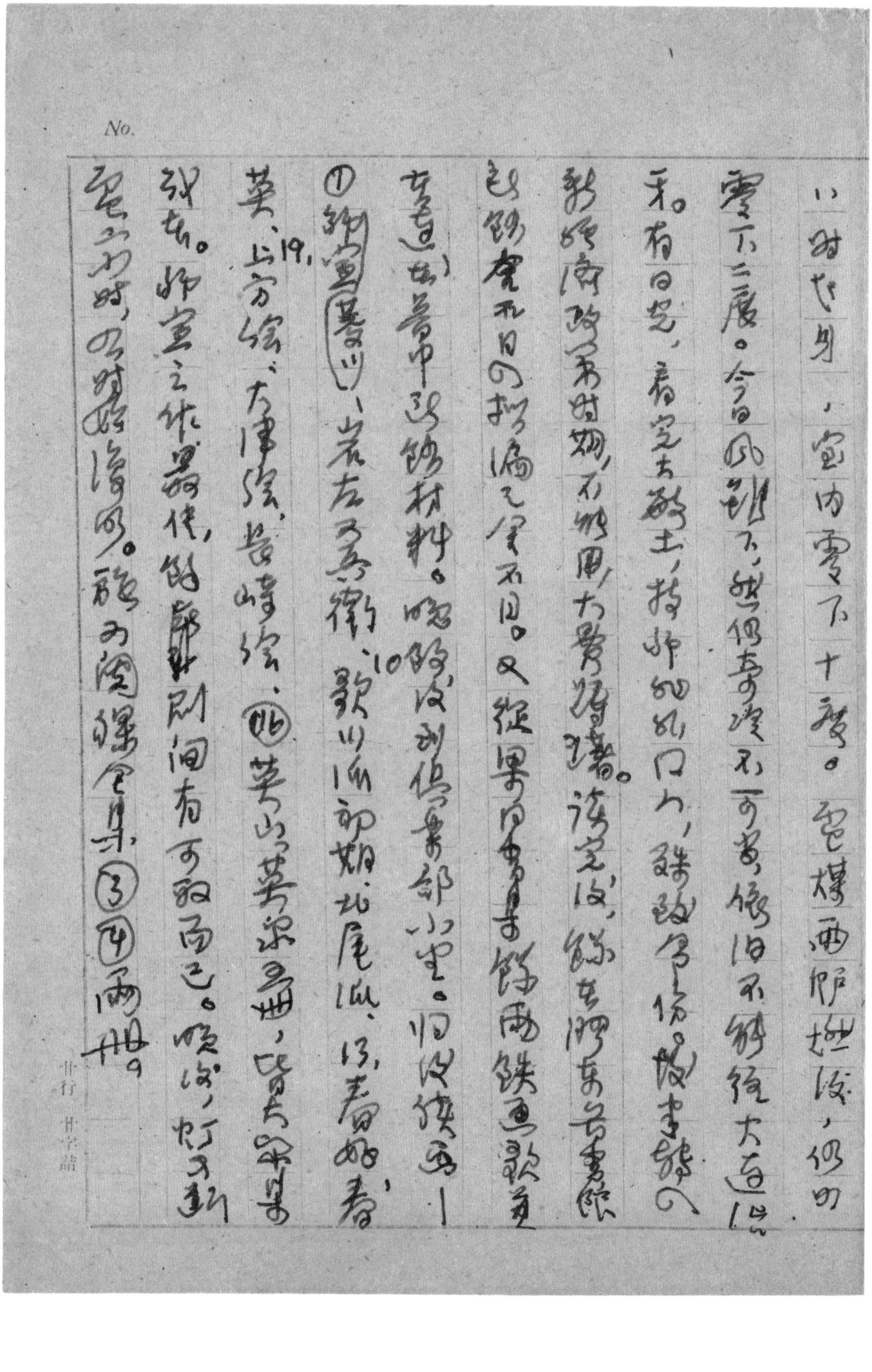
No.

小寒日，室内零下十度。電爐兩爐燃後，仍只
零下二度。今日風雖不大，然仍寒冷不可當，終日不能離大衣保
和。有日光，看完《古鏡記》，抄錄紙條四，寄與鐵梅先生；放書錄之
整理修改未對者，不能用，大費躊躇。讀完後，繼去補辦東方書店
之錢，貨不日可到之實不見。又從黑川書店購兩種，並歡迎
來，連日書中，以錄材料。晚飯後，到倶樂部小坐。歸後續寫一
①鍬雲(晉代)，岩左為衛，10 歌川派郡姫，北尾派，13，春好、春
英，19，上方繪，大津繪，長崎繪，(16)華山、華宗等冊，皆大字本
頭版。將室之作略修改，與裝幀間有可取而已。晚飯後，打字到
夜二十時，四時始停。睡前閱讀《浮世繪全集》(3)(4)兩冊。

廿行　廿字詰

十五月二十五日

風已止，但仍極冷。終日閉户讀《通鑑》，又將大漢大宋小說或剩餘十五冊。繼看易信仕女，頗似得力於改七香。晚出，訪朱部長，並在傳業部小聚，飲藥酒。

一九四八年一月二十五日

No.
廿行　廿字詰

一月廿六日

上午找李俊民，十时访米子长，与之闲谈，至下午四点。随贾霁来，谈小组帮忙工作，谈画之时者。与刘舒扬看去，到刘再升一次。回，阅李自编冀中书长来访。四时半回，因时已晚，决改明日去。晚与刘舒扬到图书馆，小郭。归阅什么书刊杂志。日本大连周刊新知识文集，美术工作者，孟郎周报，孟秀抄长短材料。

一月二十七日

上午十时，与刘舒扬同去大连。十二时始返，先到新华书店。旋到统一战线部，我去作了一次。右眼未好，仍可以坚持碑志。过孟祥，转写东西来

No.

会，今日回。到严承看书，并取得。访苏，遇田家、吴康、阎霖、王铎。谈到苏接来，日后照片展览会及开幕事。三时自到苏接收入看书，写信告即将讲话研究、日本工业文化史会一事。计写好五六封，已承接收矣。旋来部长来，同去音乐部，然后赴宴，饮。晚十时。归到即写信及回信给看我信，一付稿酬致群联同志书稿费。整理至十时许，与女剧演练至一时许寝。金贵逸自由大连，又带说给我出书材料，托明日与黄指导交一张，再赠她印书。

廿行　廿字詰

一月廿八日

晨访黄文指导员谈民族自治区。旋就近参观第二批款约十万元。剧场方面已接洽，研究结果，经上海开一门。老刘与蒋转去的致来，不得知不为民族材料。然究为假造，抄之留底，尚难判定也。晚至供业部，天暖暖，活动多多矣。归后，嘱铎文供给若干图画资料与民族材料。

一月廿九日

晨与邮路部长黑片等至大连。在大连市场买物。转逛书店买日本古代印刷文化史一本，二〇〇元。为旧书馆买室町文学史。旋至医院拔牙根，仍有腮痛感。出院至中央书店，得似诚柴浚由

No.

知民族博物下册及五十の卷一本。并继续读。二时许离去，为图书馆选文室审阅指定印四。携家甫及五时。俊南忽有婿来，又提供若干材料，关于屠基远的。晚饭后至组织部并看剧场建筑工程。

廿行　廿字詰

一月卅日

1 印刷与纸之话　濑良傳喜太著

2 大同之石佛　小川晴暘著

3 寰宇访碑录　孙星衍　二册

8 支那陶磁之诸考察　上田恭辅著

9 大同石佛寺　木下杢太郎著

4 敦煌物语　松冈让著

5 支那青磁史稿　小山富士夫著

6 东亚考古学研究　滨田耕作著

7 支那考古学论考　梅原末治

No.

九时未，与朱甲長同車去大连。到西岗子買得1/3
4/7谷書，化去二〇〇〇元。至文粜堂又買得8/9，一五〇〇元，尚有
数套，以价太高，未决定買与否。三时许返，四时一刻抵家。金
蓬回，与俄人为邻，迁居被去。（調令解决，路從何返仍未解决）。
剧团今日成立。晚到少雄与渭枫、刘亚澄谈。
在西岗为少雄及刘蕴授買得鲁迅中国小说史略、欧洲中世政洲中
英文学史、西洋美術史、素描論、聊斋、日本[illegible]史、
大正文学十四講凡八册。

一月卅一日

午前，看完沙维洛夫著剧本撰述阅。午后，与朱了长谈舞台设备，同去看剧场建筑。晚，电影、天鸣、瑛之、早寝。新女工咏上工

二月一日

陈拟总结随费协组会写大连沿革，未来已经定地出印本，遂中止。整理书斋。陈祥来借十二月把给粮。午后，与钱、沙、刘谈新年工作计划，并布置晚会。晚赴俱乐部，并与刘蒋提访英指导员谈剧场装置事。雪下，萧专卿来古学论

No.

等。

二月二日

九時去大連治平。十時半，赴西崗市場，買得美術書一批，考古學二冊。又去古書館，買小說集近八千元，古典文學叢書。午飯。治平，內書未好。因文集，須買東亞考古學及中國美術史。三時回，買地學辛通留定處，自回。買書範の敵（一）第三卷第，佐藤氏二冊、君丁一冊，旅「遠、遠」五代。自知刻坊樸不無三十の美矣，故定，我米下長，不甚家。晚，攜丁偶寫郭橋群猴。十時歸，閱古書目錄讀書。電影，早寢。

廿行　廿字詰

考古学研究　濱田耕作著

支那史研究　市村瓚次郎著

支那美術史上卷　一氏義良著

支那古今書道通史　李華三著　芳賀桃譯

ヴァザリ美術家傳　山田智三郎等譯

美術解剖学論考　西田正秋著

フランドル画家論抄　宇田川嘉彦序

藝術ミーノ史　玉城肇譯

ドガ　小野忠重　鈴木健夫譯

ゴヤ傳　高橋ラ仁譯

No.

ロトダルエル・ダレエ　関口俊吾訳
ルーベンスの回想　浅井真男訳
イタリア絵画史　吉川逸治著訳
英吉利浪漫象徴詩風　日夏耿之介著　二冊
原色版西洋名作選集　第10冊
日欧交渉文化論　外山卯三郎著

廿行　廿字詰

二月三日

晨，四上三层，去劳军长处取筹备款一〇，〇〇〇，据云不够。十一时许，与刘、薛、陆劳军长等至大达遂。洽毕。购草纸西岗，买得柳山和、清士编、《英国论》、《俄国书籍》，又买得数书，均为数年前所买日本机。[illegible]共二〇〇〇元。来小书至九点钟，到图书馆六点钱及书，以半年前一本，又八分票。抵家天黑。旅馆详来信称现本回，出游，刘、陆弟可长回。灯又一度熄灭。疲乏甚，遂十时即寝。

アニソー、八ワソ二藏绍自生活　陈村滋夫译

支那近世戏曲史　青木正儿著

No.

浮世绘与插绘艺术　织田一磨著

猥谈　阪田俊夫著

日本娼道美术史　原浩三著

通论考古学　滨田耕作

支那庭园论　冈大路著

南山里　东方考古学会编

二月四日

在编书部作工作一年间，中宣过一日。做基本给布，计划编书等等。晚在编书部开秘书室会议，就三年间经验，讨论搜购图题。要了结部三夜。要百页年间费用。十二时寝。

廿行　廿字詰

二月五日

上午料理遺叢，繼大連。十一時到西崗，繼續清書，先借弟之，到三時許，寫二函，回返遺一遍，到總大連，攜一部分書回。四時半探家，檢查偽農部之作，蔡布華二。晚飯後如野堂急借款回遺。訪家寶聞寧。以南通論第一批路刊發播。打下竹園良買書。王璐村為昨花回，過了晚未返。

東洋考古學　要和井駒等著

近世錦繪世相史　第一卷

No.

世界風俗画全集　十七八世紀西洋篇
西域文明史概論　羽田亨
生活美術　三巻一期　第三期
新美術　3 4 5 8 11
美術　2
音楽新技法講座　六冊
十九世紀佛國絵画史
ルーベンス

廿行　廿字詰

二月六日

晨，看路东来信，并附子。十时，与锋、秀、朱去统大道，访钱契

经理谈版子。买画稿一束。回寓。午饭。后与马锦龙谈版权。

西南子绵搞书。昨售4000，今5000，共售11000。四时许回。付刻2000书，

未看完。晚饭后，读完梅房二日后。借书邵力子。更新读毕备。九

时半，写致之的群撰。一时一刻完。饥，食鸡蛋。看录饿鬼传书，二

时始寝。

生活集讯 1 2 3 4

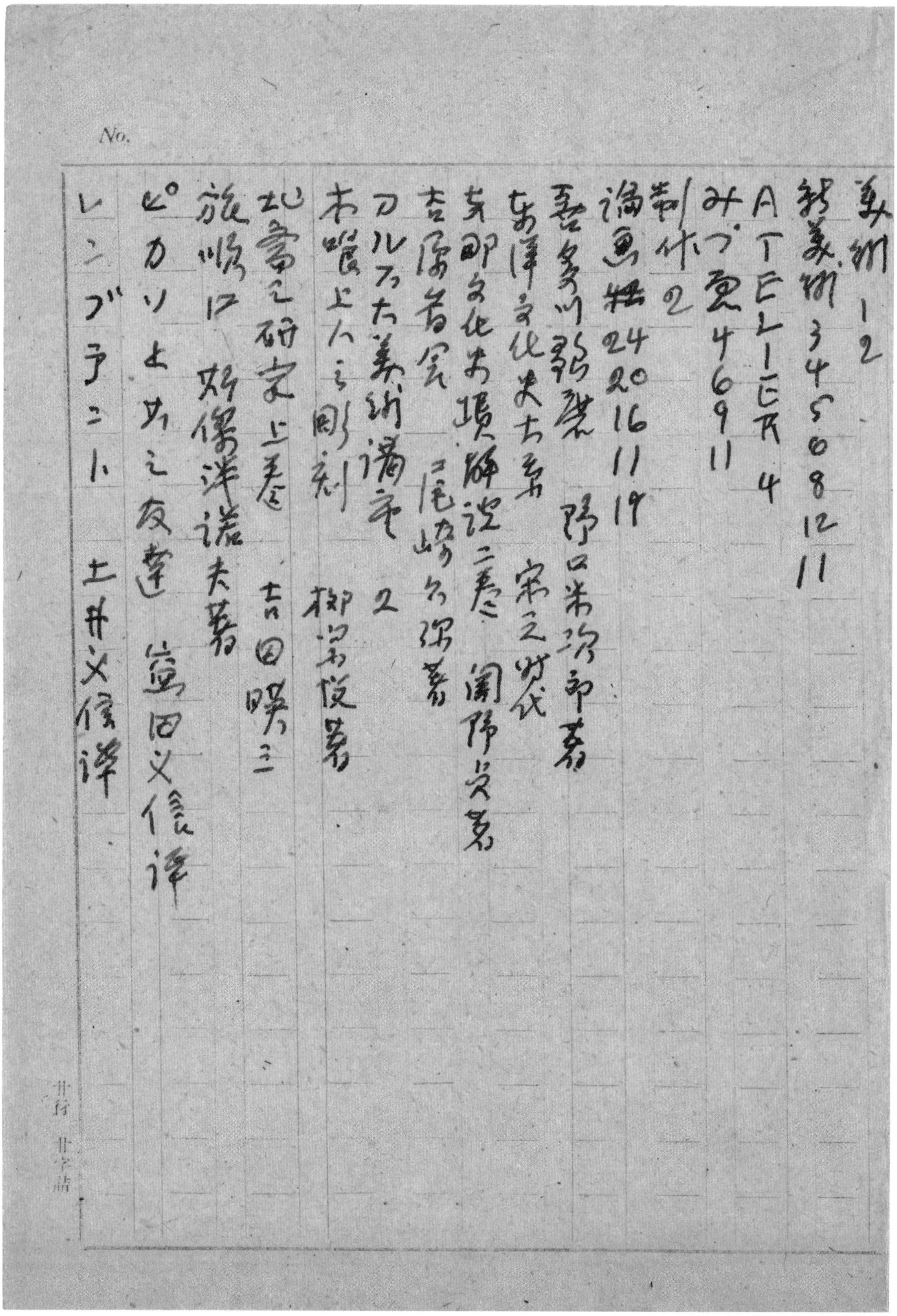

No.

美術 1 2
新美術 3 4 5 6 8 12 11
ATELIER 4
みづゑ 4 6 9 11
制作 2
論画帖 24 20 16 11 19
喜多川歌麿 野口米次郎著
東洋文化史大系 宋元時代
支那文化史蹟解説 二巻 関野貞著
吉原昔会 尾崎久弥著
フルス大美術論 2
木喰上人之彫刻 柳宗悦著
北斎之研究 上巻 吉田暎二
旅順に 好像洋諾夫著
ピカソとその友達 富田文信訳
レンブラント 土井文信訳

二月七日

晨接赵聪高电报可来，午后不知何如结果一信，说廿九来济夜访、卅日访，不可能，甚忍；电话打不通。但估计仍无回音，因卅无戏也。做剧协准备年节文娱工作。晚排戏。与剑为接到邓部长处同意，决定用高部招待。晨往东卫长处，拨十万元。

二月八日

因昨约聪高下二时在储蓄处碰头，晨至德大道。採买年物，耗二万余元。以千三百元得一部

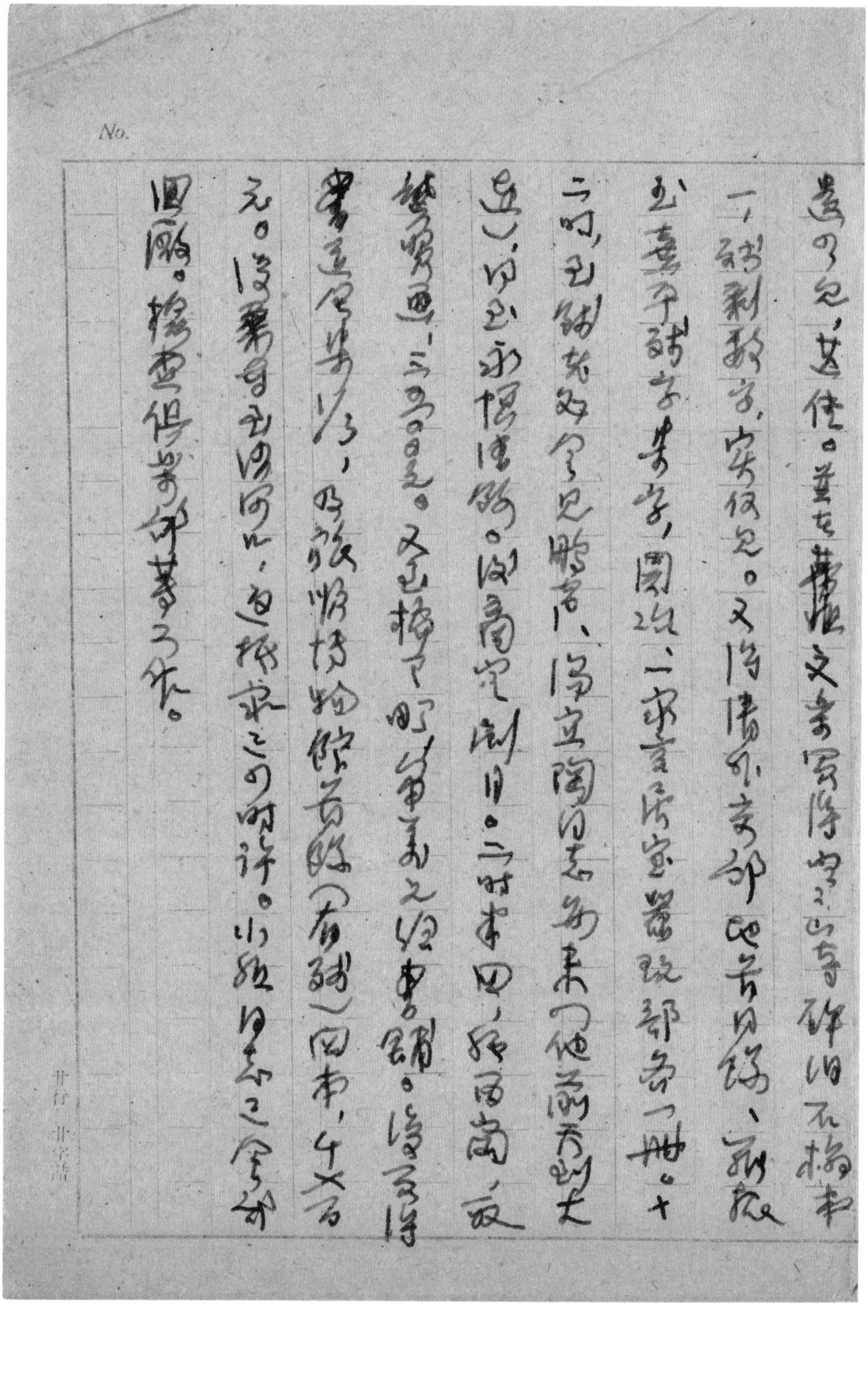

一九四八年二月八日

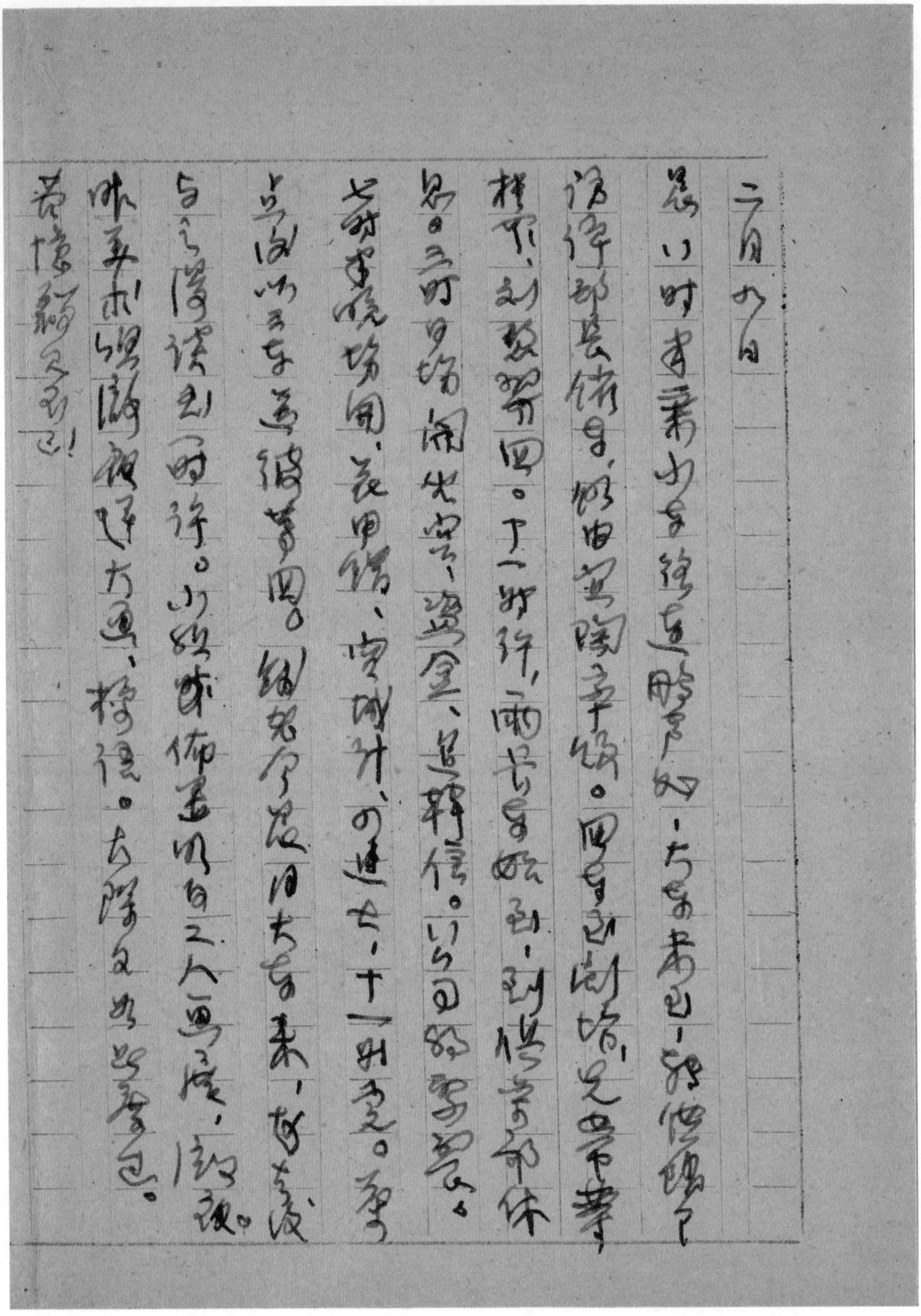

二月九日

No.

二月十日

舊曆初一日。是，來青部諸生來賀年。讀高小說月是第四輯。僅來了長篇總之八人像。十時，同長巾同來某人好玄說與時經。八轉圓，午後出眠，可看。晚飯後機械化人也不能寫作，以歸寢。

二月十一日

午前修理室子。下午，大華、[illegible]、秋、國化等來。晚七時，同金部來談電影。後黃、馬思來。倦不甚，早寢。

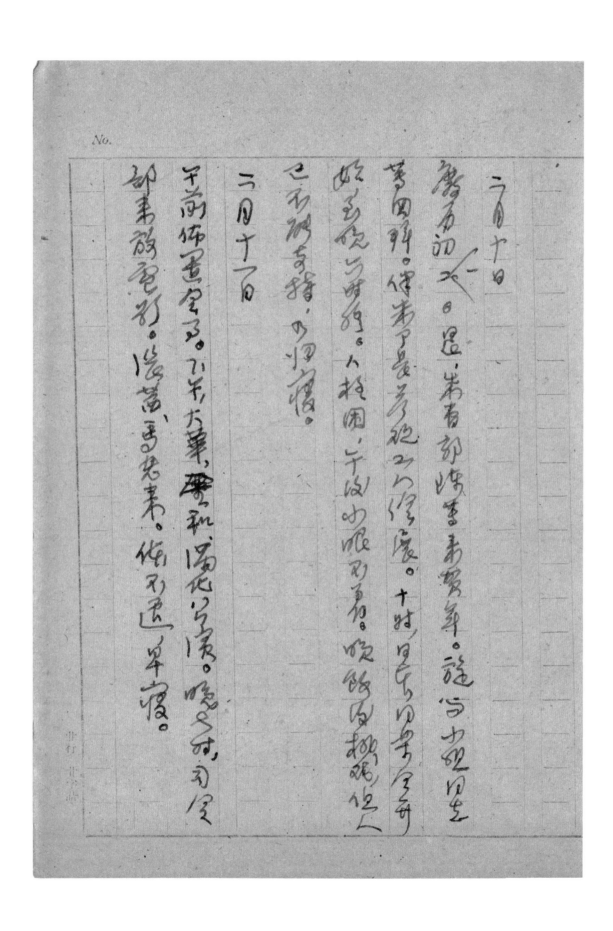

二月十二日

晨，為厂予了相章來。午後開招待会。節目：總厂鼓樂隊、大连音樂隊前奏。朱了范講話。大连音樂隊演奏、跳舞。總厂雜技、二厂模範團。五封作戲。晚飯備，空氣極佳。晚与彬浦洽聯吉劇坊區，及英籍司令部來信，要期發序。

一九四八年二月十二日

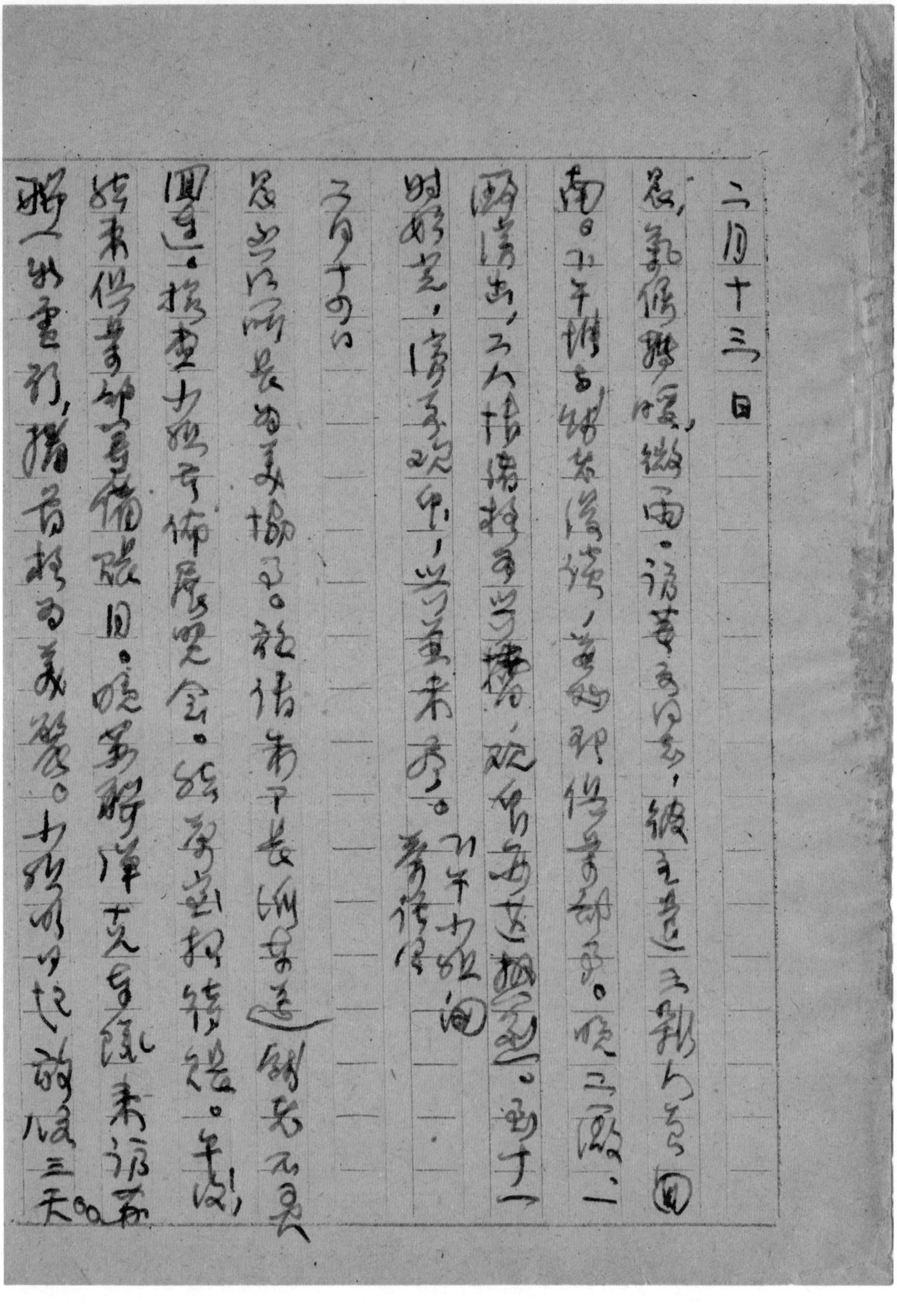
二月十三日
晨，氣候暖，微雨。訪華東局，彼主張三數人先回
南。下午博古錫裕後，華東野戰軍部去。晚二溪，一
路清出，二人指揮部與陳毅，說係與此處無關。至十一
時始返，誇說，與董來談。
下午中組回
華東後傳
二月十四日
晨出所長與李協調。訪陸局長……劍克不見
回去。稿查中組等佈展覽會。與李定初結婚。午後，
與來傳業部要備張目。晚業務牌準十五日後來訪秀
聯一批畫冊，指導教育義務。中組明日起試驗三天。

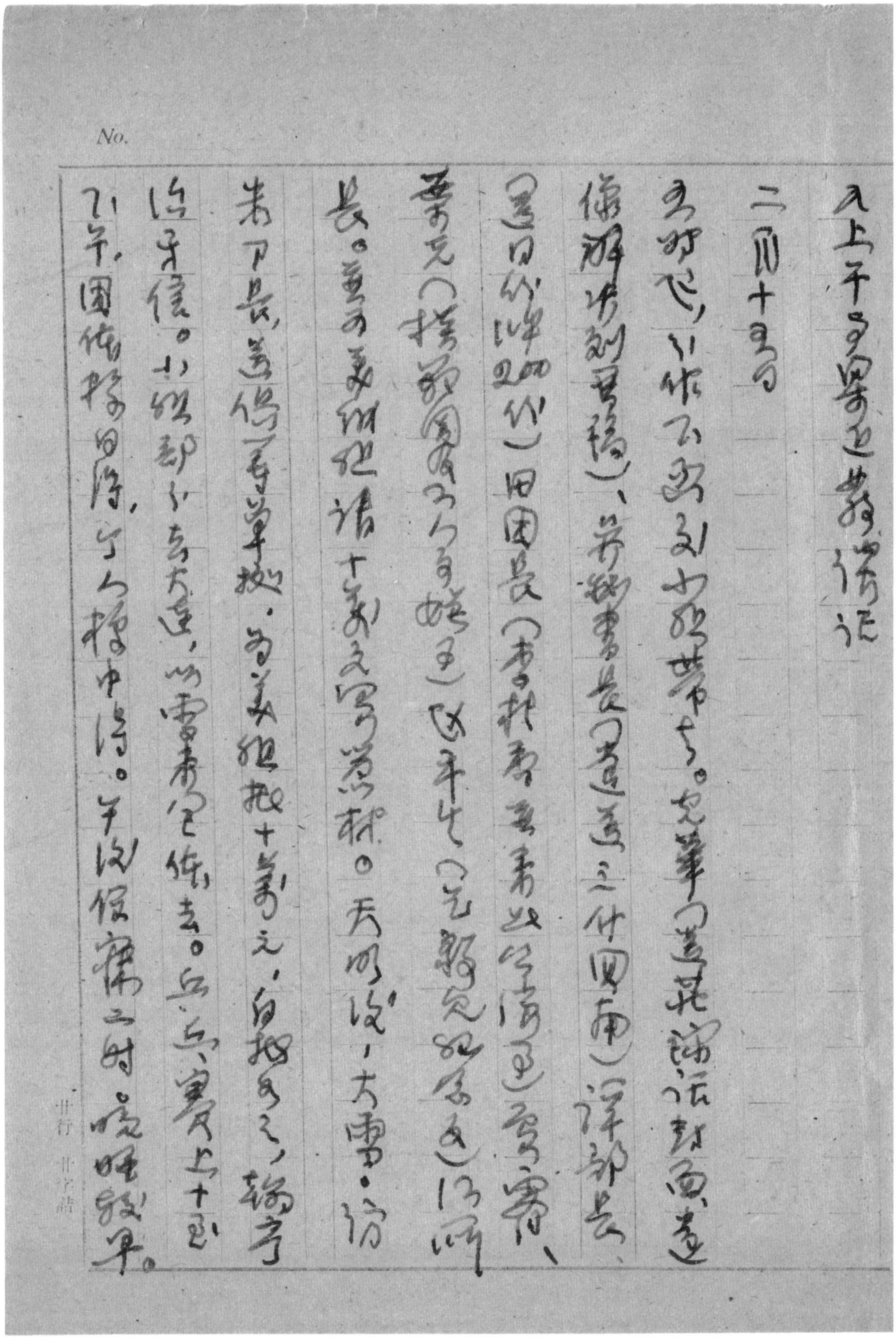
No.
二月十五日
廿行　廿字詰

二月十六日

六時起，作一長函與黃司令克誠，又兩紙多——
給一張，一給紀蒼、桐江。見宋部長帶路，他今日動身。
為劉藝攝擬的幾個意見。到周揚處、宣傳部報到。談到
去看他一次，遇潘穀青，擬買電影放映機，組織電影
放映隊。東北向桃源學校，他說這，今日後大半從
之田後想也。小栗、何穎其小組回來，星期六大連。今夜三時，
宋部長行。談到新據回未撤隊及大西轉流展。晚，
到陳部長辦公處，有材料等，並送部長處。閱後收下兩本
陳某先生這摘出若干于此，時光之未刻六時

歸見晚報齋增高，十一時，以大使風送之。
今日多食生品，以較見粗糙，不算舒。

二月十七日

小雨露江。多念想到昨晚遲，無形勢似不佳。鄧部長下午去大連。美術什誌上海特中山南刻十二幅。郭沫若題字見贈，乃見聞生，為現殺足停至成。他以詳盡出來，許多結果，云為機關等已消滅痛是其，我估計無疑。

二月十八日

九时去大连。访尼克，观影放映机，遇原野，约明晚参加座谈
书道在津处。与副官同去东北书店。得「论的翻译」一部。晚，八
点，过出。过安西，是张家，回转先回，买苏代四。上午续改，访钱，
知书籍涨价，续写报告，谈收价出。又晚饭前会准备。以后，
在文学书店买画册，写副题接（会去的）。回时由日回。晚，料理
什么，翻译小说对日内工作。检点什么，将其钢笔书写，
还勤什么可以进修的工作。

No.

二月十九日

九时去到教授到西南溝清書，至下午三時返，實借了到各書，

又為借書部借得二三十本書。我買[illegible]者無。惜[illegible]，

夜很忠實，翻過[illegible]，心近其人，是近來[illegible]，其內容[illegible]

書：

支那文化史蹟　第九卷

舞台装置之研究　伊藤熹朔

新美術 7 10

[illegible]書學之研究　内[illegible]之郎

佛教文學概論　小野玄妙

支那學研究　Sur Realisme　瀧澤[illegible]郎

中村不折　中村不折

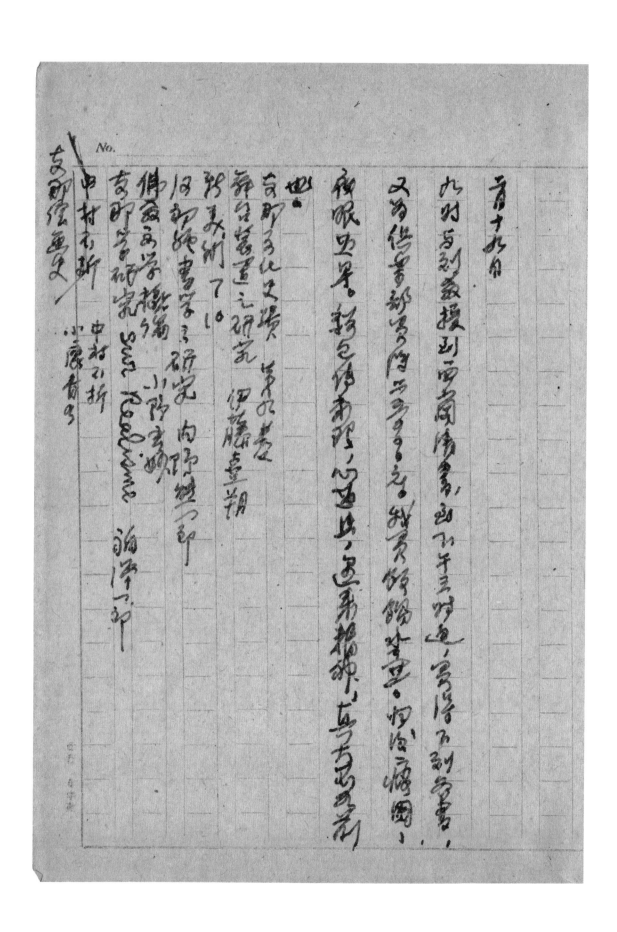

支那繪畫史　小鹿青雲

二月二十日

晨起，雨。改写当代美术编辑通讯稿，买南画廿册子兼寄缮递。到西南读，买得西洋文化之东亚传播史、东亚文化与东亚之地，道老子之研究（三〇〇元）。又至书肆一厅，悬的书，义洗报道禅，（二〇〇元）。又为俱乐部觅得若干种。十二时到古道，将稿交君表，又致萧与小四，赵携件，后信。到文会堂，到新书一批，翌晚偕携起女之苏义辉，衔所送多张挂画如某（二〇〇元）。出来，访俱圆，写稿。二时许归。到某通印古书。到周处，带有一熟手，得回。通知携明日礼堂。晚周部长来，商谈下周会议程序。到俱乐部看新收古书。到古版刊

No.

年回拜會。晨，元穆來，萬副書記部長的客[illegible]，韓副市

長大楷條，我晚便赴清水路楊安電影。歸後閱作日記

修書，到一樓許寢。稿錄寫日文回，携來江灣長信，略述

近讀以近作二冊。自副書撰借對得[illegible]

各一冊。

[illegible]等佛文化、

劇場、映畫館之建築

生活美術10

滿蒙北方之古美術　8.9.

現代產業美術　長谷川太郎

英美文學戲曲　齋藤勇

老子之研究　武内義雄

支那文化與支那學之起源

西洋文化之支那傳播史

印度古代史、　山下祥光譯

後藤末雄

UTAMARO 歌麿 By Yone Noguchi

London Elkin Mathews 1925

影图 84 单色 ~~彩色松实与参一幅~~，售价 18

HOKUSAI. 北斋 By Yone Noguchi

影图 单三张，一彩页 售价 19 1925

皆系英文传记，可对外宣传用，係赠品。

（向郑振铎借阅）

No.

二月二十一日

吴伊说周总今日来传达中共土地改革报告，自上午九时到下午五时，竟一天。（指纲领、经济纲领及政策部分）。旋来小孔，谓即将南行。大雨，叶克同志来看了之八年婚姻问题，谈其结果。[illegible]，即钱著《旦新》，[illegible]。钱著[illegible]人参加，应可恕。下午看人[illegible]，[illegible]，不[illegible]是空寂也。晚，拟将[illegible]部[illegible]指挥，八寸[illegible]调换的[illegible]。与[illegible]谈许久。

涛[illegible]

二月二十二日

今日，仲迅同志继续作建党问题报告第六部分整党的严密群众组织与群众观点（或群众利益）问题。此一报告实际就说明了中国共产党的伟大，真正值得了土革的革命的战斗。会后到大连去，大连银行与公司运部部长黄安。晤凡、陈昌长等多到。知黄萍同志即将赴苏北开会，遂部长病情告急，遂别得晚。组织公，以绕新疑留余在书报小休，旋即亲自回。中途到百货业堂，买阿英文书一册，《广东鞋谱备》刊论会第一辑。

二月二十三日

思以辦事，与喬總長潘科長同車往大連。往逛舊書店，知綫裝部買可書，六百元。世界驛站會異書亭之舊貨目，買亡也韓詩（外義錄）一冊。又過冊店，亦有園子。取其錄從經，四百元。買物。從愛，識其稿。買信寄給大觀（寶道將為營業。修鑑路，五百元。四時返。晚，歸晚華壽鄭晚屋，二八，梅房備出。

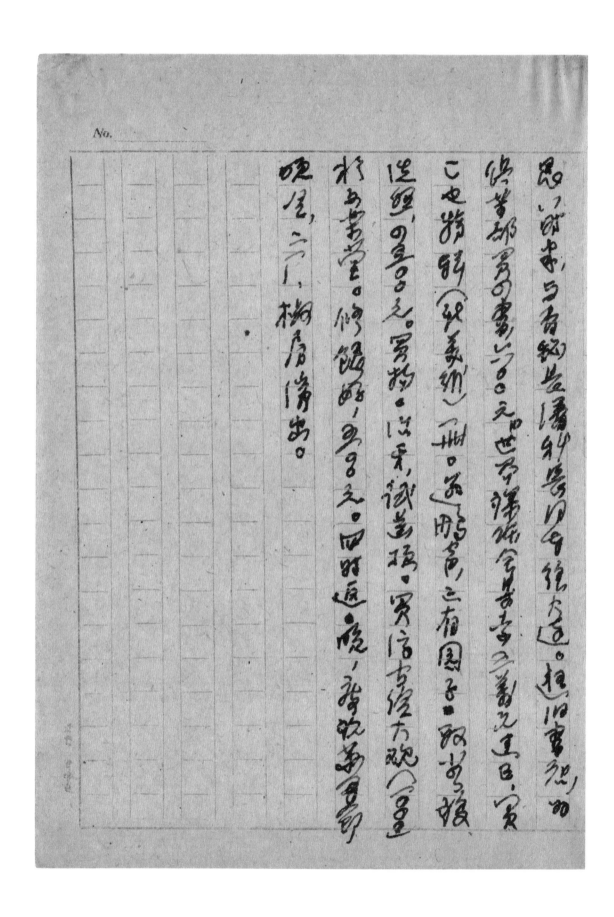

二月二十四日
為原稿等也去送寫稿等用具。劉前持去兩箇
書，並首指道。佈置晚會。節目雖較沒有好一些罷
京劇本，以樹房演劇。晚飯后寫[illegible]
寫從此番接待[illegible]。寫[illegible]
以后發[illegible]。

二月廿五日

No.

過十時始出遊。在西崗買得「考古圖編」。永恒德早飯。治牙一鑲，始前後二牙俱真，打中間缺牙模型。往德本書店，買得東洋美術史、東洋雕刻、[illegible]村果庚俊、東洋美術史研究及名山勝繪。買什件。四時動身回。六時抵家。晚飯後看考古圖編，至十二時許完。繳一二頁代學費。

名山勝繪　谷文晁繪　二冊　六〇〇

考古圖編4　帝大藏　三〇〇

東洋彫刻　木村日皐里　四〇〇

東洋美術史　石山徹郎　六〇〇

東洋美術史研究　濱田耕作　八〇〇

Paul Gauguin　ベリル、ベッカー　八〇〇

3500

二月廿六日

今日小组开始学习。下午一时始，至一二两厂报告。晚继续开会讨论，整理报告结论至十时许。

接静轩、蒋信小样一张，接立波。刘芝明寄来做稿子未写。晨，续将稿子修正。读解（辞）经典字书。

二月二十七日

晨，续将稿子修完。平明同志自大连来访，谈即将北去，将先去把家交。去后，访编委会之稿托。下午三时去参加开会一时，后午后，大会、各组、接下报告

晚继续开会，小组讨论关于报告，十时许完。其间辩论会中之人

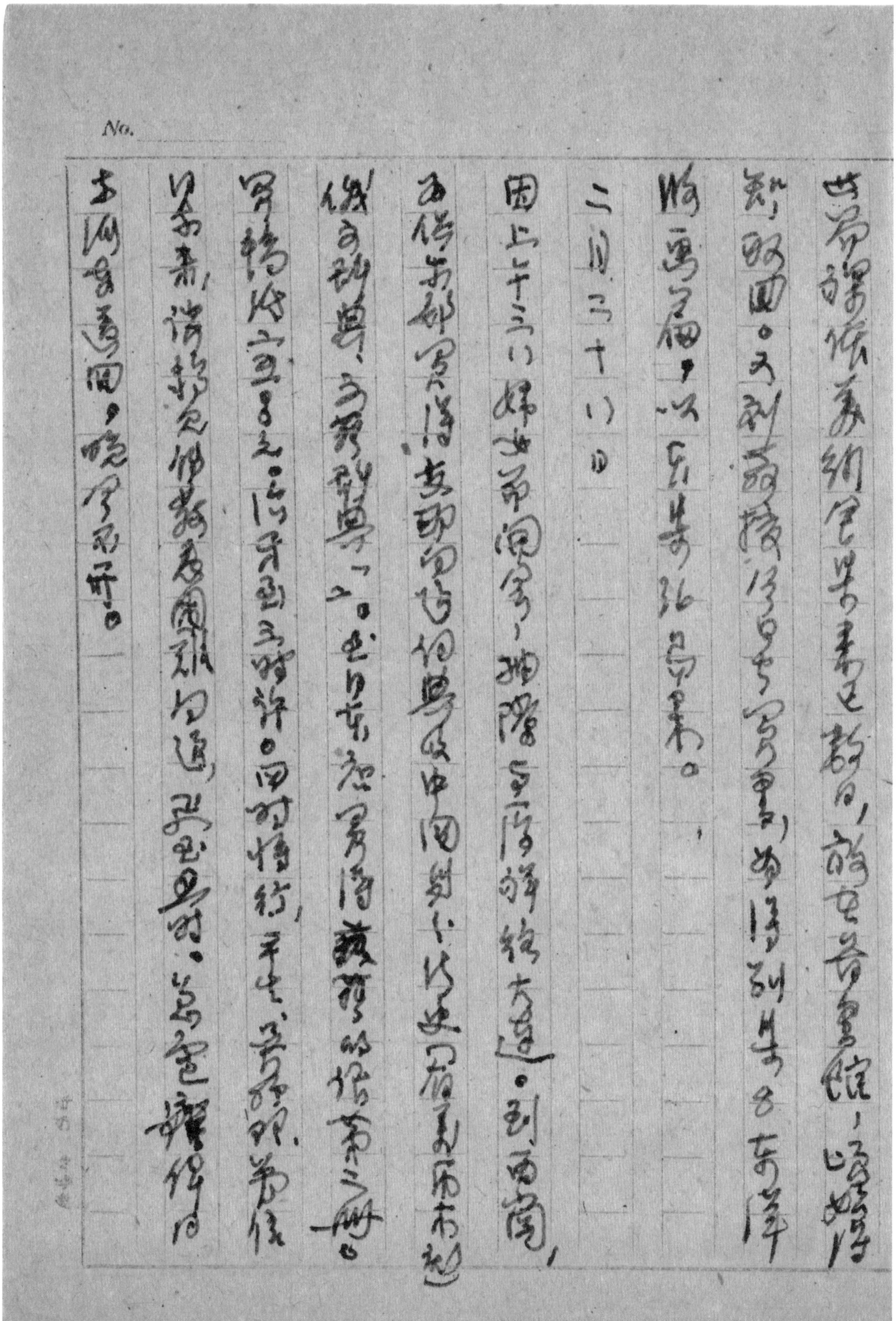
No.

二月二十八日

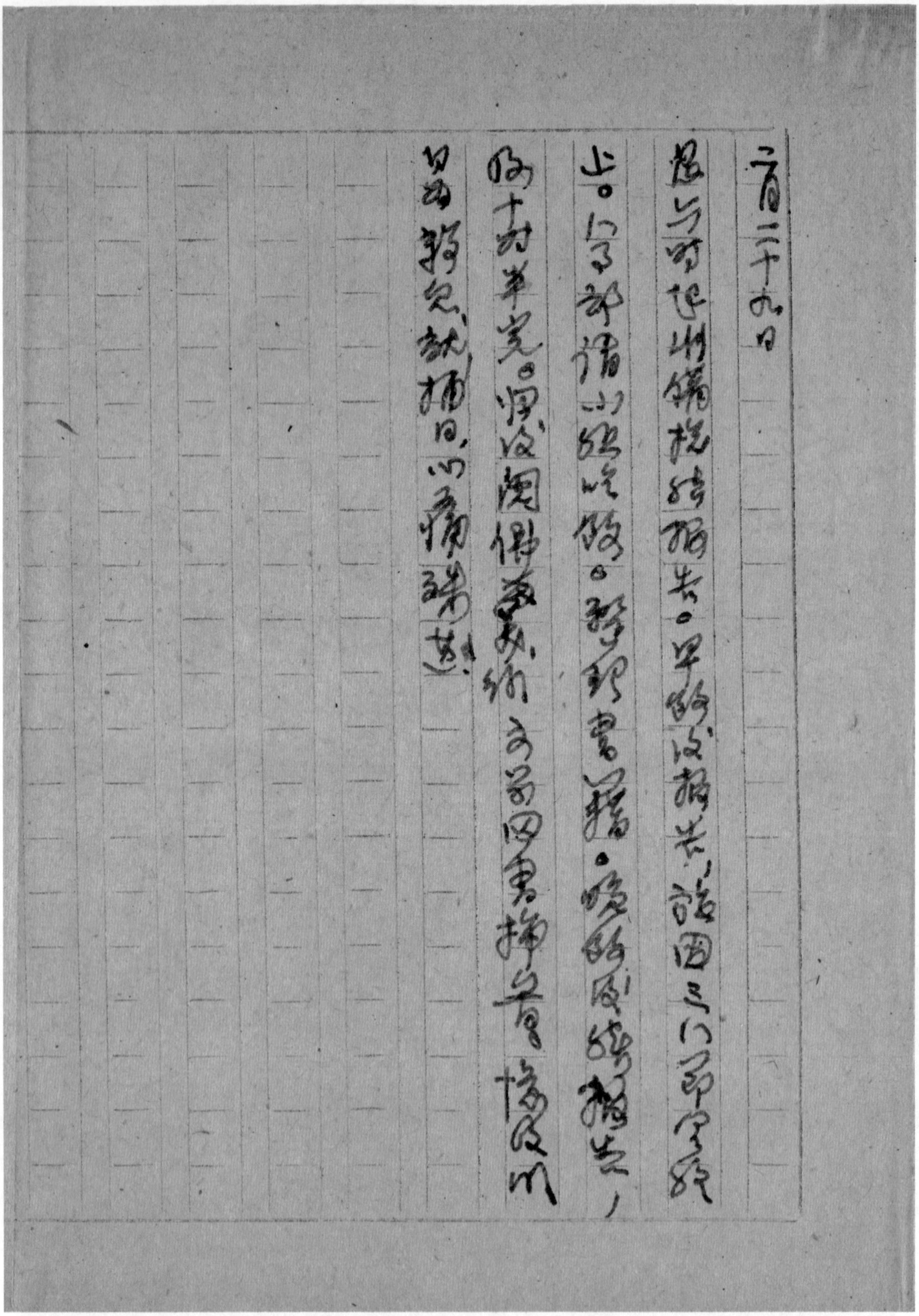
二月二十九日

一九四八年二月二十九日

三月一日

人事科长会议，上午去参加了。午后，做工作布置大纲。新近行来，将世界课作要纲写要点，万言付之，副苏联事件。向机关部领导同志作报告，落会后来，遂搬。晚饭后开会，竟一二搞三点讨论，近十一时。至一时许寝。

三月二日

山组布置工作会议，自下午至夜，总结共事部来万读到，另行会议。仍与舒克同志，一欧罗夫，而借第几续列出。总部内容读，又听公报，無可得行。心仍煩甚。

三月三日

去大連。看伊由蘇聯，尚算不遠之好，還有日本式糖果一份。寫得比也一般，但富于人情，凡不以為異。寫什麼的兩類之。由明達。紀念郭沫若和新聞記。晚飯後同保衛部文娛晚會，節目之以節目。思想接觸業部組織上有之，太常敗由然。接了保衛部領袖白毛女，對改劇也，對義接觸讀。故下，以贈看三比也異，到一時許始寢。

三月四日

去大道，与吴云甫同到书店行。西窗买书约七十余张，又《仙人掌与女战士》一册。文学书店：谈董寅美术，购到Picasso《画册》（1500）、倪贻德《画册》（500）、吉冈《美术与解放》。倪蕉的《漫画十二年》、《时代漫画》二期等。大连商场，买得《地下东北道》第十三卷一本，《近代丽的画》正口城壁。常什，《西厢》、《杨家将》。修画，买小册，与吴同。回至书店，得《东北道五十年》几种（1200）、集成古迹（600）、得《吉林古迹》（1200）。回家。晚，阅刘少奇《论党》至十时。换到《土改学习材料》第三册。（晚，阅如何和苏谈，缔结领导同盟）。

三月五日

上午和周大姐谈，与之谈话。拟写意见、婚姻条例见，与刘某讨论关于党的组织。午后，与吴某谈友学习作风问题。晚开会，到会人员，谈论路线。收听新华台广播，由晚八时到十二时十五分止广播。得悉共产党三月一日中央告全国同胞书，中共中央对于土地之修正意见。

三月六日

写大连政法学西洋美术书目。午后，为韬访丁英
玉到沪化，找周科长，与沪化人事科长吴，后又
到大华，找八了科长某，与商务娱乐之代，晚一场
饭，为八三时归。晚饭后，编选三八节目，后
开小组会至十二时半。归阅北京分子两五十二
页后送面后寝。

三月七日

午前处理事务。午后去张写进，晚4时，与
作中去张联系部同志，筹备欧书会会议。

No.

負責、陳賓同志的、講甚多、當共同負責以慶三八節。排演出日晚會節目。

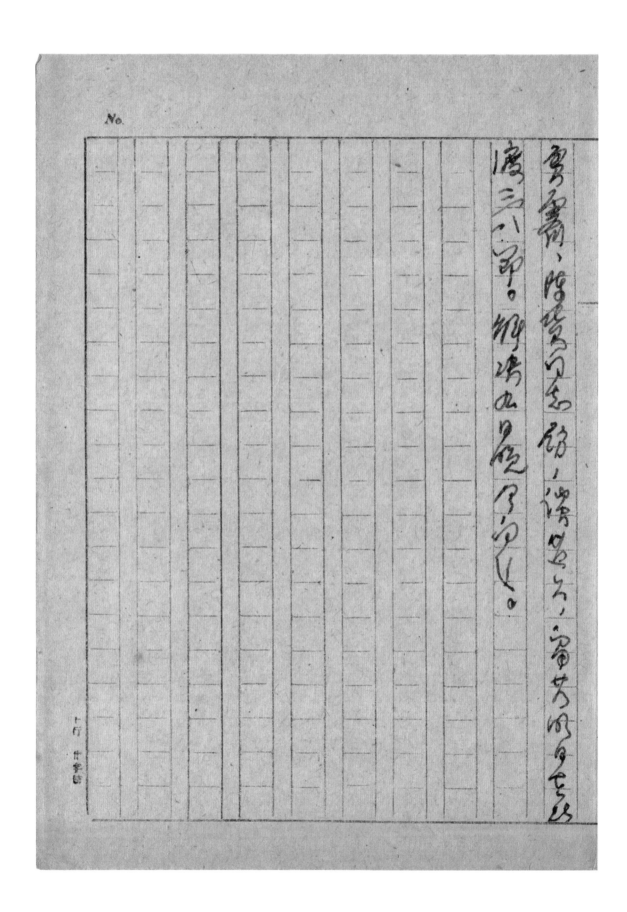

十行 廿字詰

三月八日

今日婦女節。十时偕陳綫合丁廿五到。十八时開会，四时半即目勞出。八时许完。全日心悸難过，午後即眠，至晚始起，翻閲完集。

三月九日

晨去大连。在西崗市場見得日譯全集第三冊一本。到新華書店，記美術全集六冊，尚缺一冊矣。有大版本記，未購，以價昂也。到建新書店，得小説一本。訪李從修，不克甚多，在中山公園，前听行人柔，要到甘井子看我，請吳去，他

No.

3

現代書店長一小時許，留飯，摸牌。又過商場買滿洲世界史、劉著攝影、鏡框、什物。付義利糖果二〇〇〇元。二時半回家。整理借書部各目。閱小說去，聽說[illegible]部長已逝世，當[illegible]者他人心很難受。訪商出連時，到大華一探究竟。昨小林間家，討論合編什書目錄，至十一時。去[illegible]借置[illegible]書[illegible]遺良十道東西十五時許。早[illegible]字日[illegible]魂[illegible]場[illegible]了長[illegible]回[illegible]倚，臥稿。晚[illegible]雨，徹夜未止。

上行　廿字詰

三月十日　雨

送，并整理好各材料报告，十时到小组报告。至午，又前半。午眠。晚读青木正儿著中国文学三篇。为了为起咳嗽药水。写第一组工作问题。

三月十一日　雨

上午参加小组党内会议。与陈部长谈总结党部秘书处会议问题。嘱张振文到大连找木刻，买石膏，找俄文剧本，拜托安民去看样、又买苏联美术全集。又何同志自大连来谈工作。午饭

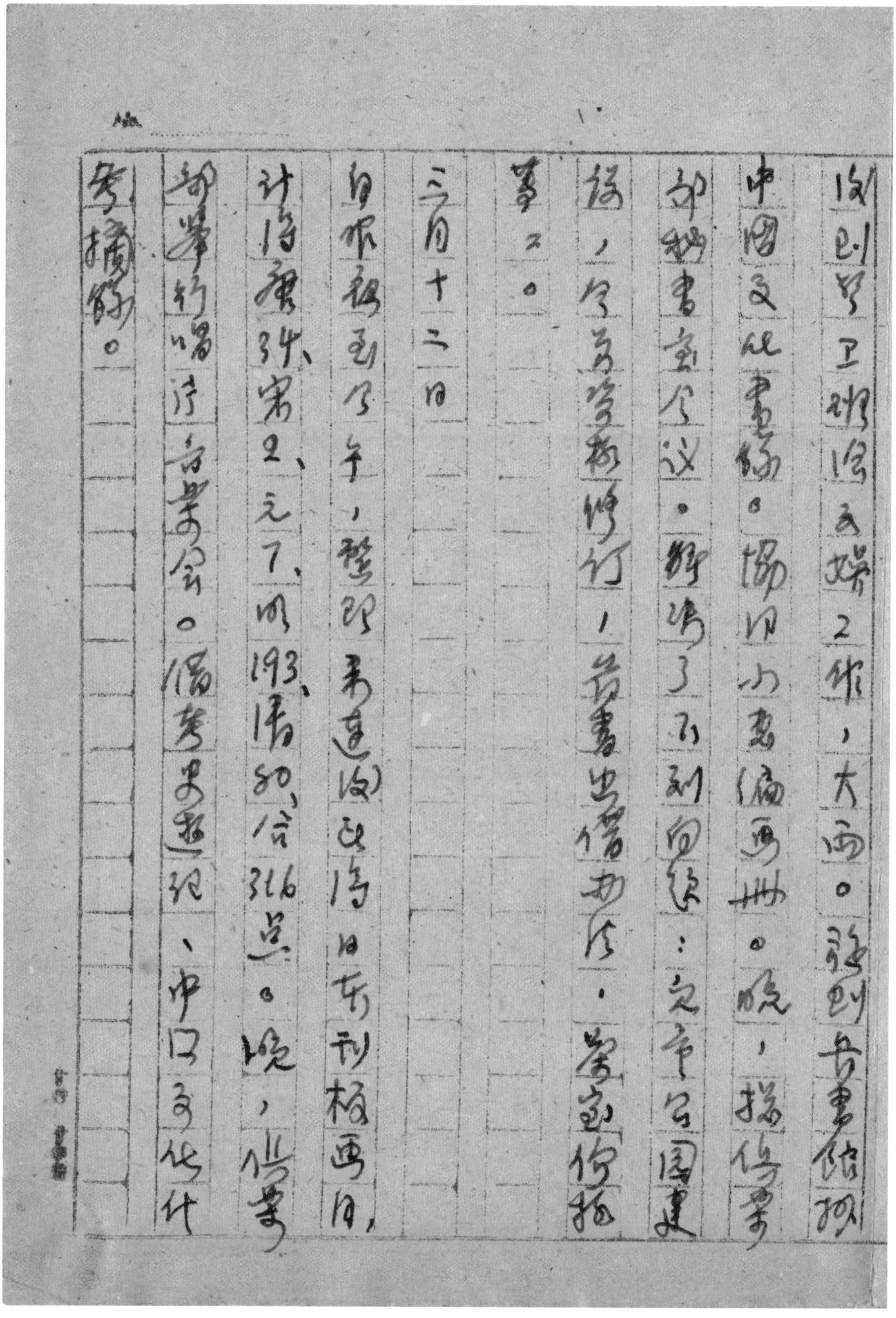

收到罗工柳信及蝶之作，大雨。谈到东书馆拟中国文化丛编。协助小丛编两册。晚，据侯等郊外书室会议。解决了几个问题：决定将图建设，分发资料修订，并编出书目序，党员修撰事宜。

三月十二日

自张致函至今年，整理来连后所作日记校正目，计诗词34、宋2、元7、明193、清80，合316首。晚，侯等邹等约唱诗会兴会。借来史略选编、中国文化丛书摘录。

三月十三日

去大連。到西崗，看書店買書數冊，內購書

範年寔曉書一本。到文藝，訪蘇踐。轉大華訪

吳秘書長談若干事。擬多買些有意來，另為全

去。華中撤後19點情況，須于下月返了。領此前往

建新部門外，全部遷往。華中局現在撤退。吳

四筆中。小組原擬抽調一些，想不可能，從緩

。向導部長子。去華中垂，現已鐵患。吳去後

宗負責，宗去則自來負責。買奶粉量一至四斤之。

許可我，候組織落下，盡吳大情自去撥我，。

No.

子业兄先后有了新西域记之事，曾吉学了五〇〇〇元，嘱其取来，不必待面归。晚到俱乐部小坐。归后写稿，新岁钱至陶阳了账，二百余元，已完全发我收到了来。夜十时许即寝。

三月十四日

上午，清理及完了商务教材材料。午后开会，作过了解放的满化、胃和、大华工作。与张照谈宏易了术运说。晚读东洋美术史研究，刘蕊接午饭时去大连，赠以新近所著「骆书」见赠，当以「北宋的研究」上册报之。

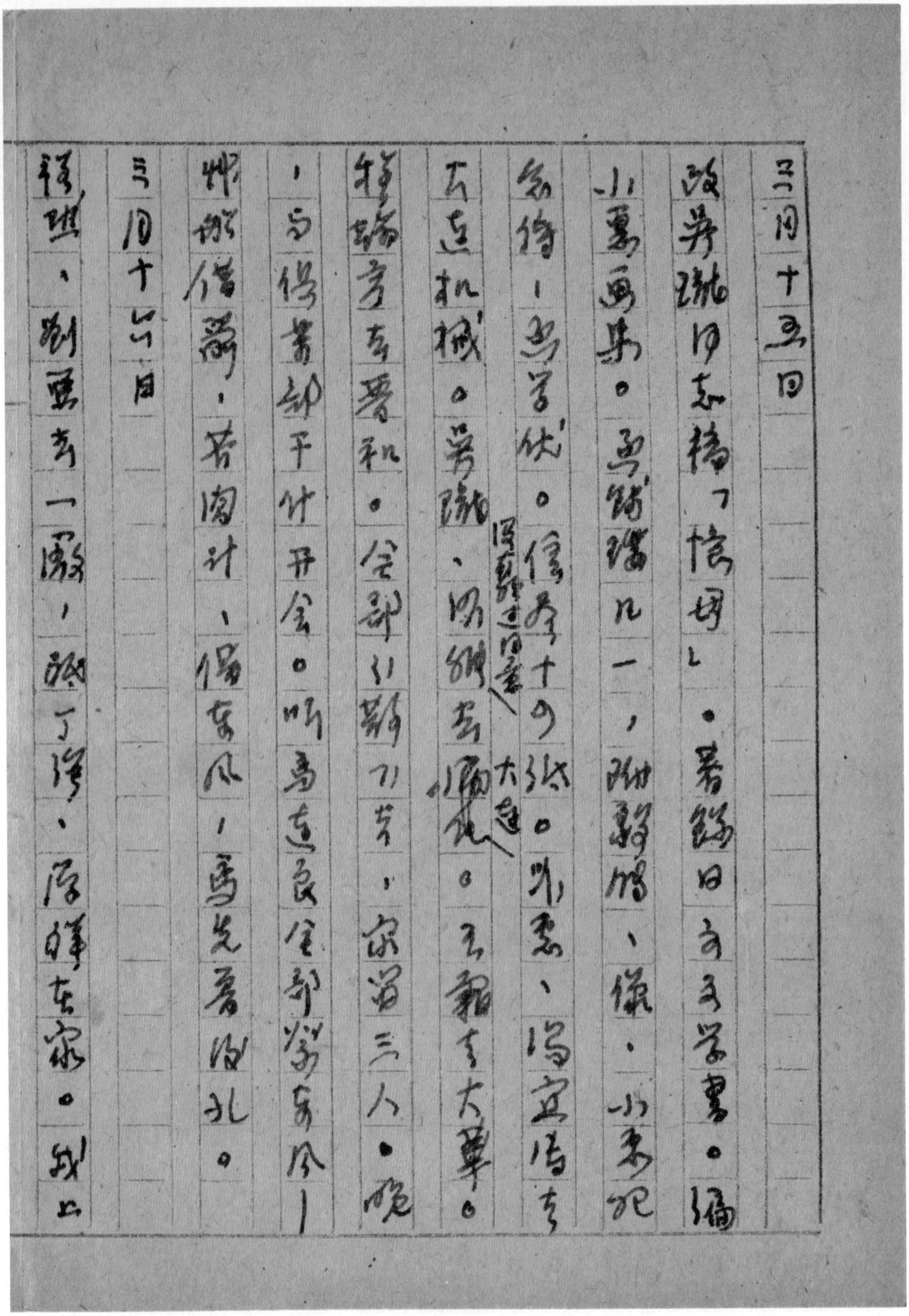

三月十五日

改吳強同志稿「憶母」。看錄日文學書。編小叢画集。爲錢瑞凡一，附録傳、像。小叢把家傳、與學狀。信吳十の紙。水索、瑞安陳去造机械。吳強、陳鑄去瀛池。五郭去大華。錢端方去晉和。全部社幹共，家留三人。晚，與儀業部干什开会。听高達良全部參家今，烘辦備簿，若陶計、備安風，爲先看泊孔。

三月十六日

張望、劉蔓去一激，談了陳、徐群去家。我上

No.

午后往治牙，费二八〇〇〇元。待东至午未回，下午时与刘明可之东莱等鲁等待大连，西刹路西部。四时抵大连。文学堂的觉治新西城记全部二册来，索价一五〇〇〇元。阅看书范，又挑出新的书若干本。访锡光，借新高尔团审状。去永控遍赵经理。五时韩以許召至建东，住三五七号。地下宴饭。与可名巴七楼小坐，气曲好加一倍，可见生活之紧困。回房後，得小崇电话，他在候何铺部。建东王经理来访，谈大家印象对之楼散会意见，与楼中华话有关的形势。

十行 叶字館

三月十七日

送小妹赴校。往傳導部訪譚部長，送宣傳、尋跳，知她與嫂嫂今日始克回。小妹已出去。訪吳秘書長大華，托其帶華中信。他將十日動身。關於我們：一、說定回華中。二、暫留此等級待電。三、今日後無意見，我們可否回去，仍可回去。五光華，送小妹通冊稿，順帶廣州。五叉案營。這寄東書報，得安洋文看東敦一冊，三日回之。校補錄補憶綠，可完母她去對電影新序中播記音序。我該能楚，送贈。

No.

得知新声实状。谈三人回去执行事务经费部署萬聯馬廣，借稿程式，谈小意外事。谈还定余堂，续为贾西，晚饭，回去看南山新声剧团，聆聽声、歌舞等。知有一新诗选，即续著可能回实验剧场，当即往访惠娜东回家，不遇。去院看包就看二幕。於晚许归。门继续看人自行演二幕。之，不错（传统）。晨去中和买得勤书文化（二角）及「西南吉卯」（四五角）二册。

三月十八日

晨起收印彭北移团，与香港来团长解决了新年问题，二八折价。十万押金取消，确定银等问题。阅李硕宣统等路由关东宫发入关时阳陆，在修订稿，未尽力篇。翻查旧书室第二作，拟等与江家去，未必再去。访黄信伯去，借得史印度通史、东方印度通史研究计二册。付缩汉印度路五千元，总以日本时通史为吾所见路。十一时回旅馆。到先华阅本刊（七先稿）情形，尚未阅完。借钱访何也夫「青年运动史」有了论

No.

家然後。李覺之將此次蘇聯文字譯出，由予配合中文，
寫一長詩，與黃同業。聽某部中同志某某指示5
劉中同志談意，略有不安，將稿某些某項詞句。又論
其詩某與改好，有辯證。到黃節之，見到滿鐵總裁室中之
新穎壁畫，其餘，借其回憶，並以一部見贈。又三偶作。
去其室中，又見到李某某，謝世宇西小遜，姚桂。遊回後，
論其政治。聽西文學。到錢某好償篤文，同其去遊市場
購皆立三某筆。晚飯後，復到劇團。聽文編者訪譯部
長覺吾不通。回劇團看電影若干本，鍾某亦未留孫
沙為市政辦山路何往。九時半始回。

十行　廿字詰

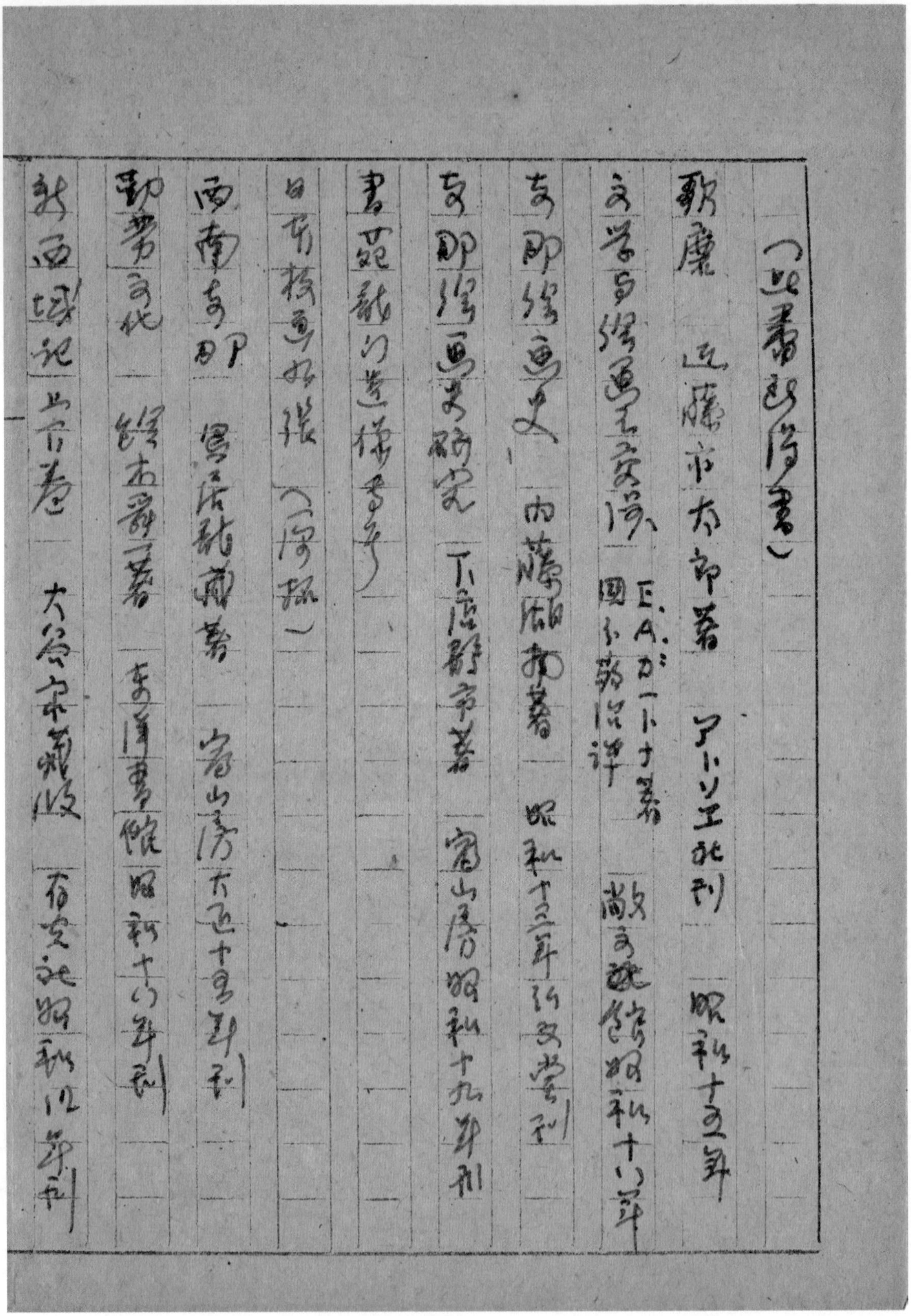

（此書已得書）

歌麿　近藤市太郎著　アトリヱ社刊　昭和十五年

文学与絵画之交流　E.A.ガードナ著　国分敦治譯　散文館昭和十八年

支那絵画史　内藤湖南著　昭和十三年弘文堂刊

支那絵画史研究　下店静市著　冨山房昭和十九年刊

書苑龍門造像專号

日本板画帖張（摩拓）

西南支那　鳥居龍藏著　冨山房大正十五年刊

勤労文化　鈴木舜一著　東洋書館昭和十八年刊

新西域記　上下卷　大谷家藏版　有光社昭和十二年刊

No.

昨夜の對抄，才(?)後就睡。

三月十九日

天氣不佳。總領導部長，得知此日要選(?)[illegible]，本地妻(?)之國難(?)。被定為二十七道展覽會內容。約定十二對號十六區文藝小組印五四西歐(?)文藝。我去書店，得文藝及時代之影像一冊。買梅(?)十一斤，並購新編城(?)記果自由(?)回。午後後，雨。劉芳璞告知蘇聯(?)南京市情況一則協商建議會，正要出人（三人）未達到。二時，開會。各組回報工作，直(?)晚飯(?)。三時(?)，作了工作，此次(?)討論。晚新聞總隊部長到過。與劉芳璞談，又看書，以新聞版為山本的下半(?)段，此(?)無通良(?)。一時許就寢。

十行　廿字詰

三月二十日

检查昨会纪录。上午继续开会——讨论美术运动周工作。午睡一时，续谈搜集材料，凡三时许，五时过结束。晚间指导俱乐部剧团歌咏队联席会议，决定平剧研究室取独立发展——有些可能——歌咏、戏剧合併为剧团。团长刘亚，歌咏队长王述，戏剧队长杜昂。拟两戏，剧本由我与刘芝楼负责。十时许归。东平钱电中行寄送来美术报单。小马以「马楼北通报」抄稿来审阅。

No.

总起收，访陈部长谈：马达被偷问题，决查。党员问题，继续由他谈话。搞了文娱工作问题，仍可继续搞。五一展览会问题。

下午收，因有李也送，刘爷接编书事宜之事，将鲁艺两日续续改为联展览会，刘爷接赴画室讲课。

十行 廿字詰

三月二十一日

星期日。晨，小惠、诗恩等赴大进看画。检书。偕小勇至小组及俱乐部浏览。午后，整理美术新论上旧画目。晚，周科长来谈『五一』工作问题。曹秘书长送日东唱片81张给俱乐部。筹对51展览，出展品不够，须备参与。洪宝『五一』：大会、演出、美展、展览。刻燕扬图，克华拟托我选苏联小说，并作叙。小惠画集，克华已同意出版。洪宝『美展条例』。夜听马连良全部『龙凤呈祥』（甘露寺、回荆州、芦花荡）

No.

·小惠来电话，往铸造。

三月二十二日

晨托冯宣传约小惠欲往仟之带至铸造。作戏画索引，未完。清箱。午后，与刘蕊接至陈会计处对账。我铁路化我陈了农通过做了修例，但开会。晚，与同至侯会计对账，差二〇，〇〇〇元，候两小时，由刘蕊接谈记自明。引据否乱。听新闻后，续听马连良《一捧雪》，刚开始电台断

·今日报载，蕊所已将华北止续演文艺戏。

十行 廿字紙

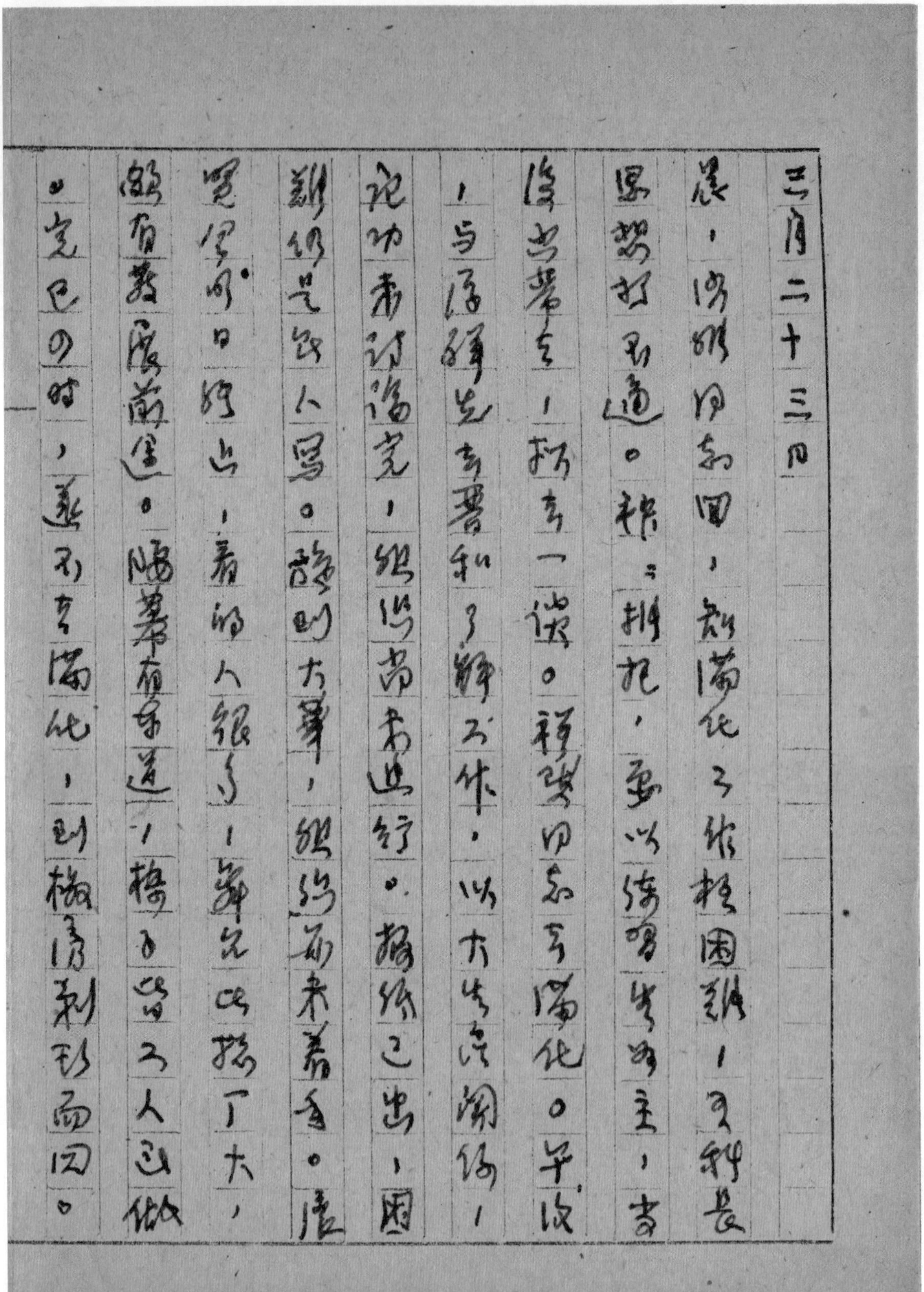

一九四八年三月二十三日

No

今日風极大，塵埃，行路时甚不便，風挾人動。晚，新聞报告，我克洛阳。馬連良唱了一播音，富於刺激。

十行 廿字稿

三月二十四日

晨，晋秘书长过此，请其拟借十万元，拨二万给刊物买材料。十时，刘海发电话约，与陈鸿上太庙。先到西关，将要播音、典籍、似货、戏剧、美之典型。到文华，晋信用合社，借三〇〇元。川秦来，云机械铸造时间莫困，拟请迎来再商。附新西域记录。（二〇〇）午饭后，与群到操场。先到刚修竣的，知其剧场将建，中为戏台，又去文化，至纪清处谈印刷。约过一小时，地摊上得线子史，播音机的，三〇〇元得之。到学

No.

Baudelaire素描集　佐藤朔編　昭和十九年　覆刻

Picasso 57 Dessins　アトリヱ社版　佐藤敬編　竹花精刻

Corot画集　硲伊之助編　アトリヱ社刊

美之典型　川路柳虹　昭和十八年　現代堂刊

陶器史　山本千代喜著　昭和十五年　越山堂刊

支那陶瓷雜談　上田恭輔　昭和五年　大阪屋號書店

典籍叢談　新村出著　昭和十七年　藝林星文館

瑯嬛之微作与擴想　藤井真澄　大正十四年　明治文献刊

右書六，以三五〇〇元得于口。乃父已毛已〇，陶瓷

五書。以了支買戰國書一本。國文業一沒通芳

十行　廿字詰

信。得剑一涵电达，未能担任书记，很高兴。四时半返，六时抵家。剑、大刚协同文稿下，但未到者，已饰通讯卫护状。见市公园明日动工。结束大会，还原展览问题。晚，程理来，谈戏剧问题，主要仍是谈他主编长篇剧领——我们是否参加写剧问题，我答了回到生活与了不一致问题。听马连良打报出霸宫东。十二时许寝。剧前择撰出，东如是否以文艺，美术等之。

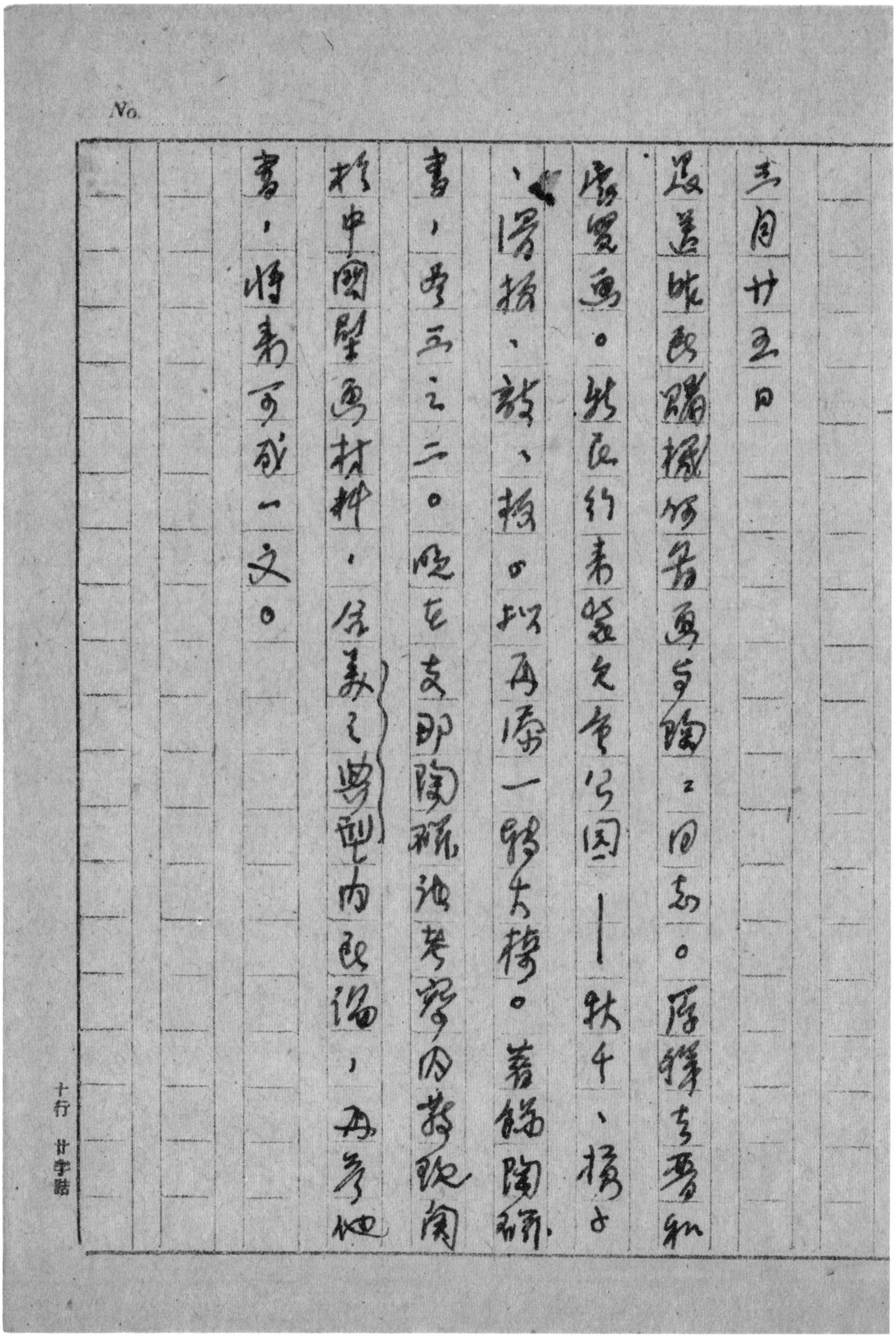

三月廿五日

返還張氏臨摹舊畫與陶之目錄。摩擦古畫私

家置畫。新近行來警惕會合圖——秋千、橋上

、滑梯、鼓、橋。擬再添一些大樓。著錄陶瓷

書，共五之二。晚在支那陶瓷論考內發現關

於中國壁畫材料，係義之與畫內所論，再參他

書，將來可成一文。

三月廿六日

續完磁器書畫錄並加补充。計得六种。續得明世宗与乾隆磁器関係材料，在古郎窑陶磁研究之目引内。風甚大。晚修閱乃積以以朝之照節，統計各條，未著錄。請出峰朝士的材料備様。將劉芝喜寫了書卷並通知。接紅馬星良勝與許綠宣長才後務來。傍晚接，又將後六河埼布英的尚書地。小青年得周。

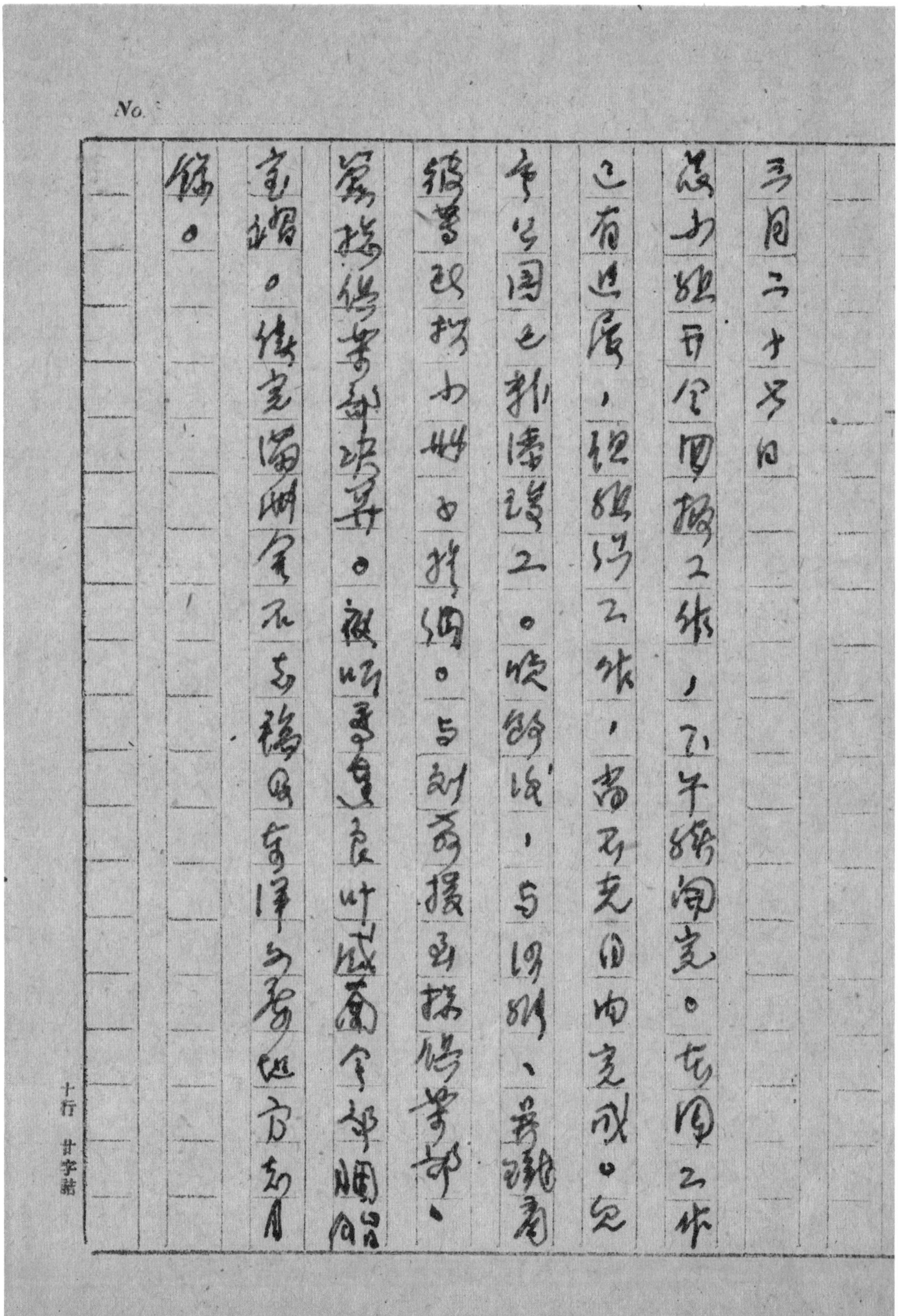

一九四八年三月二十七日

三月二十八日

昨昨读两书跋文。李泽纯、李自传自大连来访，午饭后去。以传即调东北。旅出指导员如开支部大会。晚饭后到供业部。灯下，读「支部书籍解题」。夜听马连良「胭脂宝褶」。李以传送来前在大连所摄之影。

三月二十九日

上午，知邢子鹤。小惠、宜陶去大连。程望、序祥、去一趟。午饭后，与蔚如去大连。两兰下车，我们以徽如不得。当日见买三轮小车一

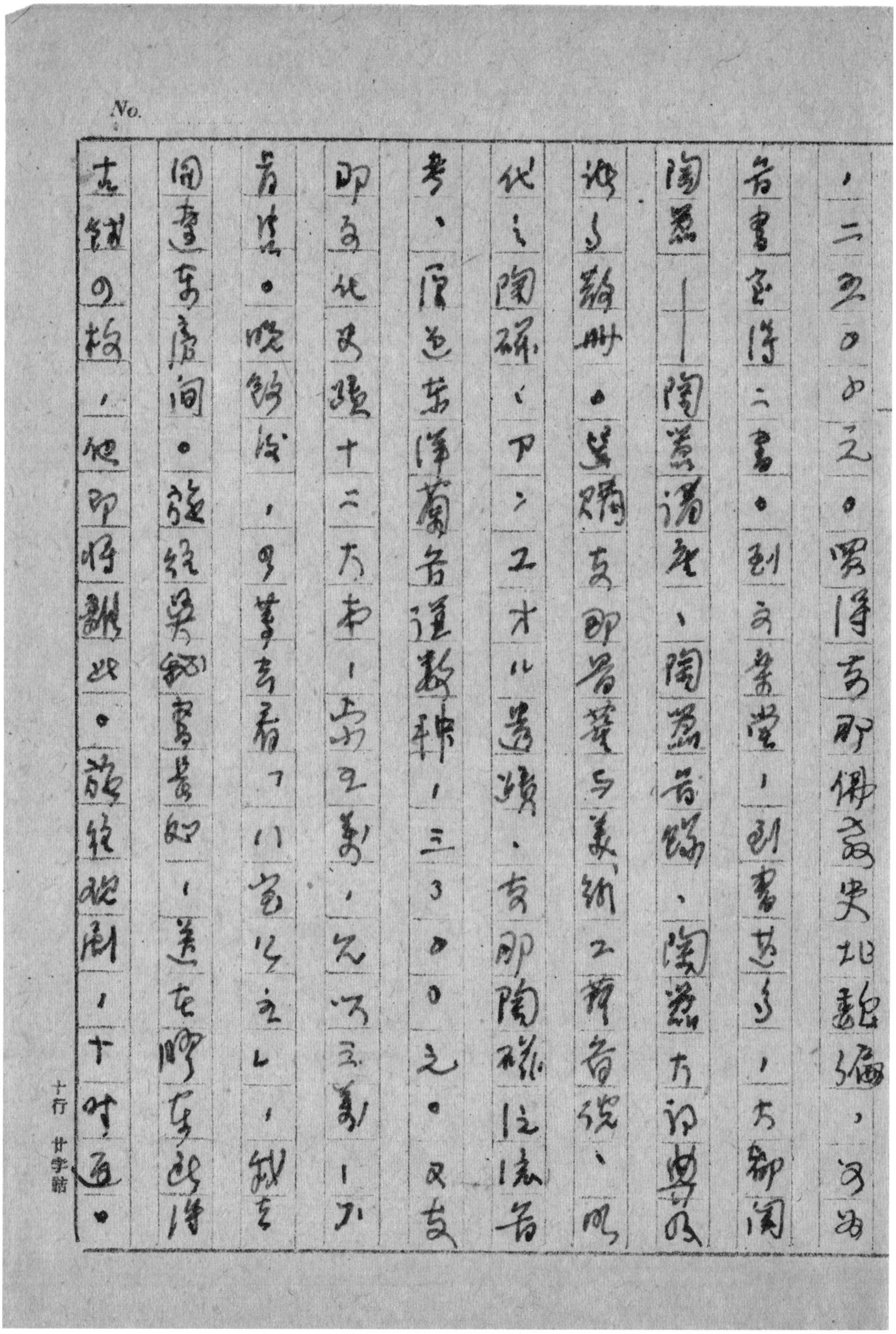
No.

，二五〇〇元。買得支那佛教史地圖編，又出
售書室得二書。到文求堂，到書店，大都關
陶瓷——陶瓷講座、陶瓷圖錄、陶瓷大辭典及
北京之鑒冊。支那陶器之美術工藝說、明
代之陶磁（下）エオル遺蹟、支那陶磁注意
考、原色東洋蘭谷選數種，三三〇〇元。又支
那文化史蹟十二大本，宋王象，欠以三象，一千
百元。晚飯後，同業者看了八寶公主，飯后
同逢春盧同。旋往吳鐵霄黃昭，送去瞭東北得
古錢の枚，他即將離此。旋往觀劇，十時返。

十行　廿字詰

三月卅日

晨起，访译部长，送铁文稿。谈到西窗子修水瓶，买得小山勘造像一区。又得韩纳通论（经籍部份）、山口日三郎考之本。回文集，买文明数书来，送鹬域与一种，千八百元。撷云有玉茗堂东坡题记，甚佳，价甚设法。能去万一书店，买得古鄂副方欢、伦敦风景（信）、古东宋买之实际知识之册。买纸——东子——与小书配售买。早饭后赠了书海过，文学，得过。到这市场。访钱老。晚饭后，到蓓先去剧场。

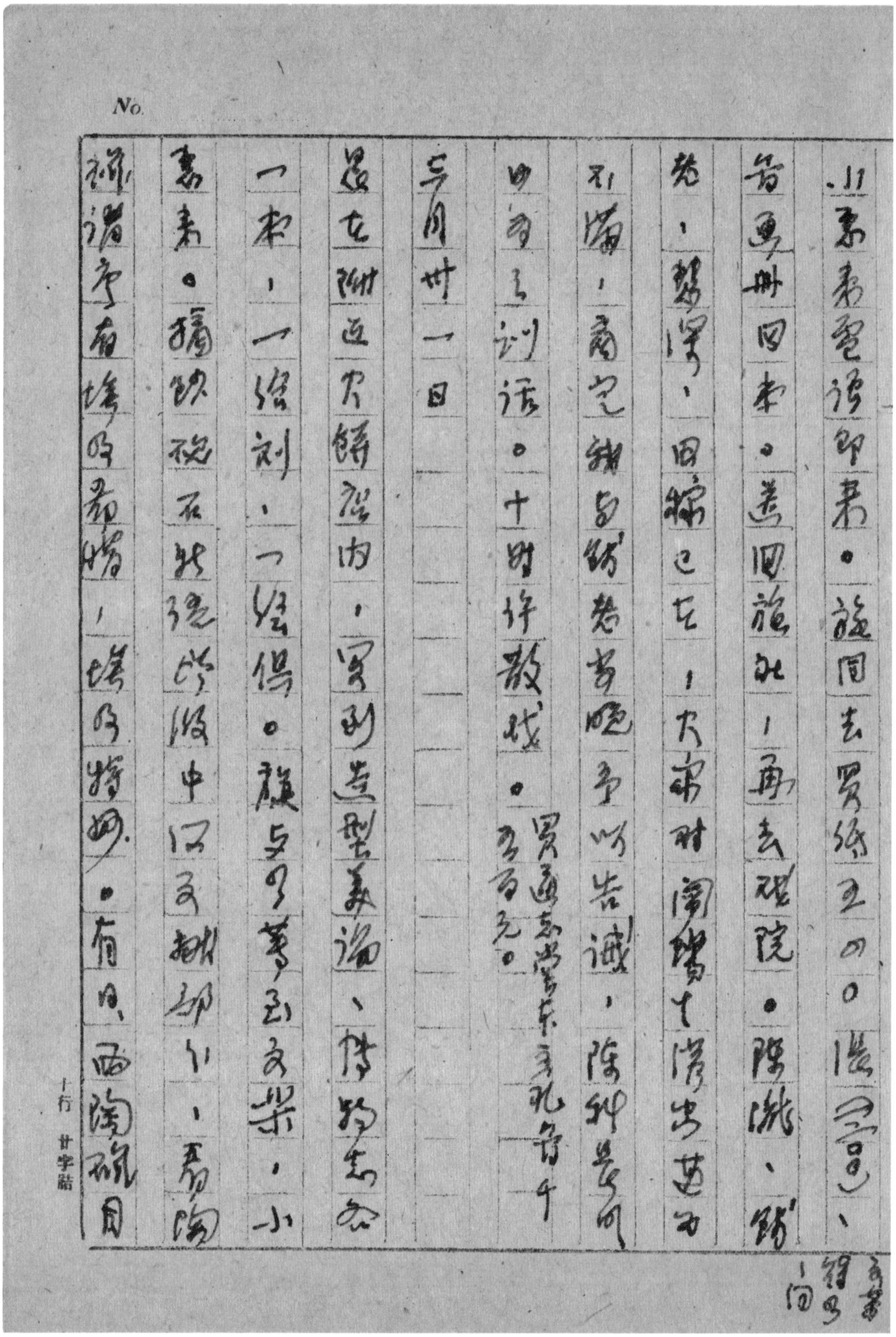

·早母剃到。午饭后去西岗为刘宝戴、子买鞋·日时许返，访锡老不遇。收到夏霖日前信。晚饭后与去看黄女演。我与王书梧同去。回旅社小休，遇袁方，继去也不行，访部长安家。荔坡觉，夜已十时。去日深拟回返，小子不肯，被劝再留一日。

四月一日

留但续借铅部，向许部长商量在借几元。去一铁铺买得日本风俗画集七本，千几百元。访锡老华，遇刘处理，借得之的说歌、西管后方小

No.

喜剧各一本。静兄託錢說出，两四五册。看也音像并衰覽余，即弟擬信。到叢本，它下的陶研筆的一册。归後當憶家方，寫到文學。採員給園藝作。十二时许來玉，遂回旅舍。休息5刻後接看書。晚飯後，錢典來告知了工作，提出談理話劇本的結果问题。十时半，從所寫完成书文稿，並看日本风俗看後，二时许始寢。

十行 計字第

支那骨董与美術工藝考説　上田恭輔著
支那佛教史研究　塚本善隆著
支那劇大觀　波多野乾一著
明代之陶磁　尾崎洵盛著
原色東洋蘭名鑑譜　石井勇义著
アンコオル遺蹟　三宅一郎譯
營城子の漢代壁画磚墓卷上
支那陶磁源流图考　中尾万三
邵郎王孔雀　孟志堂原刊本
日本風俗画繪　3.5.7.9—12

No.

ヴィヨン詩抄　鈴木信太郎

四月二日

午前作書館藝劇。午後參加小組評資會議。晚飯後聯歡會——大家因連日睡眠不足之故，一一早寢。床上听广播，繼營口、遼寨以後，威海衛亦撤退。

十行　廿字詰

四月三日

是日晴，喇叭甚剧，晨去访竹泽医生配药。旧铺处得日文书数册。午后，小组开会回报，至晚七时完。二丁开夜会，与大众同去，人众，嗽甚，旋即归。灯下整录花树书数种。听新闻，洛阳克服。旋叶盛章唱白门楼、马连良张君秋打渔杀家。理衣箱，夜二时许始寝。床上，读「国民政府之改组」一篇，国民党反人民之实际材料综録书，係一九三四出刊，新近翻印者。思虑转乱，仍不能已，他的新闻停播的印

No.

出都，仍覺有為共擁蘇必要。

十行 廿字詰

四月四日

午前继续著录日文书。午后到小组，听刘部长报告了整党文件之大纲。後得明日去大连去。晚听广播梅兰芳苏三起解。晚饭後小憩，乘公司公共汽车（今天开车）去大连。中日美术史著录完

四月五日

八时车来，与刘爱教授去大连。同车者有宜德、冈崎夫妇、刘正夫妇。冯锦苏根据买品至铸造。下午後，与刘爱教授先往西岗书铺。买得雷峰二册、东西交涉史、仙人掌、与勤刻本记

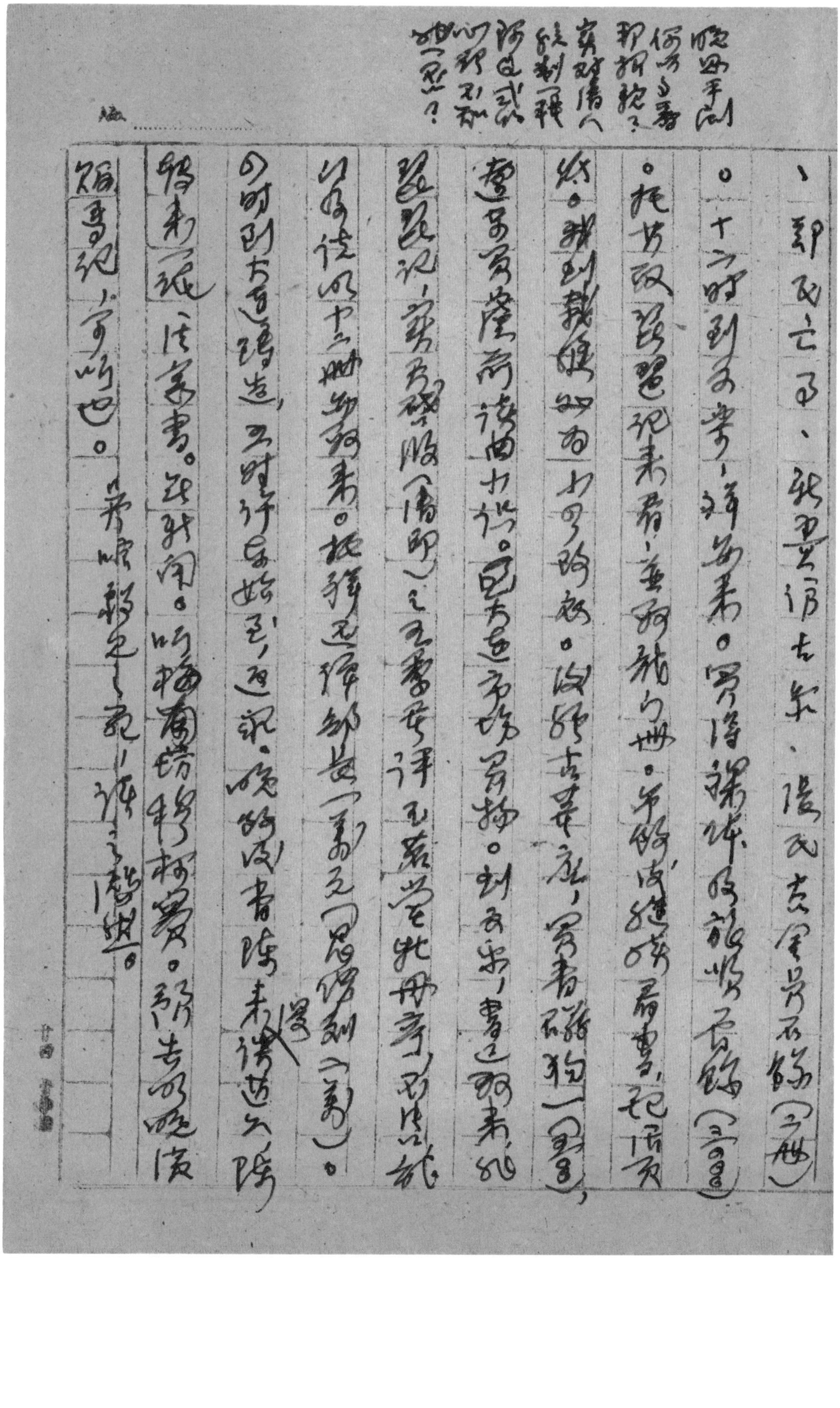

谣传与习俗

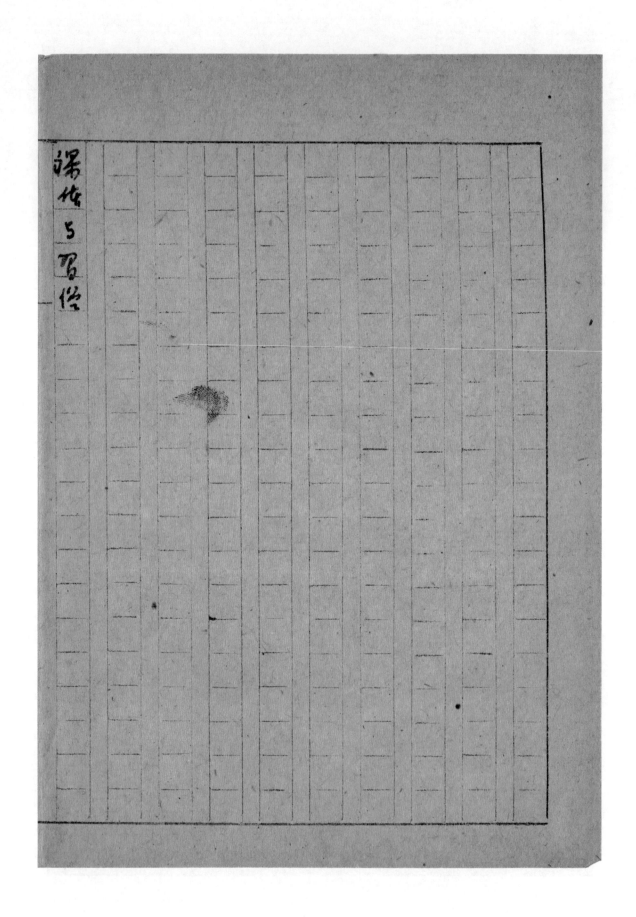

No.

[illegible]物的手寫与翻刻古紀

新疆訪古錄

張氏吉金貞石錄 五卷 二冊

清代官書記明台灣鄭氏亡事

讀曲小識

仙人掌之神秘与栽培

小型映畫之攝影

紀錄映畫論

東西交涉史

旅順博物館圖錄

十行 廿字詰

四月六日

全日著錄了關於中國考古、文學、藝術之日文書籍上，這夜讀得，得十數條。並擬就甲中國俗曲文學史，成一小說目。收到夏衍同志信，約去華北日記續篇，將於十五日行。又約大華去，除我個人外，以後每將接洽，不知確否？

晚收新聞，我軍再收復洛陽（五日下午），六日晨克復偃師。夜收拾舊著稿讀記（子摘記），又看華東各報，我山東部隊正攻濰縣、昌邑。國民大會開幕，蔣競選大總統。晚上讀了新聞

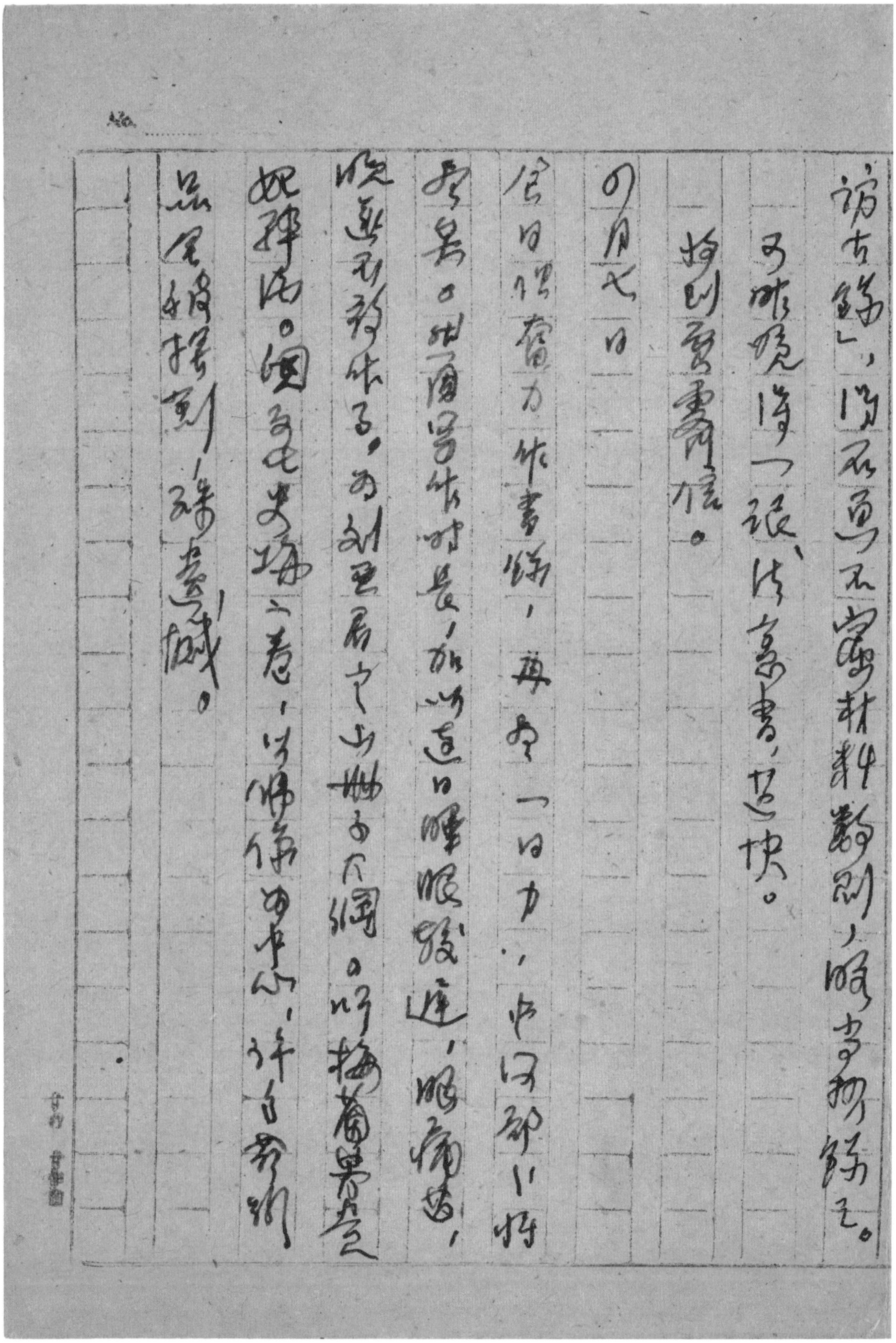

四月八日

晨雾甚大。行大道——与赭敬希同去。十时抵西岗书肆。买「东洋建筑史」（二册，一四〇〇〇）。又在刘敬摊得二书。随为刹敬鞋（四五〇〇）。过旧画店，购为本杂志。到文乐堂，与永恒闲谈。至谈买对面，买之新小册一本（五〇〇）。夜过东买「近代东印之民间信仰」及「满洲之文化」（五〇〇〇）。又以马对买感得「日本风景版画史论」「浮世绘内史（二册）」（二四〇〇）、「浮士德浮世绘」（一〇〇〇）及「割作工」。又为刘为接得增东浮世绘两册。嘱物。到文乐，谈甚。二时许离出，谈送到拆坊南道。拆取

No.

已四时。今日悉黄为将签证香港到新电影，言高信，颇佳。晚，看小惠稿，听播葡普「霸王别姬」。天微雨，入夜风方息。拟「连阔」人物表。

日本风景版画史论

浮世绘内史　二册

东洋乐器之研究　二册

浮世绘版画名

制作　第一期

古代支那人之造园信仰

满蒙之文化

四印措　田

四月九日

退，续看小裹稿，大略看一过。终日但看力写书录，乏兴趣，萎靡矣。今天〃气甚坏，阅书风以风处之，甚是难过。加以精力上亦坏，写缴痛，晚饭后即上床。然亦难闻，以天气闷热，写隔壁音乐乱哄哄，电路甚不舒服。十二时寝。

晚饭后周科长来谈五一向游，我定于下午参五一昨接徐科长谢函接，书可随著，恐行不能行。小惠等上午即回。下午开学习会，写以见惯，未参加。

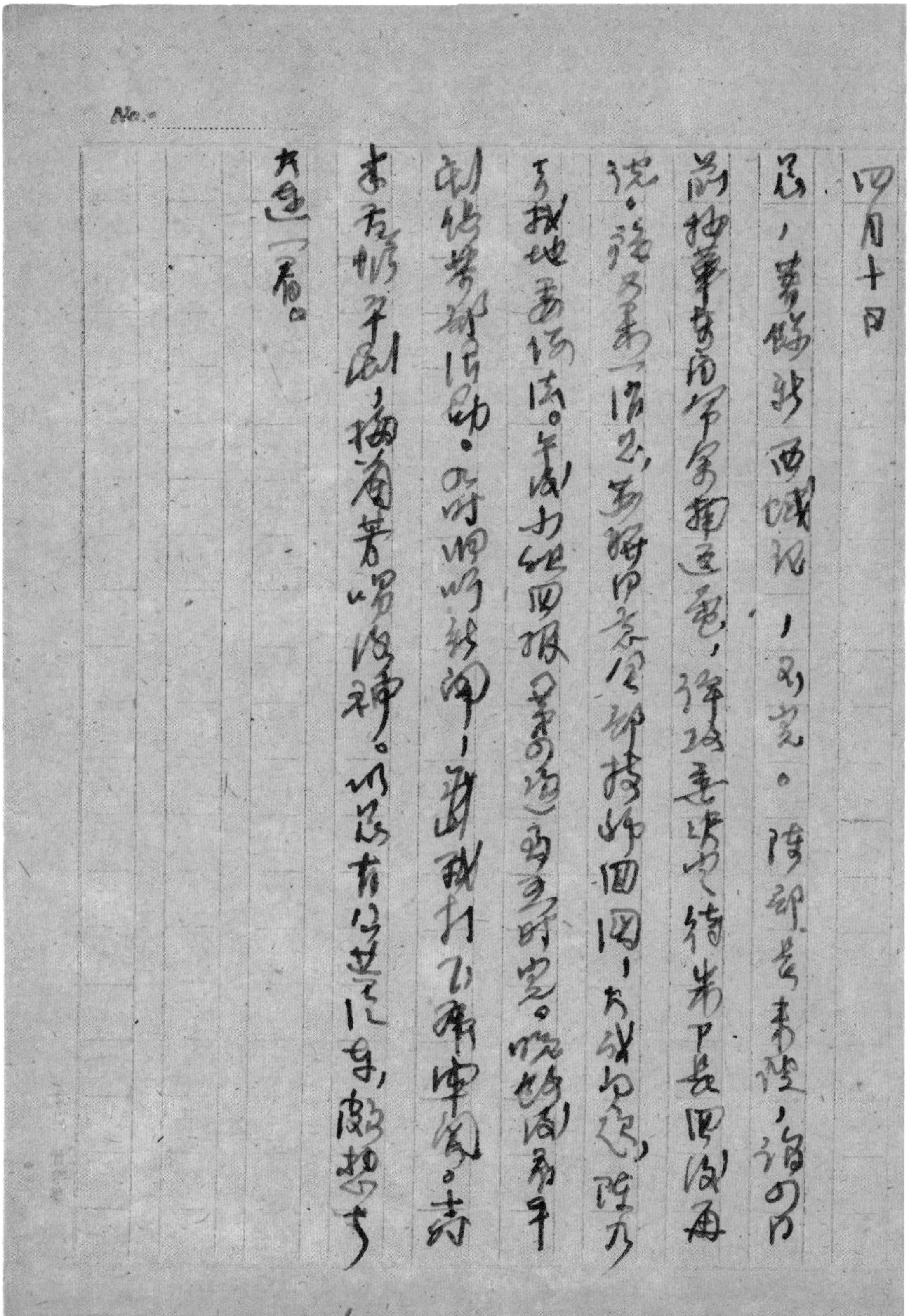
四月十日

四月十一日

晨八时起，随公司公务汽车到大连。前至文华堂，看到清古籍书近二十种，选买《清古籍十八种》一册（四〇〇），《版画丛东》一册（一〇〇），又《东明纸画史研究》（A Dürer 专辑）一册，共作，每页只（一二〇〇）。旅至古 蒋西章 书店，得 Matisse 限印画集一册（三〇〇）。到盈华又高梅手版史初版本，亦作高达二五〇〇〇元，看好道新民印书。旅西文学五书描写初未书一批，选购素描一册。西洋印画集换好，描去作品一五〇〇，未敢买。以后旅西而归，得西商简语日本化洞书文一册，日本信常部如若换得陶渊明诗集册。译间多业已二时半，饭后又归，三时半渡英

No.

缮本目。钞宋佛兴，读俘古后诸古期目录。晚饭后，到辛楼来
看书。打电四麻。看不懂世到外中书，周桂长来，与谈经下室
归来。钞保看书，以钞到法兴，摘商秀组序，写到晚。十一时许
寝。今晚未写，眼又痛，些矣。

支那法兵史研究

评古学十八卷

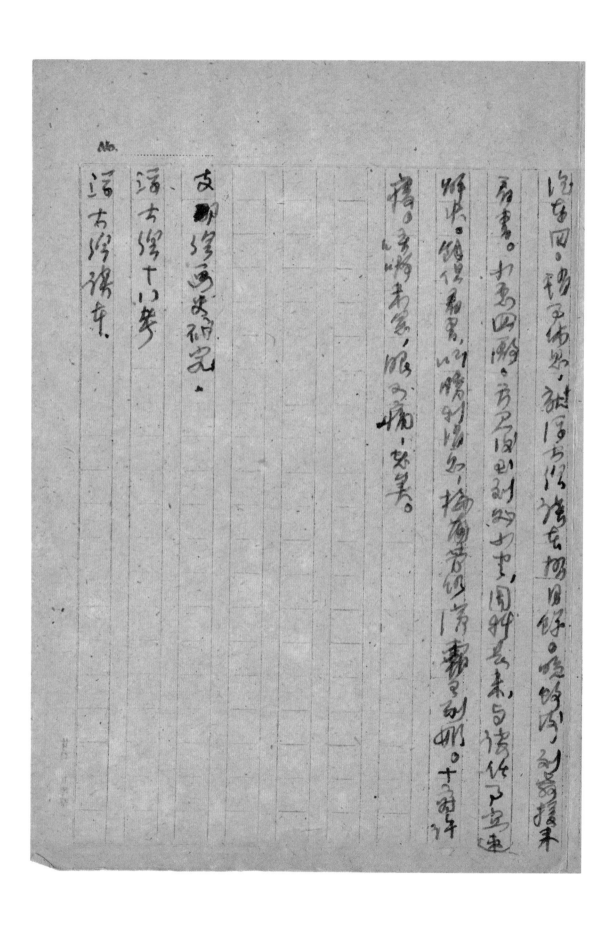

评古学讲稿

隋古陶撰辑，簃刊本

江南文化開發史

陶淵明

Matisse

Dürer素描集

意大利画家集

四月十二日

作报告数则。午後，与刘秀接交为海華解決之一

胶东问题及报告华东部干部调动问题。晚饮酒，開

秘书处会议，成立五人予委会及其他事務。杨少東信，

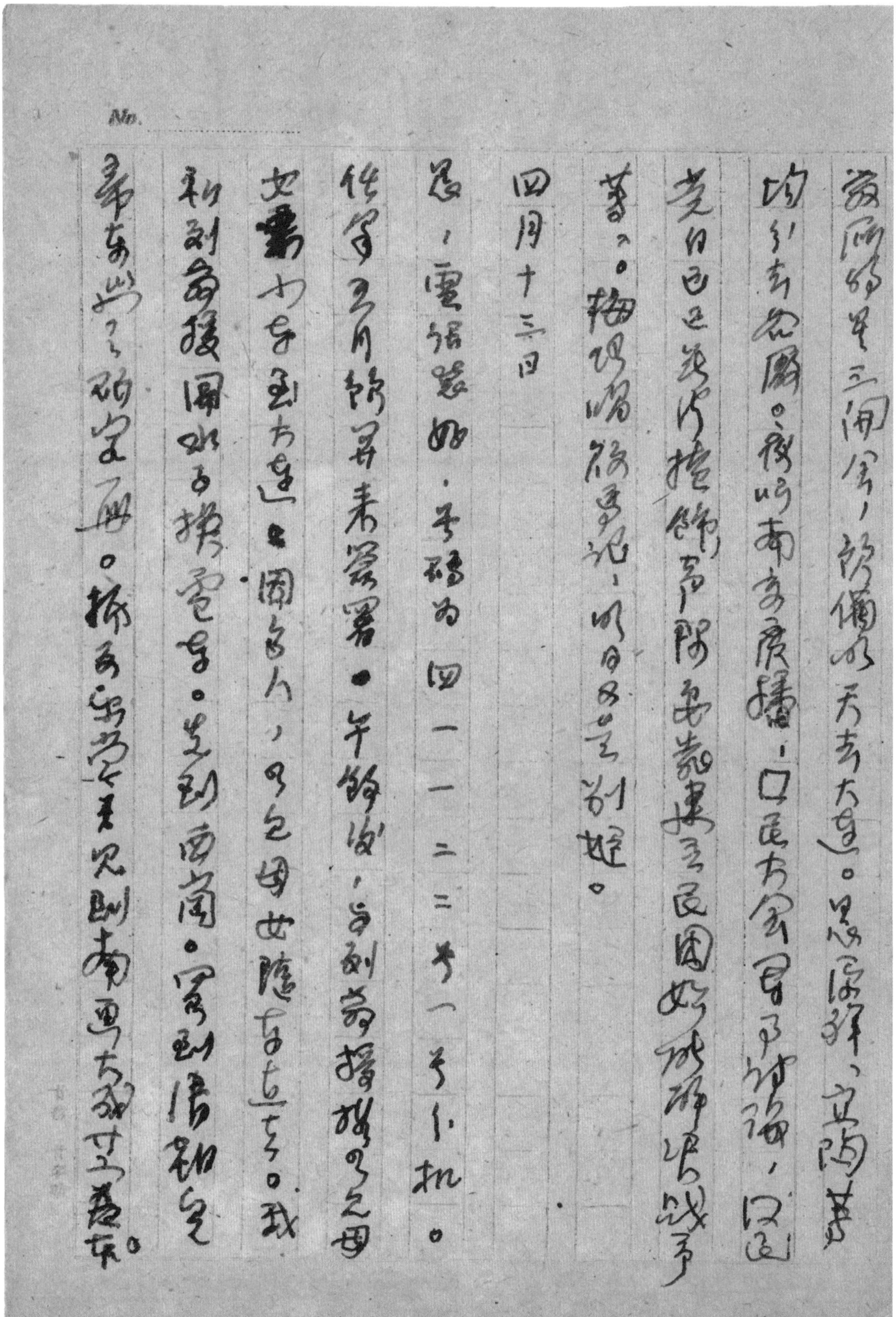

最近的是三個會，預備明天去大連。思想解放，竝陶著

均引去食廳。夜收南京廣播，人民大會軍事討論，以通

過了已選總統，總統副總統要競選之民國好戲收場

等等。梅蘭芳唱徐策記，明日又要別姬。

四月十三日

晨，電話張如，要號為四一一二二號一號扎。

後得三月份薪水寄署。午飯後，出到蔡鍔路的兒母

女書少年到大連。開會人，又已母女隨去大連去。我

新到為接開水手換電台。走到西崗。買到漢朝白

帝本紀的研究一冊。接不到學者是見到南西大藏書。

上到華援
看費到
通去以二
至寫元
看平殘史
邵探杏子
晚僑路到
殘陵來。
買峽蘇

旋與見毋安來，邀去訂座回回。晚飯。與華去新聲，戲仍遠去西到旅社。旋偕到去看華山畫。到新聲，遇錢兒，同去黃安看諸究竟。到政公，商定一請九宮山，安副本。回旅社改看袁方，已曉。看劉蓉援記買飛將國畫集。

僑到娘

四月十四日

八時起，為見元寫冷文，一〇〇〇元。归以見未醒。到古來，遇收好，得「西縲、地窨、夜燕」一本，僑劇/一小一冊，三〇〇元。又安黃雨大通有寄館月廿四出來，以千元。到大直通第七冊，以1800元得鼓樓珠璣，又得子書

買峽蘇包

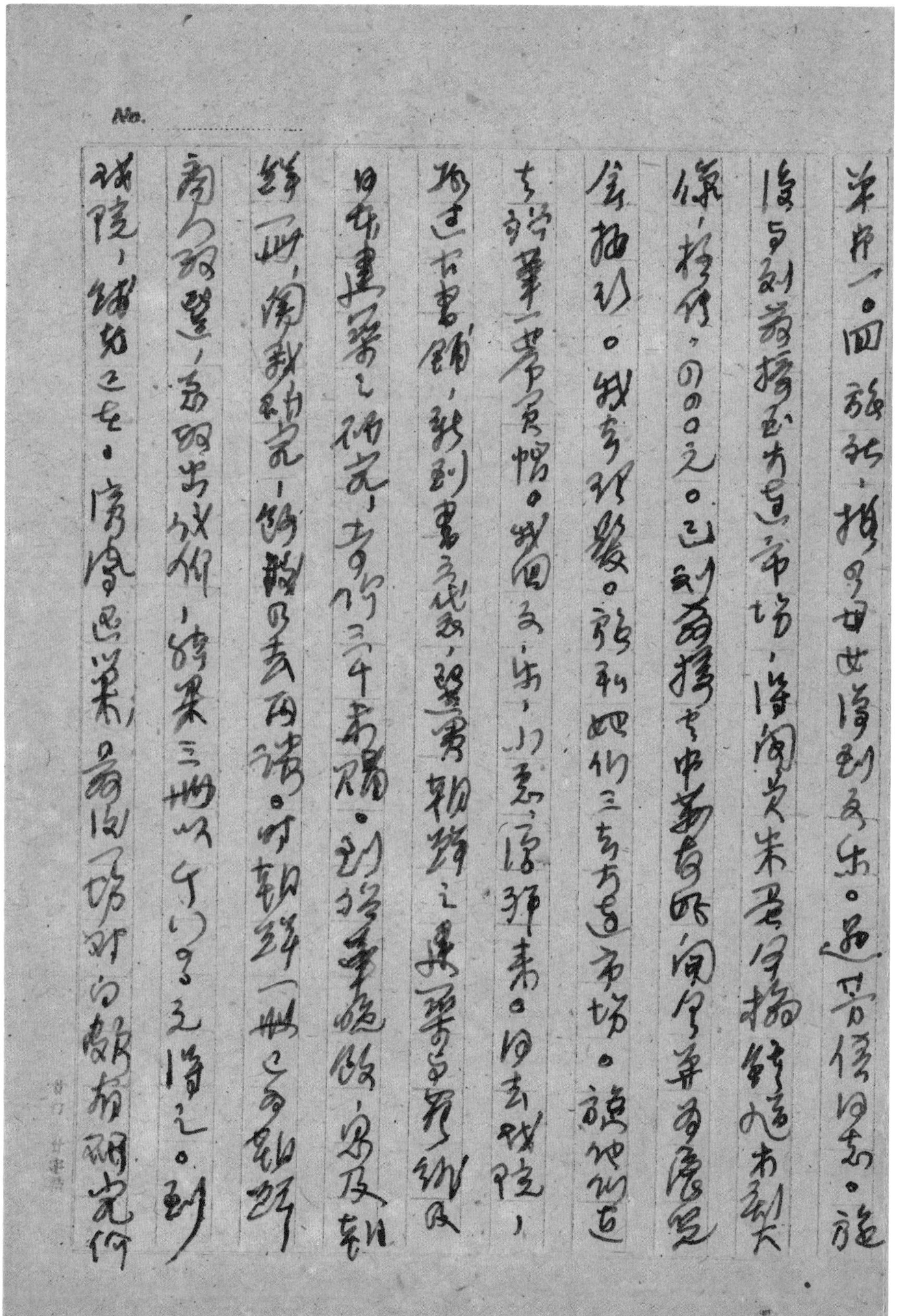

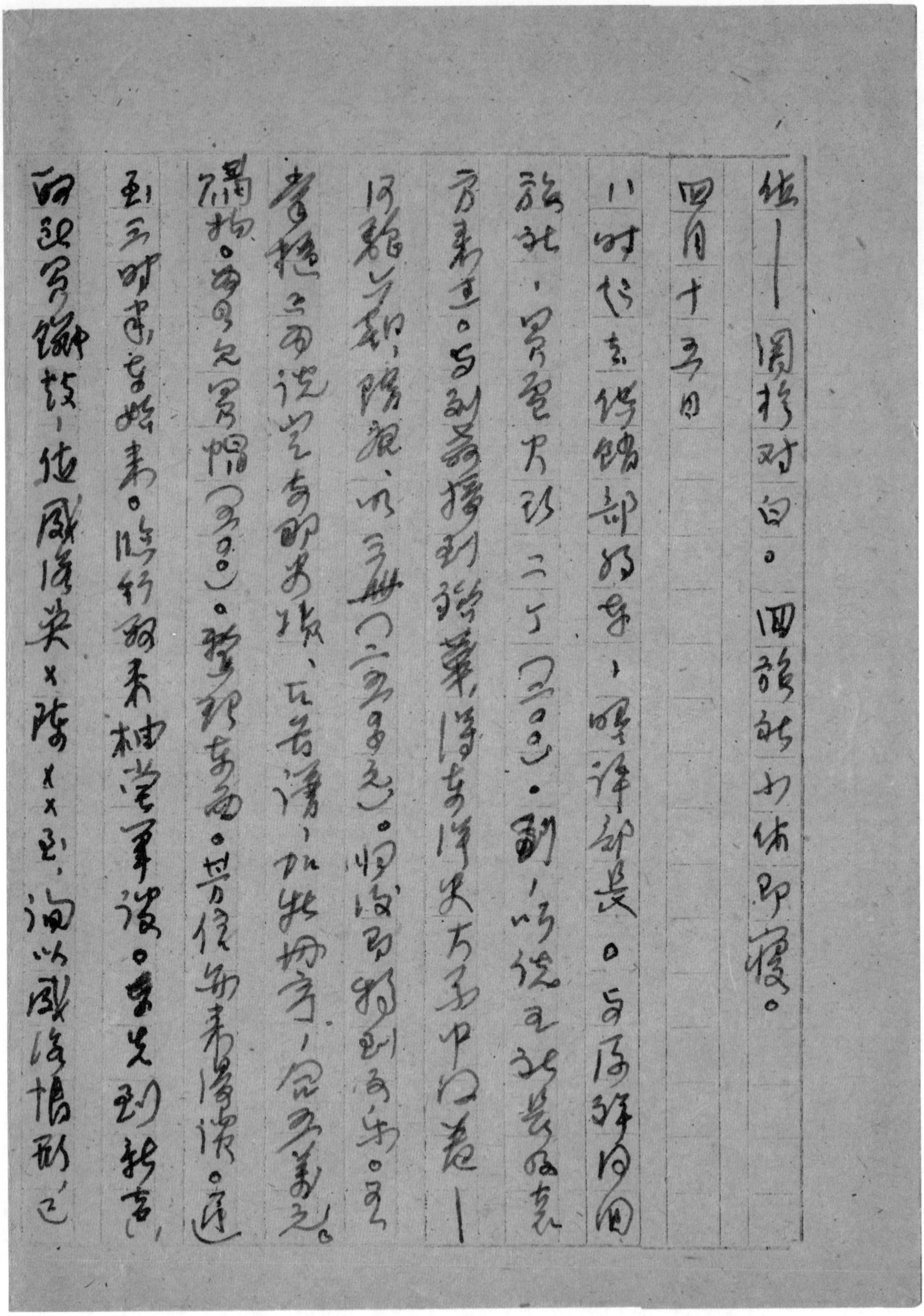
結——關於對白。回旅社即休即寢。

四月十五日

八時往[illegible]總[illegible]部[illegible]，晤許部長。與薛、周

旅社。買電[illegible]二斤（二〇〇元）。劉、呂從王[illegible]處

房來，遂與劉[illegible]到[illegible]中的卷一

何[illegible]、陳[illegible]、[illegible]三冊（二五〇元）。[illegible]

書攤上兩[illegible]、在[illegible]、加[illegible]，合[illegible]元。

[illegible]。[illegible]買帽（五〇〇）。[illegible]

到三時半始歸。臨行[illegible]。[illegible]到[illegible]，

再返買[illegible]鼓，[illegible]英×陳××[illegible]，[illegible]

擁擠不堪，經曹三次出院，今次始成功。拜訪周部長、
張，（綽號大年），為新民行筆政史畫。張周云，以前所云
為了消磨。談及秘書長来，指擬報紙給消一天，以走本李
貴者造来消一天。陳錦卿，到組織部長處，請修剛協接子
同志。談到夏知，夏子將陳部長找來，共商大學協選，
以及今後再作前後研究。擬消沿神。益送新聞。此番
到大連，計與劉翁接洽已多遍。明日擬將稿件消形消
理，由夏貴部為修業之集。燈下略閱近來各書，並
與劉翁接商談稿事，一面與協作選，一面請劉接洽，
備明日提出。

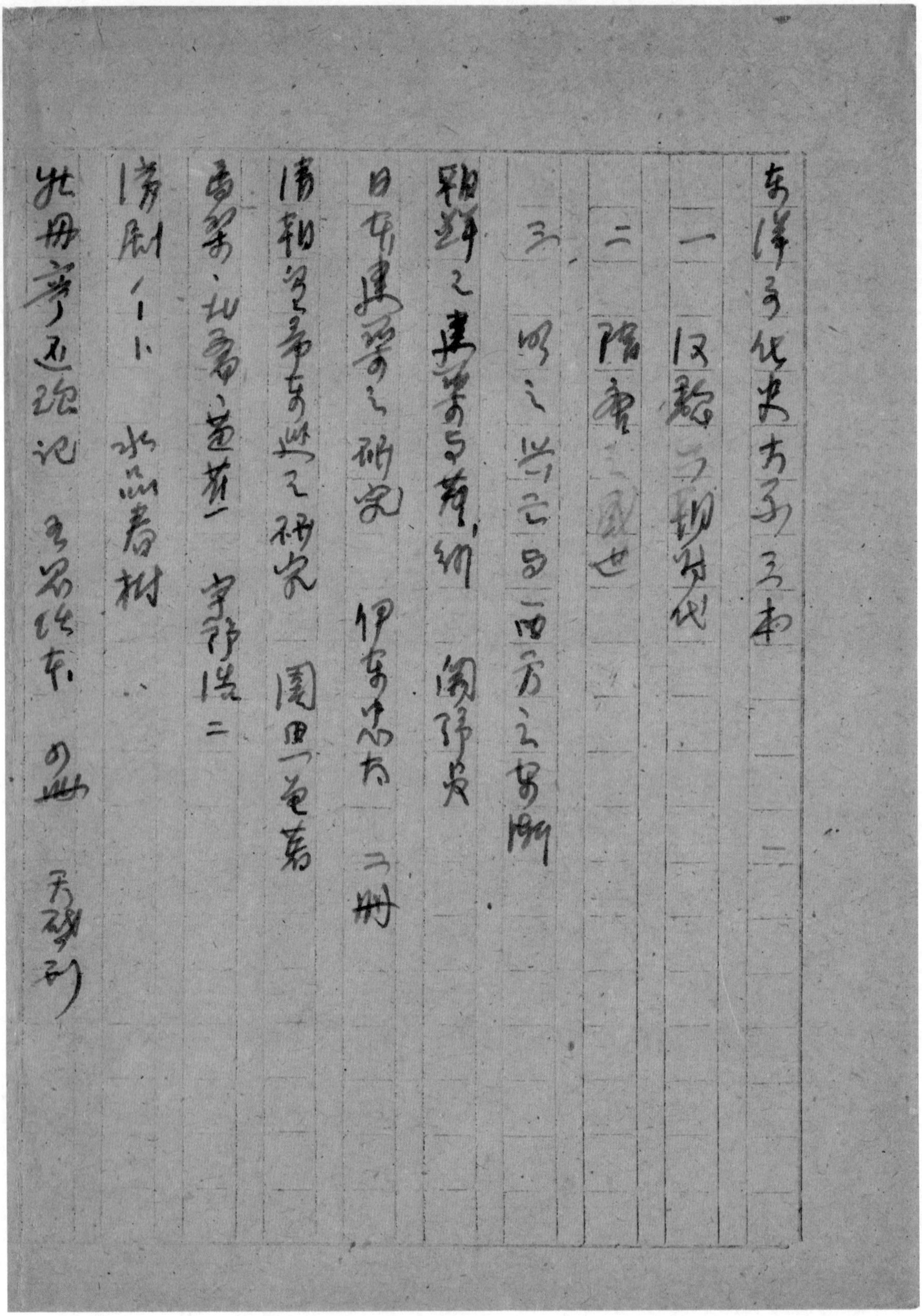
东洋近代史大系 三本
一 汉魏之动乱时代
二 隋唐之盛世
三、明之兴亡与西方之东渐
朝鲜之建筑与艺术 关野贞
日本建筑之研究 伊东忠太 二册
清朝皇帝东巡之研究 园田一龟
西鹤、北斋、芭蕉 宇野浩二
剧ノート 水品春树
牡丹亭还魂记 青木正儿 四册 天理刊

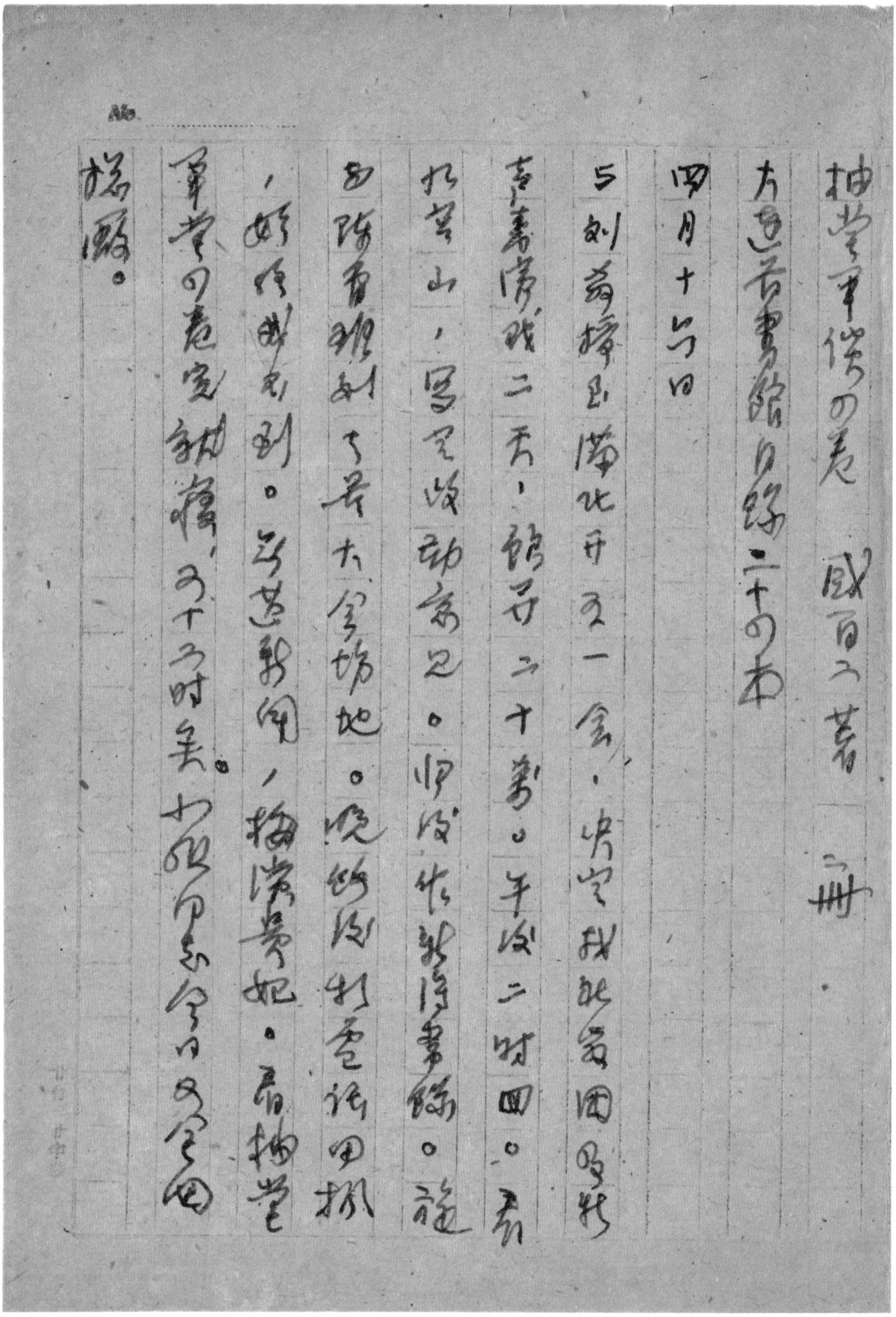

柚堂筆談四卷 盛百二著 二冊

大連圖書館目錄二十四本

四月十六日

上午劉[illegible]出席北平五一会，決定我[illegible]國[illegible]。[illegible]二天，餘存二十萬。午後二時回。看[illegible]山，寫[illegible]收到家兄。晚後作新詩事錄。[illegible]出路[illegible]到大[illegible]大会场地。晚飯後打電話回[illegible]，好像很順利。看蘇聯新聞，[illegible]。看柚堂筆談四卷完，[illegible]，夕十二時矣。[illegible]

[illegible]。

四月十七日

上午，小组开学习会，继续高岗同志报告讨论

工作，学完了月份编的会议工会。并继续其他

思想上问题。午后开会回报工作，布置了一，

饶饭时完。晚饭后，开党内小组会。打下读扬

州休闲志。看其新闻，接阅哈尔滨报。提出了日

政文化之交流上一书略到发授。

四月十八日

晨，看秘书长及王部长来谈，约一时许，王部长稀

大道着

厂的勤劳文化去。阅播音小组活动，有说明决，阅

。

No.

將工會俱樂部、婦會、及藝術系統導向正確途徑。

我閱竹青傳三場劇說明。我本區裝播下大電鐘，預備播書

房遷入。在公司日本技師陪同訂定，總算下午開音樂挑節

播說。十二時大連業餘隊來，與劉藝援陪改。下午移動書房，三時

許完，至會談，看潘蕭一劇。潘穿初次以編作我看。晚飯後，潘

宣傳來談七級見面，及農業九緒出見，甚久。廣播能甚熱

鬧，梅唱武家坡，昨日民主廣播，據云聯邦跟我之持續足聽

同上六二。

四月十九日

晨起，將維護（已寄來）紙總，歸聽紀念冊，晨讀，收訊已，乃

「忠樣寫」初刊本。去年七月出版，寄到時去
還覺喜，又轉來復旋處，不知幾經轉折，於今
日到大連。閱之甚激動。德山素序詳切來下
圖，乃寄給一冊，又給刘葆一冊。英年未續
尤難，尤不勝悲特，前途恃無限量，振戒。惜一
二書錢。寫「九宮山」意見，備寄雕声。晚，
茶喜會開會，我覺三點之繁，夜檢轉拍諸摘出
，然後第一印象每覺西覺有益，得讀之。擬寫
之據，為達以二千四百餘字之把戲書選例技能
。擬作淡論章記，明日又寫傳錄，此等之力似

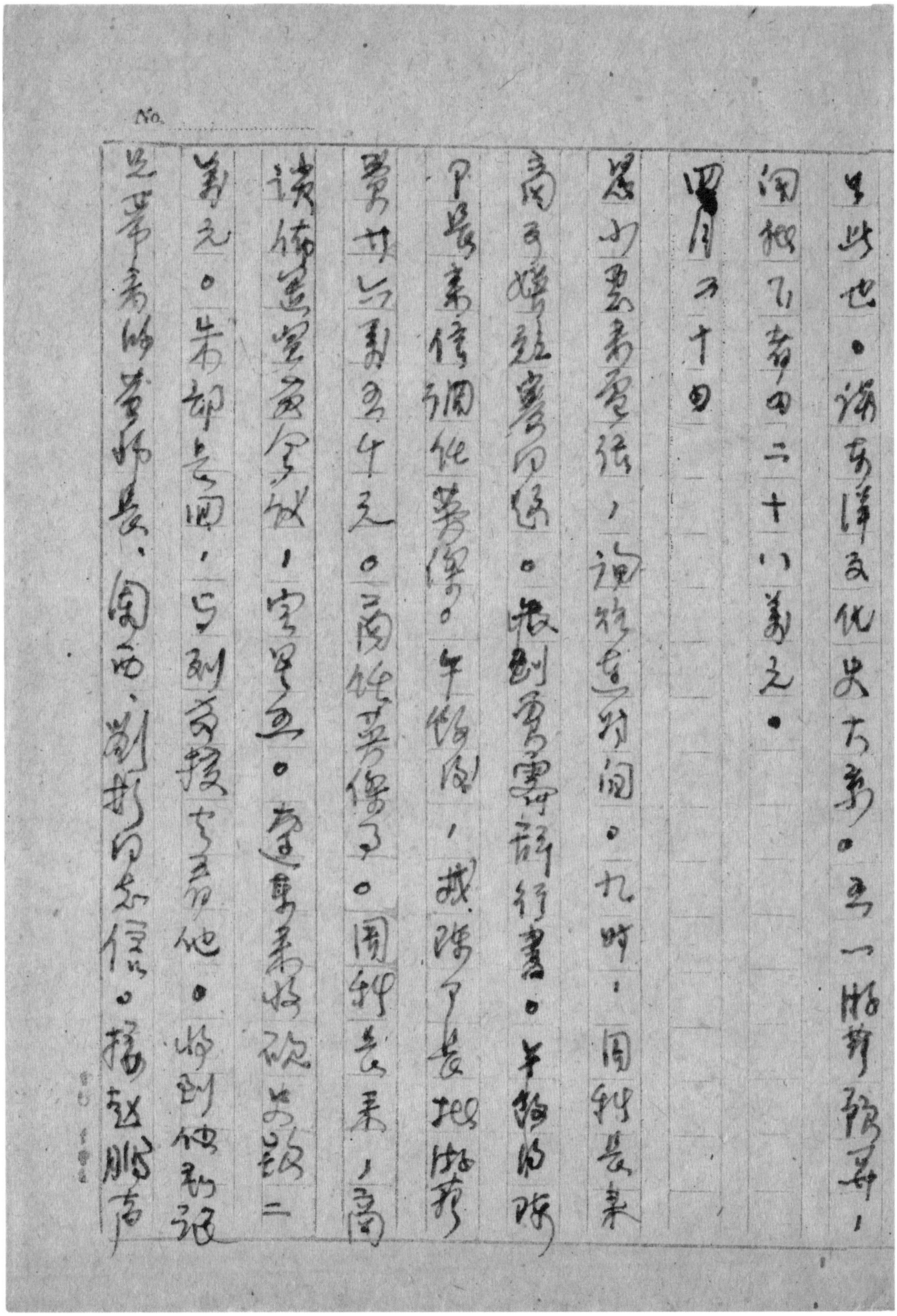
No.
出此也。論東洋文化史大系。為一時傑作，
閱報及書用二十八萬元。
四月二十日
晨書寄靈孫，論樂東遊行問。九時，周科長來
商予孫結婚日期。晨到雲霄評行書。午飯後到陳
子展來信，論作芳傳。午睡後，找陳子展把辦
費共六萬五千元。商作芳傳事。周科長來，商
談修建室內會議，定星五。商量事務及設二
萬元。在部長處，與劉教授共商他。將到他家談
並帝高師范長、周兩、劉劫同志信。接趙鵬信

電話，約李大遠，定明日去。晨看完[illegible]部稿

，吃飯後，他來，約稍商兌。談今、調查情況。

與任英偉同志談留至一個再走問題。晚至小組，與海光同志談，

而李市長來我處，未遇。

四月廿一日

晨至時德大遠。在西関買得萬[illegible]

「東西思想交流史」一冊，[illegible]之。到李家，得一張[illegible]

舖「[illegible]」一冊。至覽莊，找到劉文。託葉、傅留到前撥

陸「東西思想文化研究」。買[illegible]文堂[illegible]一本（三百元）。[illegible]

[illegible]書，[illegible]書。訪[illegible]書，[illegible]，並[illegible]傳，[illegible]一張路

爲他明日去。大連市場得[illegible]大系二冊（一百元）[illegible]

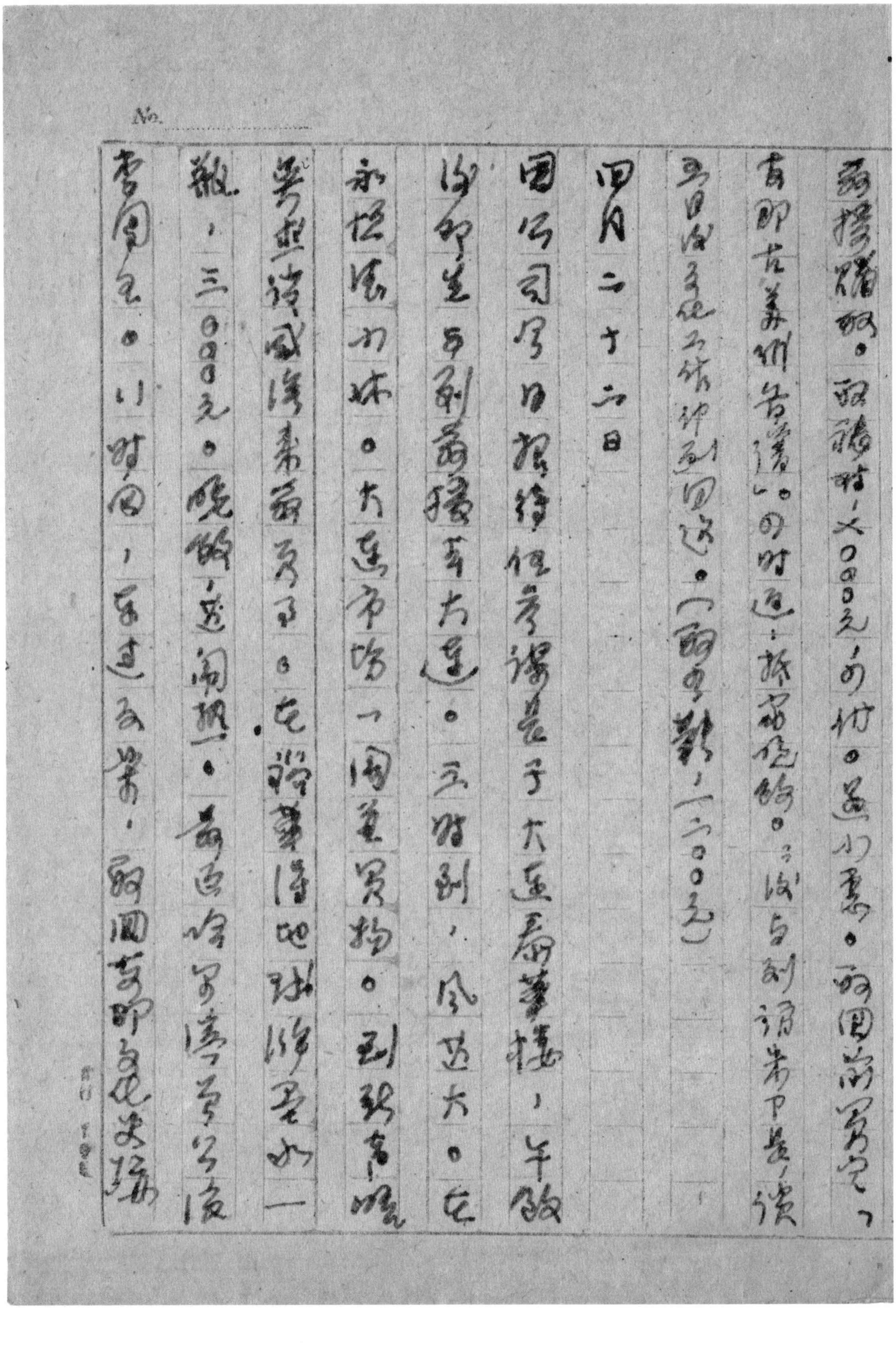

蕭據臘取。取稿費，六〇〇〇元，已付。送小惠。取國際完了，
書即古義[illegible]告竣。晚時進：孫容[illegible]館。三次與劉請求下長，[illegible]
五日以文化工作[illegible]到四次。（[illegible]勤，（二〇〇〇元）
四月二十二日
國際同學日報[illegible]任[illegible]長子大連[illegible]樓，午飯
後即生與劉蕭據等大連。三路到，風送大。在
新[illegible]小妹。大連市場一兩[illegible]貨物。到新[illegible]喫
點與讀國際[illegible]了。在[illegible]如一
職，三〇〇〇元。晚飯，送[illegible]。蕭[illegible]後
書[illegible]。小時回，[illegible]業，取國[illegible]即文化史協

全部。刘燕操得格风真好一。回内的同科长谈两日来会议事。旋就制下检查史编的东西，到夜了时始寝。得回播文党了刘姬」。

四月二十三日

清查了李耶夫《地史编》卷页，七卷内容与八卷内容同，据修纪装时弄错，当是缺七卷。又六卷缺第七页。又刘卷四册，每缺。然仍有不少材料，拟稍加修补补进。十时，阅受灏寰燕学代，至下午五时返，写会纪录。与刘燕瑾去看访谈，尚可同。晚访宋部长，不在家。得宜陶篇，那日抄沪年谱始四○国民党选副总统，李宗仁当选矣，实出意料，程潜、于右任白崇禧之，大约不至落空也。昨日决不赴延安。

四月二十四日

晨动身赴三里，刚复行，有车至大连。周昨晚送至宾阳路，乃始步至鞍钢。到前楼看到平纪通，谈了一日多行。西南行去。我去饭店，写纸给出。到西南，告别后。西山帝国。十五时到文书，谈东北联谊所搞商谈（三点），大连商场，后谈去洋文化出版事宜，全部认定，一大公司出资（1000）。西

十西园
水子坡
治希电
李孚

No.

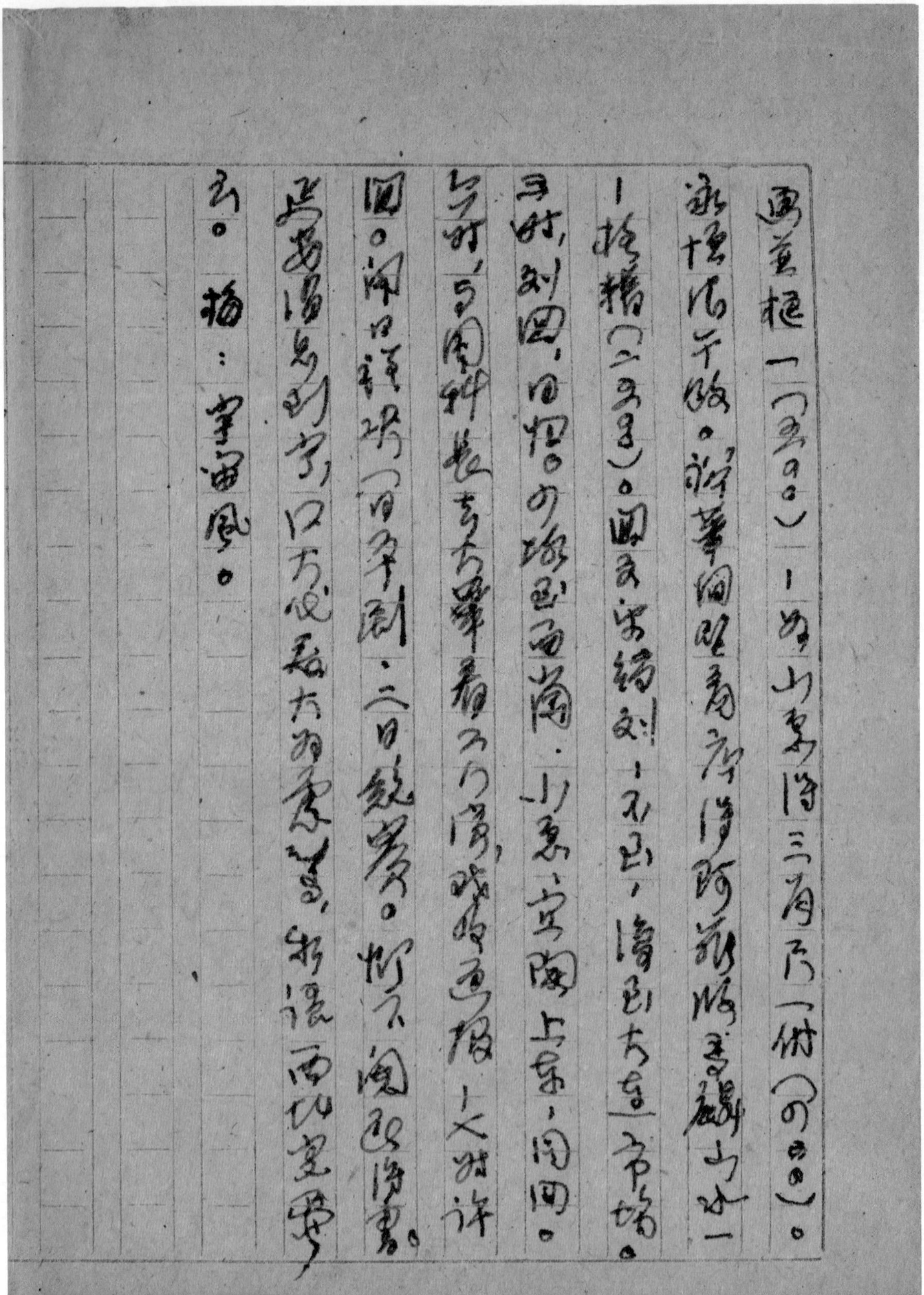

通草框一（五〇〇），如山东路三角尺一册（四〇〇）。
游檀川千段。谈华国题为《评苏版西厢》一
箱擂（二五〇）。阅《文字镌刻》、《文艺》、《鲁迅大全》、《市场》。
手抄，刻四，回想的踪迹的篇。小东，宋陶上策，图画。
今好，与周科长去大华看《不了情》，戏够多，至后上人甚许
回。开日读《孙可望》（日本平剧），二日读毕。情况不阅读港书。
还要温息到字，以大说孤大的家书，我请两地写写
云。摘：宇宙风。

四月二十五日

整理材料。九时，小组回报，并布置五一工作，十一时完。出席厂长的讨论会。午饭后，开演出会议。与刘俞择善同去会场看会，布置展会地址。晚，与小李谈谈关于有劲部接近工人。格：以鹜赶焉。

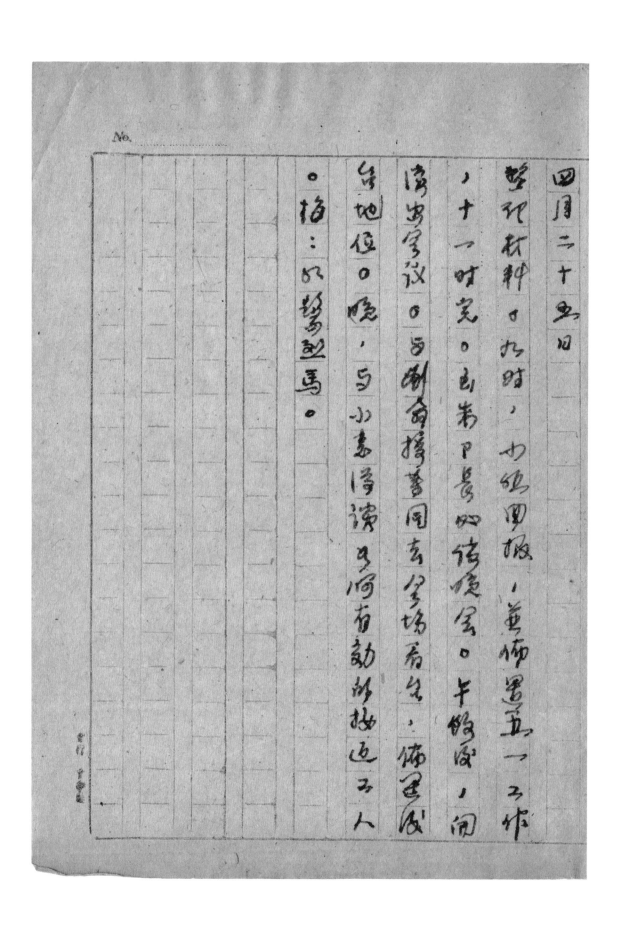

四月二十六日

国斋找我辞行，说二日平剧为一日演出，去大连。得宜陶、任英保同行。满化弟自满化来，吉贤纸与颜料。到西岗，买得支那万人研究（鲁迅）一册，又四兄书一册。又去到斋摊得苏维埃之文化政策一册。到文求，得政稿。大连市场，买陀司小说，框二〇〇〇〇元）。到北岛，托其转赠与妇研所及多寄函。一时到达英，看到果画电影，殷谈写得剧。一时中宣部出来读看他序。到书道家看橘清册页，其所见传来稿。访鹏声，参与经赏一日参加宏济演出，挽其为

談。還書與方揚。借「抑遠不了」二長卷歸。風甚大。晚
飯後，陪部長、周科長，赤談大會了，整理出席名單到八。
十時電張崇武進德堂，並決明日再去大連解決。燈下
讀中國畫人研究。（到六朝、佛道畫部分）。

四月二十七日

九時許，去大連。十一時到西崗。購到前接寫
得世界美術全集別集原始藝術篇、古代篇，又
得古代畫家中之北齋、師宣兩本。我得微
史圖傳拼一冊。到市館，得樓史一冊，又為如

买世界文化史大系八册，东洋部分四册，西方
古一册，希腊一册，文艺复兴一册。价洋三
〇〇元。得吴平斋手写稿二本。一时到文渊，取
新得，闻一张先开书过。访丽尼，或因事误过
多，仍在二日。时吴恩已来作风有些意见。到
保管部举要愿意照出信。因大连来场，买得静阴
挥纸一卷，八〇〇〇元，收购物品，因保管部之意稿
此等国〇之立场抗战，当晚到家。闻苏文科长在哪里
防空时被炸燃。晚饭后，去闻到高主八路。听到保管
部为什么人都抽烟。灯下，看了《新民国官僚》

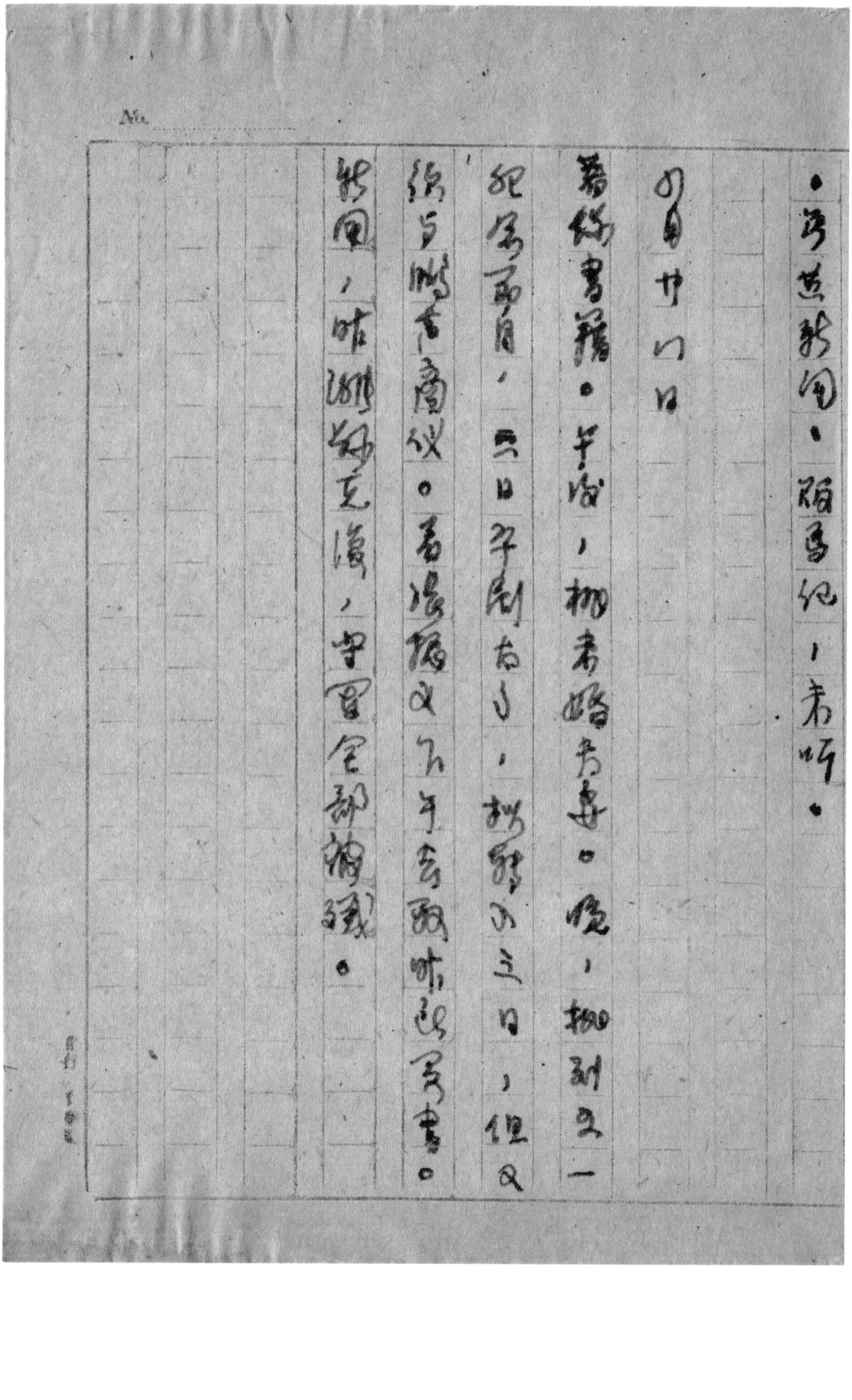
·写燕新闻、陌鸟纪，未听。

四月廿八日

看丝书籍。早饭，捆东西寄出。晚，捆别史一
纪念节目，六日早刷有了，排练的五日，但又
领到鹏告商议。看俄语文年来雕版所见书。
新闻，昨谢苏克泽，学习全部论识。

一九四八年四月二十七日至四月二十八日

四月廿九日

午前，作日前中門所存書目分行備考引。午後二時，与芷、得去逛。到新聲劇團，決定二日參加一場戲，彼參加到黎聚戲劇團。三日晚由新聲團張同志代表協商。到邊區，又見到梅洲公館古山水冊，一翻四冊，結果買得。買梅過硯店。又見買花傳一冊。晚，梅録書進朝鮮舊古風序三首來。樓竹勝機撲信常到十時半。與稿八幅初審完畢。

梅洲護去。

No.

秋雲偏暖，若無紛爭，何以功業，有偏要筆。何以答我。無子閑行。古人云前，戰山古後。前後高峰，嵋嵋不朽。　辛未九月，松山梅情

可共，仿米襄陽　仿李營丘　大癡、仿梅花道人　擬北苑、仿巨然　仿李咸熙　仿柯九思　可以敵，擬仿黃鶴山樵　馬遠法、仿石田

描此冊冊，有柯丹邱、倣東，王南宮吳一冊，此冊付就後東臨書，後東當有總云十二頁。

四月三十日．夜雨

天氣忽轉不佳。急於改，暫從機要方面至一工作。以楊翰將岩山湖子校事東，語仍臨時，情不易。但仍復歸還。午後，同志丁寶平會議，評定文學作品。黃昏方面。晚為什務繼續到十一時。今日為三日總會日，靜與陳占長商議，以舊劇團關係，遂不得解決。

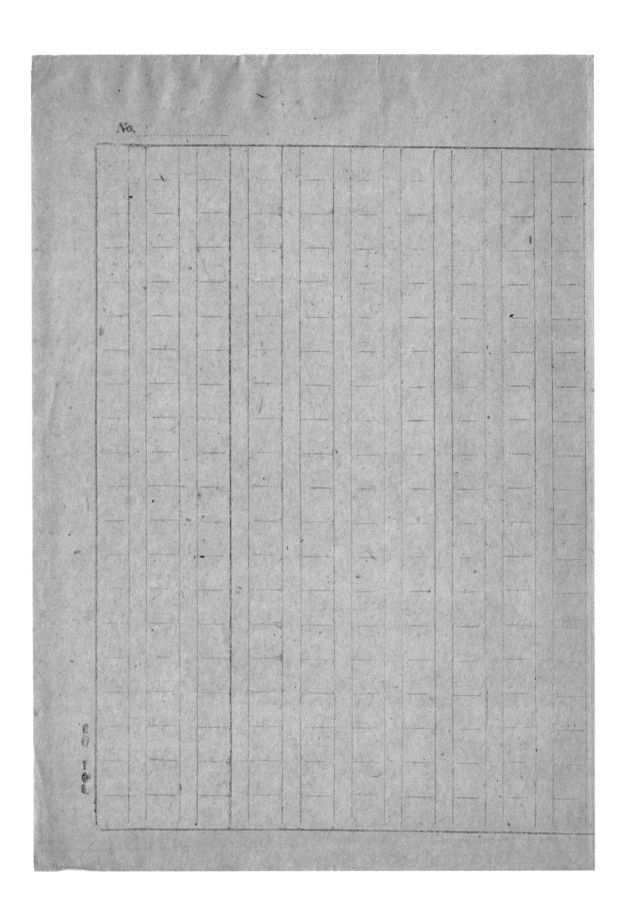

一九四八年四月三十日

五月一日

今晨雨止，风起。大会照旧举行。九时许大会开始，午后二时许结束。旋进行各厂演剧竞赛，计华一厂、二厂、大华、艺锋四厂，至七时。晚，任芳课长来谈。与联部长解决收回日本剧场子、修改诸问题。十时开文娱竞赛评委会，未得结论。

一厂：眼睛是雪亮的

二厂

大华

No.

叢議：鋼模義能

上午，未送來打書稿，遂下午回時簽好。

什麼人為我，因無場子，未搬成。

五月二日

早起，即与刘家骥谈一刻，偕薛军一家，同去大连。先到市口镇。又到市里买点，买送蔬菜饮料。十一时同回。

上午继续进行下列之读讲发：

满地

贾私

续造

并商书选集。下午二时平剧团日场：战马超，打渔杀家，群英会。六时完。晚饭。七时许返场

閒：紅雲閣，審閱判論，張仍新子，盧錦楓。

十一時許離校。聽說將開會，準備明晚了會，

至一時許就寢。今日直稿中，了解得許多新黨

內部情形，覺有舉行面會必要。

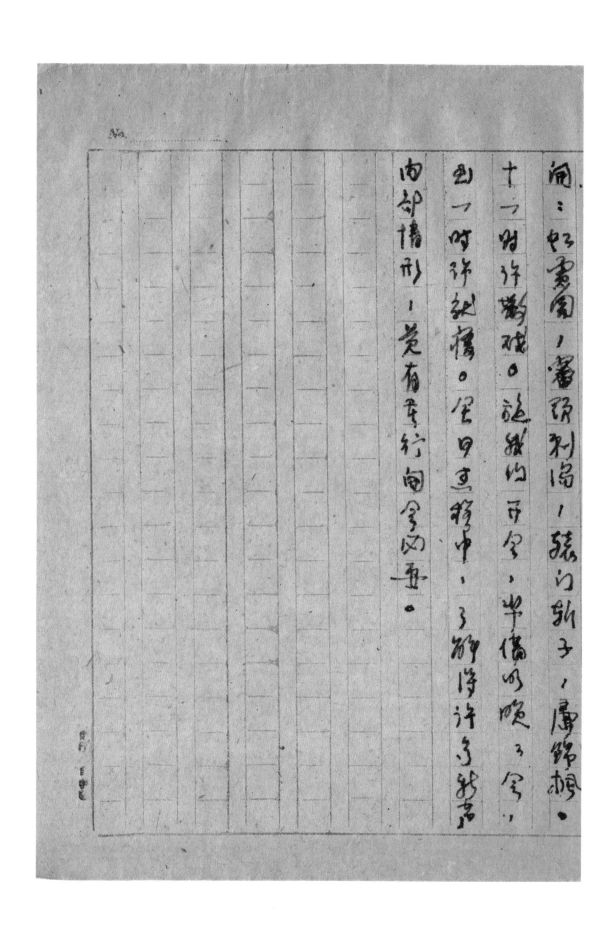

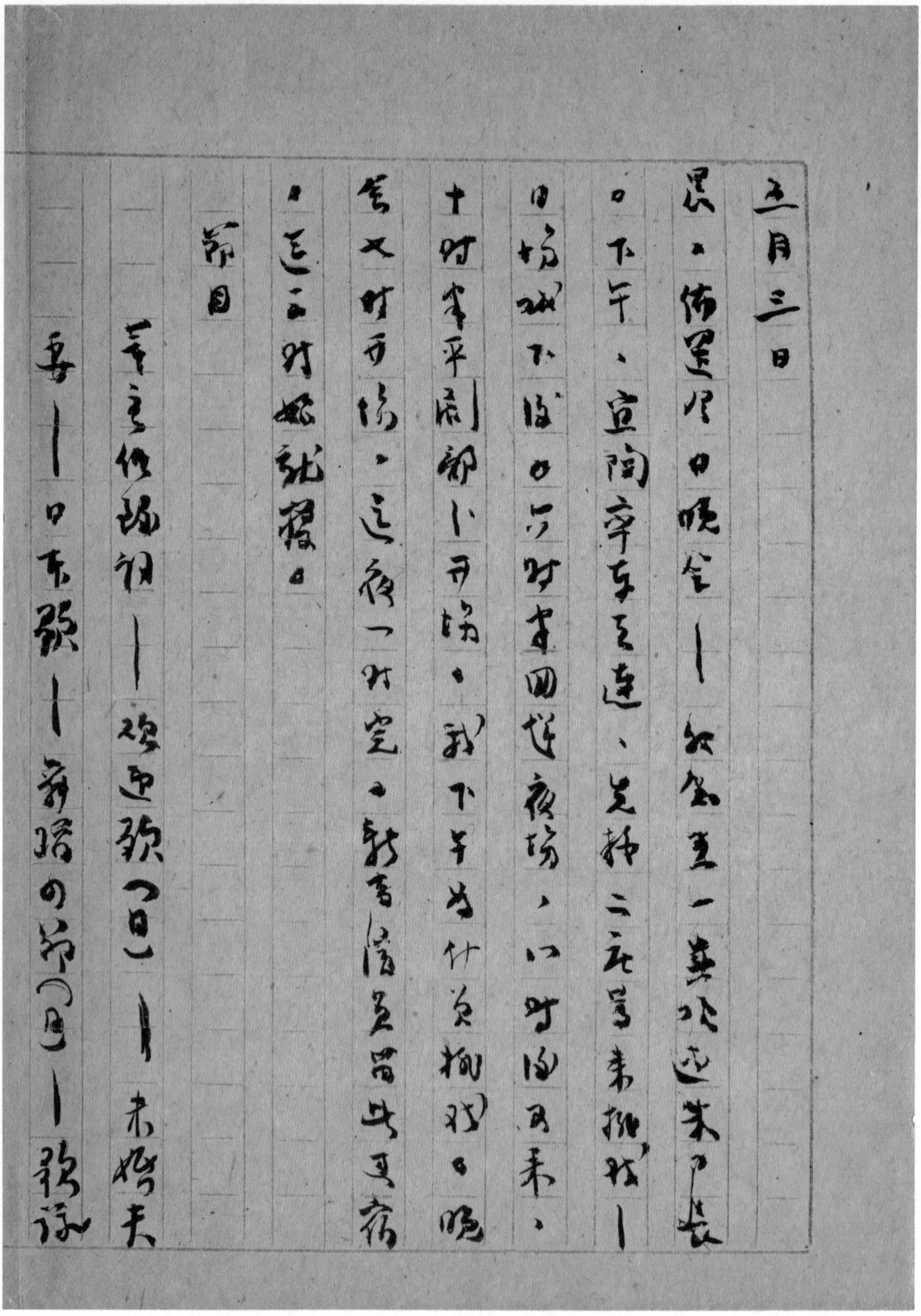

五月三日

晨，偕逯凡。晚会——纪念五一英雄运动长。下午，宣陶宇来谈，是转二元写来挑我——

日场城下演。四时半回从夜场，八时回来，

十时半平剧部下开场。我下午为什么挑战。晚

会又时开场，这夜一时完。新书信写出生更夜

。这二时始就寝。

节目

黄河作颂词——欢迎歌（日）——未婚夫

妻——山东歌——新婚的节（日）——歌谣

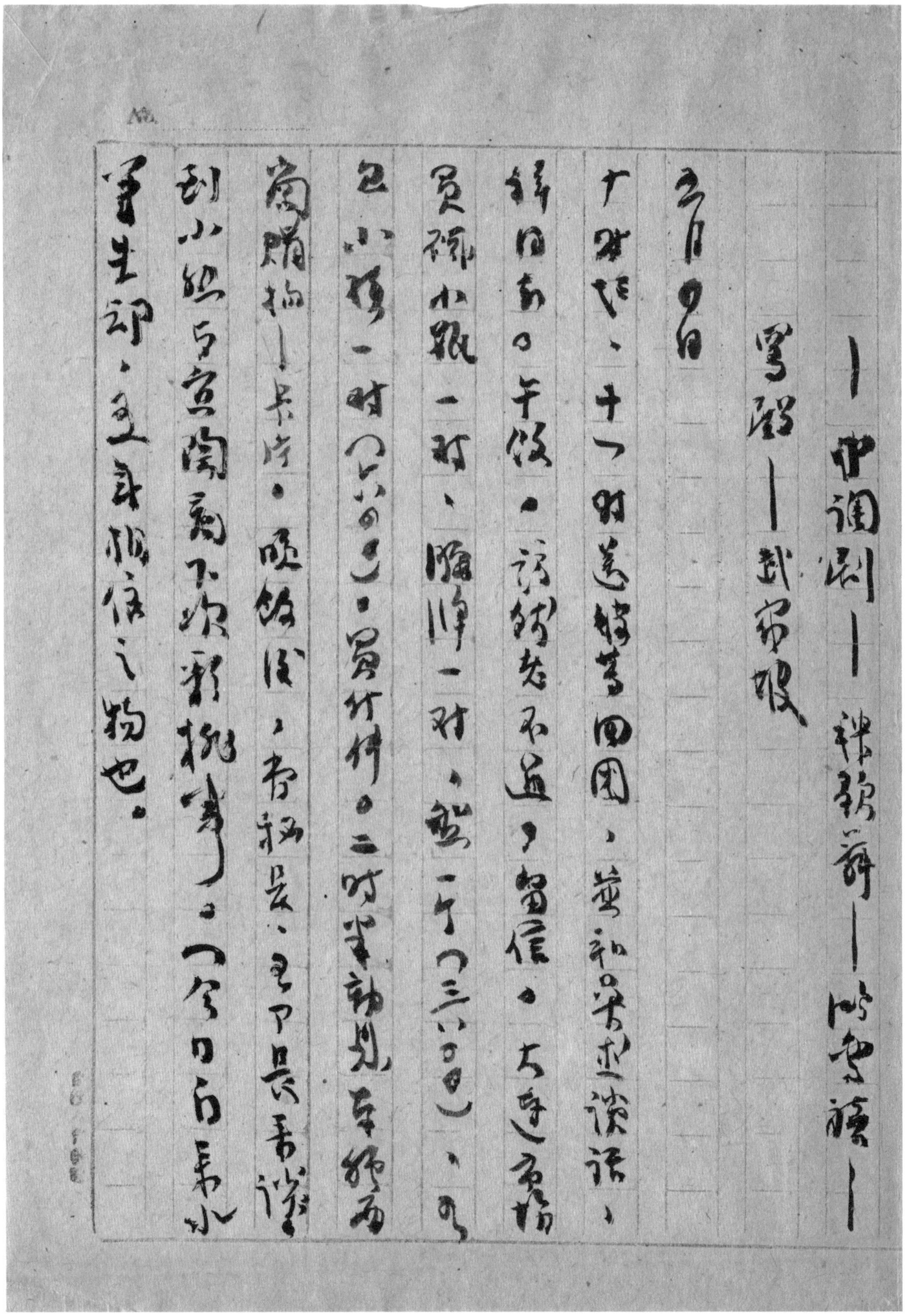
——中國劇——梁鍼辭——嶺南藤——
驚記——武家娘
五月四日
大谷君、十一時來，韓等四國，並和吳君談話，
韓國於午後，訪鈴木君不遇，留信。大連商場
買綠小瓶一對、臘燭一對、盤一個（三八○○圓）、又
與小瓶一對（八○○圓）。買竹件。二時半訪見韓俊鎬
商場掛一長時。晚飯後，齊藤君、宮下君同席談
到小館，與宮陶商下吹彩搬事。（今日所買小
等生部，是我搬往之物也。

五月五日

全日阅完评剧之操作品。阅于二人的剧本，有若谢到好多论，这是由演出对着手日忠挑选出的。结果，还是张家之稿第一。评选经过结果，另有详记。三日晚会我很佳，当计平备的白晚会，晚的後聚那评选结果发表，送到五月的五原稿书已。与我商稿商议东日五作计划，同去在这里展计划。晚同田小五看稿。

No.

五月六日

七时起，与仲达乃周一新书店去大连。公共汽车到周水子转电车。西岗子买书费千五〇〇元。陪同摩部外到东亚、文学山房，李方白、姚震、姚福德、黄某了共五十册。到新华书店见江队，给墨始下午四时会见。十一时许到东亚，给钱，到永恒饭。到新华书店领钱开会了。大连市场米面猪（一公斤〇〇〇）盘一（三分），宝件。许君为去。回电询问，锋钱回。晚，开小组会。

同样去各要会给足，姚与其他负同期报导。

之手蹟稿 10

文山全集 10

牧庵集 8

李太白集 10

惜抱軒集 詩文 6

西京雜記 1

竹書紀年 1

容甫遺集 1

何大復先詩集 1

幽蘭手集 2

玉川子詩集 1

五月七日

上午開小組会——討論黨員、党費、組織問題。午後小組學習会，學習黨務聯系群眾問題之材料。晚覺道之，早寢。晚飯後黨地區一同志青説。午前，前集中二三名，我們黨員一名，實際黨對黨地即青年下開一晚会。晚飯後對小組結婚之研究。懌「早飯前」之黨員職研究。

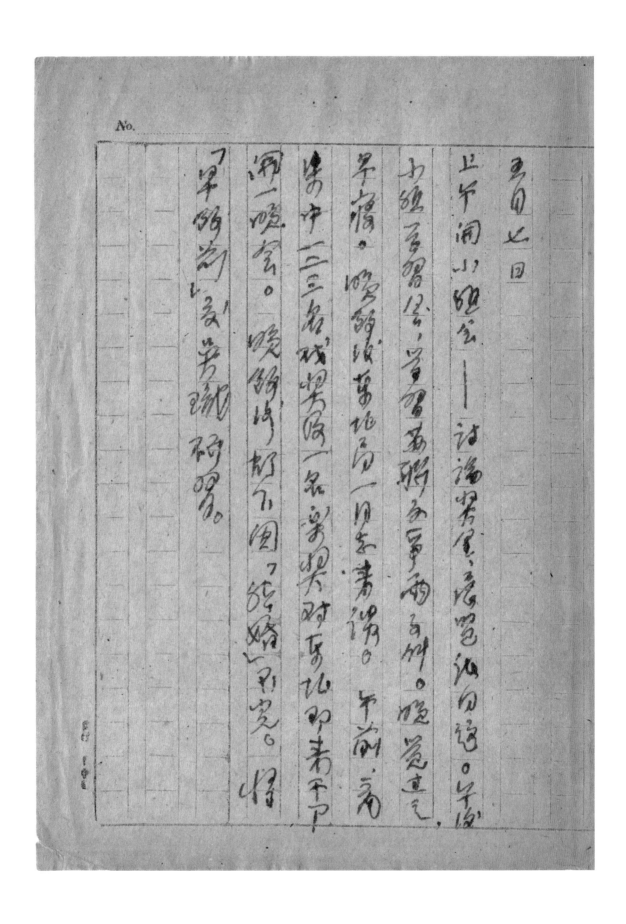

五月八日

為小蘇改稿五篇。午後，至樓房村理髮。回後，看「窮民翻身採訪報告」。擬「黃郡華北史蹟」，安叢錄有關材料。晚飯後，開小組會討論偽選總會，因傅日方達電話，已約定十四至十八日楚亞林書籍一冊。雜訪任前講長傑。之論米尹長，談公司文化部方向問題。公司負群眾與東北局，明年聯合路線發言，將達局中央。鐵約関係，一再錯積穢。

五月九日

結俱樂部所剩稿費點，計二一・一〇〇元。訪宋部長，因其今就赴中學。訪宣傳部[illegible]家洽攝影部攝影。十二時往大連。西崗書店，看架得印度藝術之佛教藝術及埃及藝術史（副）。二〇〇〇 試得敦煌壁畫集，大谷之西域物。家藝劇場演出[illegible]之[illegible]，過藝術書店，陳識。与藝術館目錄[illegible]物。[illegible]江流，發現藝術的[illegible]，[illegible]大連劇[illegible]不能，只覺得不足，因錢時過後天。此時過，孫家又回來。夜，寫[illegible]。

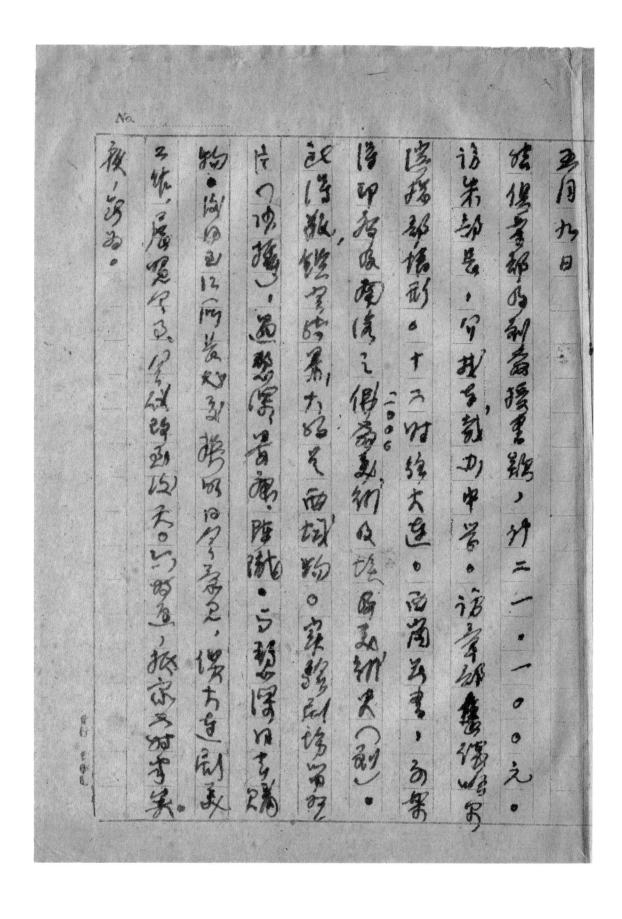

10日

上午准备动身。午后行前开文艺座谈会。二时半动身，写[illegible]日行。近四时到交易所，得典籍丛谈(500)，版画丛录(500)合一册。佛遗迹记(529)。又发现有大批[illegible]书，送至八时，得十数种，10000元。到剧场看12队，[illegible]的[illegible]会。看[illegible]风俗案。七时回谈王[illegible]，决加紧寻白纸，得[illegible]版画三册。

10日之二

1. 十竹斋画谱(16册) 2. 芥子园画传(23册)
3. 知白斋墨谱(2册) 4. 太平[illegible](25页)
5. 浮世绘[illegible]一函(50张) 6. 浮世绘[illegible]画集
7. [illegible]三十八[illegible] 8. [illegible]二函(宝船堂)(113张)
9. [illegible]画谱(3) 10. [illegible]山水画谱(2)
11. 画[illegible]名贤[illegible] 12. [illegible]绘集(3册)
13. [illegible]画式(5) 14. 明刊[illegible]一册
15. [illegible] 16. 木刻[illegible]
17. 支那典籍史话 18. 插画[illegible]
19. 支那版画丛考 20. 支那之刻绘[illegible]
21. 支那古明[illegible]版画集[illegible] 22. 宋拓争座位帖

一九四八年五月十日

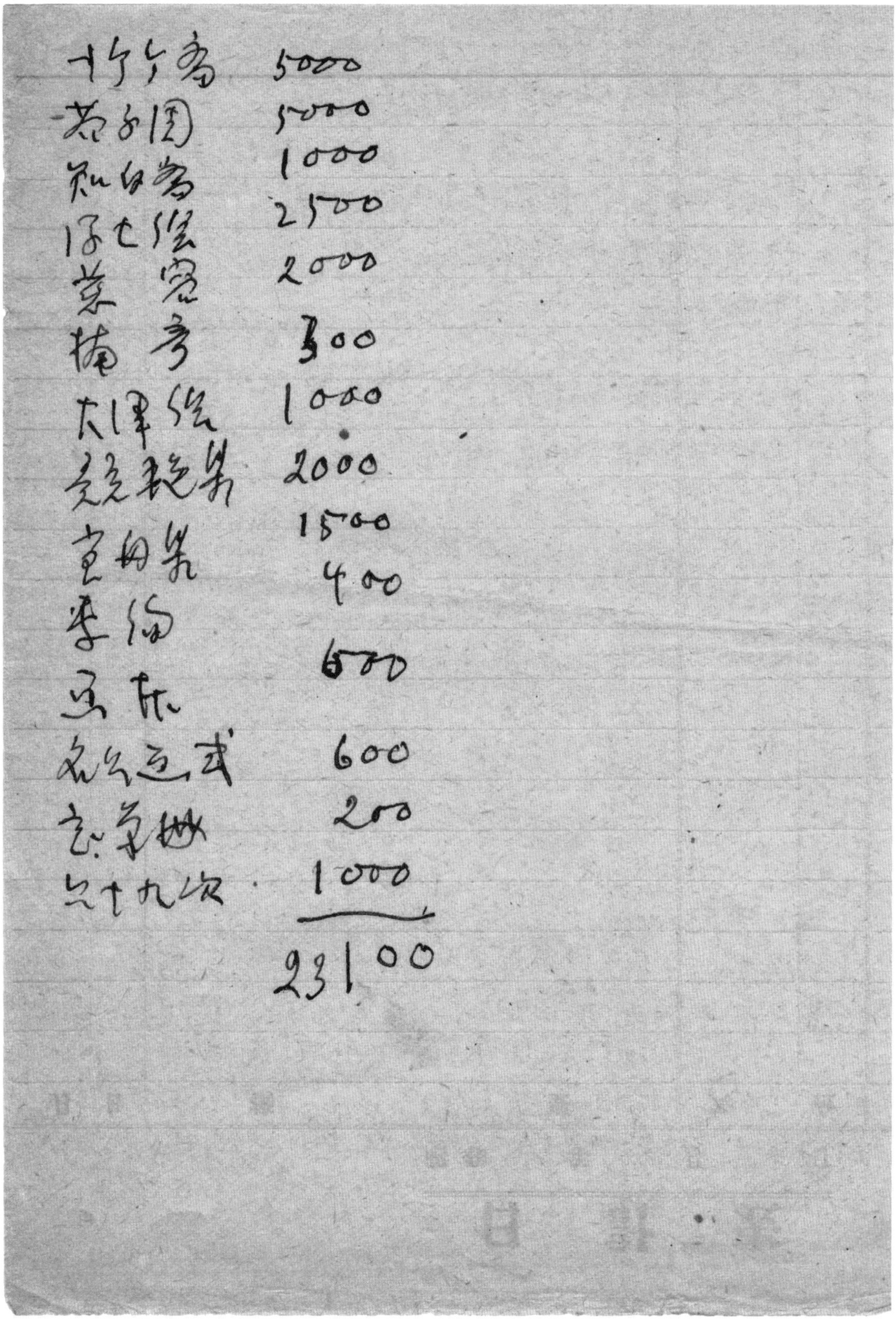

十竹斋 5000
芥子园 5000
[illegible] 1000
[illegible] 2500
[illegible] 2000
[illegible] 300
[illegible] 1000
[illegible] 2000
[illegible] 1500
[illegible] 400
[illegible] 600
[illegible] 600
[illegible] 200
[illegible] 1000
23100

11

七时许起身，至东洗脸。大连早点。买小瓶一对(1000)。到荣宝斋，得某大名公画式，利工各窗，本诗纸送(1000)，送郭沫若绍竹册。送四。到新香闻会。路上，到菽接某来。十时许回会，与柏园拟陈淑、蒋竹及我谈话。与进仁厂长来谈话。以后整理对话等及纪法找意见，至下午三时才散会。到文华，得古网菜(6000)，风汲五(2000)剪纸(500)。晚饭后，到戏院，观新了哥去，殊为不佳。厚辉晚饭来逗。

午后在旅社得鉴印长来，与之略谈。即与刘菽接回出。

又到三仙道买糖豆包(1500)送某村节，后为到菽接买"色彩教育""东西六大画家""水墨画片"三本。

12

晨七时起来，文集洗脸。大连商场早点。九时，到剧团继续开会。结束一意见一纸条，三时散会。到文华，买纸。到大连市场，又到画心四帧(芝瑛，戴文进，赵左，文徵明)，芝瑛较好，取回看。路上为取讨件及芥书介绍信来。晚饭后到戏院，与苏也谈剧团计划。观契果，爱俭瑛写戏家，晚后去拜松下书。到菽接去看芝瑛，不佳。十时回寓。想留晚到戏院。(买铁柜一个1200)(小东桂出了洋来)(拜松下坊二人戏写得极好)。

13

7时起身，往文委会洗脸，访王西彦，未晤得。返草三篇
作作。~~到展览会场~~，买糖二包（1300），到展览会场，卅、11，
[illegible]10000元。来客访乙部长，以糖赠Baby。谈工作
过程后，同访一记，嘱以宋振事本信。读其最近的诗
宋振鹏帖三种，明刊本二函。午饭后回到戏院，借
王名书四部休。之去洗澡。往会场，与刘兹接洽诗
晚饭。到戏院佈置不一会结束。九时归。（为任委部写
诗稿风画一幅）。据振铎云，有汉乙事刊一，索13000，
俟其取来看过再说。洗澡后遂就寝。
到宣处，又到乡至12户册子，未取回你。

14.

6时起，到文委会洗脸，吃早点。买糖二。（800）到[illegible]部
长处不在，到社教团访赵，田，田。访郭沫若书看看：[illegible]
地点，午后看碑。下一时到永[illegible]饭。检查点帖。二
时后，12位[illegible]来，四时后结束。全部答谢。6时完，
宣布一开会。晚饭后，到[illegible]处借50000，三份[illegible]
美术东[illegible]，美之思索，何[illegible]，[illegible]
李梅之[illegible]，[illegible]
[illegible]。十时就寝。
上午全部写回。

李士钊四册

15.

上午六时起，更衣洗脸，大连吃早点。到会书馆，十时半返。得南田书牍
一，玉露丛话一，竹垞字卷一，刘燕宗述集残本一。十一时许，与母赴
国营画展。午后，鲁深田来，因与编辑序一稿。吴起来，约去
coffee室谈约二小时许，大家决全部加入。午四二时与吾妻
陪歌舞团，四时来看画影。东北展览会到人甚多，白虹等皆
到。七时吃饭，已去剧团，已演完，返回。
今日把刘哉接到史笔借70000元稿件照相机钱。
史蔑送来李明也法二册一册。

16

昨夜失眠，至以夜三时公安局来查户，至四时许始入
睡。七时半起，八时许到会书馆，因周日停放，乃折返旧
书店小坐。后赴江陵的去他家，解决明日会议内容，更
换字句，解决Tooo。去西关，得马大全仙姑志又一本。丙寅
明刊本残本。回展览会。关东日报特刊出来，宋玉报介绍
新闻，大连日报新闻出来。至承恺处写稿，午饭。饭后，
谈搬家事件。饭后陈陇相继来。十时至江南部长处午
饭。书一封给日本，以要求大楷纸三，並与之同去大
连市场。与金女士同谈话。刘哉接来，研究展期问题，
决定明日与戏工会商量解决。决定明展期，一并
八时回家。陈部长夫妇来。今日晚饭在二十人上。七
时半闭幕。在文奎堂得“晚香画谈”（四册）本版画作方（13
00）。去大连市场得万历五彩杯（2800），一并带回画来。
史笔员十批刻书，借给编辑组。到戏院5则看戏。
十时半回家，看今日的得书。

17.

李世倬册页八片　　陈簠斋瓦拓34片
祝册页六片　　南田书画扇子册14片
钱贵武横一片　　王士禛书横一片　又一片
文嘉阴会堂画卷一　　倪文升书横一
王石谷画横一　　镜十面

七时起，又往洗澡，大连食早饭。步行至各书店，收十册旧书并箱。十时归寓，十一时40就。到展会，与李翰章同访。一时半同出至友好(周)宗。至刘张家，刘芦，聚宝，友好，古汪，匠书，板记，诗棫阁。又出至，时完。至展览展三天。逢明日一批人回去。晚饭。到刘芦，全未。归，知明天七楼。夫微雨。灯下整理照像。

18

签了瓦17　　张辛世子一片　　古石写拓共21张
刘玉安诗三页　　又他人三片
颜造象二片　　钟形摸一片
造象8张　　铜器一片
造象碑5 6张　　张雨院阁亭六片
张铭子三张　　王国维写横1片
小拓12片　　包世臣画稿三本

六时半起，又去洗澡，去适早餐。去书馆。十一时半出，至展会。同郑长杰，同至永和吃饭。二时后至书馆，五时三刻出。整理，同郑日至展会，谈今日大连日报所载我的谈话。要闻第一篇。不甚为指出。八时至刘芦，刘整契以同许之或展览。陈绍宗晚饭，谈二位世好，他无可取也。十时芦以谈书阁之。十时半归，灯下整理日记。

八月十五日

关东解放三周年。

忽起，写特刊稿。九时至职工总会与编剧小组研究写作方法。十时才到文艺学会，说已来过。急回，续续稿，下午二时完，又抄好稿子。

晚读湘北的四幕戏，续读出向道。

刘岩接韩芳信，日前亦来住。

续阅东北杂志，读过高尔基义编辑记，十余册，以三千

三万元买小说编归。

与何其芳永福谈晚饭。

買德國製旅行錶一隻，三五〇〇元。

買電熨斗一隻，二千五百元。

飯後至關東日報訪柳青，未遇。至新華書店，看半部似女前部，五時許回。

時天已雨矣。

灯下，寫了工廠戲劇的重要形式，終之僅一冒頭。

午夜二時寢。

コクヨ（九十八号）

瀋陽日記（一九四九）

一九四九年一月三日至一月六日

一月三日　F5　W1

昨夜大雪，为廣雨今年冬降第一次大雪。

以房中水汀夜间过热，並盖被亦甚不佳，天未明即起。

写大连信。拟平剧团登记表格。

總務送茶壶、茶碗、茶叶等应用东西来。

张民同志来谈，他今日回厂。（经大连、前卅里）

早饭后，与克利团长谈剧团整理问题，至十二时始去。

饭后出，将家信等並给吴经理带大连。

到松江浴室沐浴。

三时，归家途中，遇郑景康同志，知东北画报即在附近，乃同到他处
小栗，并约定明日同去看秦友梅、吴烟英戏。
小栗、守祥，合买美国圍巾一條，用去二十万元。
买日历一个，用去九千元。
晚饭后，乘马车回，途中甚冷，寒气袭人。
归后，搭钱买烟及苹果来。
七时，政治部开欢迎会，欢迎辽一部分新到同志参加，平剧团主
干演员均到。李富春、组部长、政工部长讲话后，随即参观了
後歌剧。
演的就是平剧清唱，錢新者在各方面都进步，青衣花旦不错，但稍缺

小生日衣彩。

会后平剧团的诸位，诸段「袁樵从林其正翻身」。

阅王萍信与东北书店，范路至摘要册。

一月四日 W6 W2 雪止，寒冷

天未明即起，整理书目。

政治部送鲜牛奶来，每日一磅，分早晚两次。

早餐时，马主任告知，汽车在修，修好后给我一辆。

十时许，到若泉处，同往北市场共益舞台看东北文协平剧团戏。园子完全旧式，极冷，观众出押挤。戏码为战宛城、扫松、抹慧娘。人才很整齐，演员水平比新声好得不是事。以我说之，以嫦娥（如林鹤的小生）的老生与舞姬，唱做功较鹏为高十倍，秦友梅唱得很好，我看做得不坏，听说武功尤好（还有说她不是秦梅的），我做得还要好，可惜她今天没有戏，很有再来看一次之意。

与吴象同去吃饭后，小惠以胃痛甚，同去买胃药一瓶，用去十二万元。

归后，以在园中坐得过于疲乏，只好早寝。

一月五日　下7　W3　晴

未明即起，理书自完，拟平剧团报告提纲。

コクヨ©（九十八号）

吃早饭时，在马主任处遇见东北联大宣传部长——何大连，
联校主任委员——张诗联，二人谈甚久，并知立三同志又已回
到瀋陽。
何部长昨回，马主任今日去看他，希望与我见面时间。
他们要我较长时间留此，我同意，但要他们请示中央。
归后，马夫人来谈，看小马母女像。
在家整得档图后，到小市，买手套一付，七万元。
到沫若、初梨处，同嘱了戏张像。旋沫若去电报告，将李闻主
者予与他。在初梨处小坐，即辞出。
已建新闻部部长，未回，知他明天不去，留条。（他昨晚到的）

回家進餐，七時即寢。

本日參觀者不開門，則暖氣未安中，續工作。

明日擬去皇宮（城內故宮）看「四庫全書」。

二三日後，即進行了解工廠，準備工作。

一月六日　下8　W4　晴

未明即起，續日記備寄大連。

七時，到建設部各處訪譚部長，談至早飯後歸回。[redacted]

關於留瀋問題，何部長與顧問談，須候李富春同志自大連

コクヨ◎（九十八号）

四，看他能否发电。因中共此番调人，有整个计划，将来可发动也。余但听命令而已。

归访马主任，偕东参观皇宫、文渊阁、及博物馆、东城内，新住处，约十余里地。

毛主席云：一九四九年的胜利，必须与纪律结合，否则革命的可能失败。

皇宫破败不堪，连旧日地主庄子也不如，不知当日皇帝、皇妃、又何以此度过寒天？（大、空、冷）我觉一切，应不只建筑上的空殿，再陈设亮。陈列宝物的珍品，大都为蒋党携走，宋元的东西均运出。但文渊阁四库完整，云已准备起运，后未来得

後。去逛祇拍了藏傳佛像。

午後，到大光明電影院看了女政務官。

以後買了些應用物品即回。

看故宮撥回展覽會冊子及書目。

克利同志來談劇團事，團事何已解決。

以後，即先寢。

コクヨ (九十八号)

平津日記（一九四九）

一九四九年四月十二日至九月三日

一九四九、四、一二　下十五　W2

遂文村送去华，致天津天华公司信，以备华男随军南下时存件。并向文再借三百万元，合只一千三百万元正。俾拟调工人文娱手册目录，以备写编例、搭样等等。

然过嗹报，托其写一篇工人新旧婚姻的劝告，加入文娱手册。

去附近古董肆买得玉猫石兽一件（一五万），玉碗、玉军器、玉器杂各一件（一二〇万元）。

到新华书局买鲁迅全集。

归后整理新件，准备下午动身。

写工部诗美国韩文集，由饶世工手。

印契約仍未簽訂。

午餐後，小憩，即將舊書送行李房寄回，計二十五件。尚有隨身帶者約十件。繳行李票費用一八〇萬元。

二時半訪劉賀之即同去上車。

四時十五分車開，尚不擁擠，廣播器亦無聒噪之嘈雜。

在車上讀達夫「閒書」數篇。

10 20

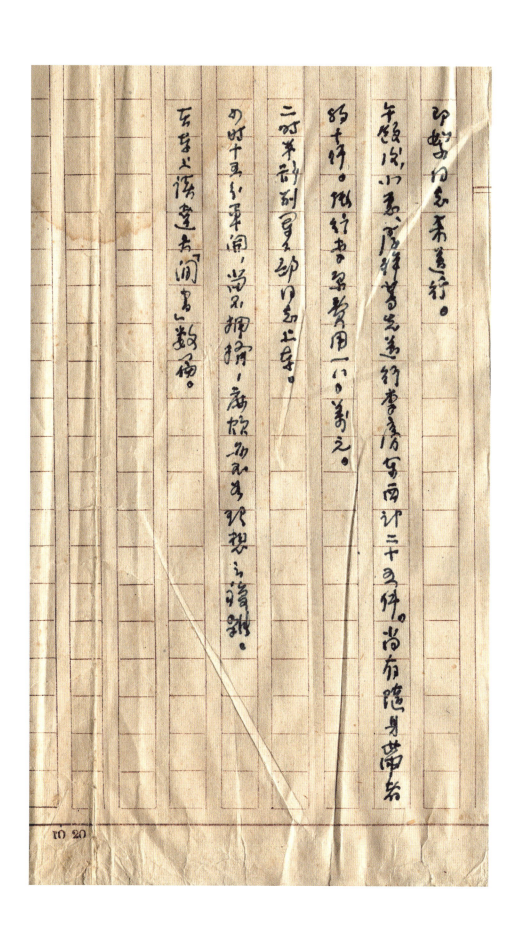

四月十三日　下16　W3

東於上午八時〇十分抵山海關。因往天津车晚八时開，住山东旅館休息。

此地有兩游览处，一為「天下第一关」，一為孟姜女廟。前者離站二里許，後者十二里。十一时許，乃往「第一关」。由车站向北，入城，仍向北，东折，即抵関。此一帶為闹市，商業尚称繁荣。粮食等亦較滬為賤。関实为城之东门，宽约三丈，楼四层。这城有一套门，外半里至一里间，又有一大围城，此为关内矣。上至关楼，这似係民国改建，已颓圮。由此远眺，势极雄壮，万里长城之面影，今始入目，为之快然。思及始皇之兴建，三様之城关，怅然有感。所「天下第一关」石刻，已为日人窃去，今锁者镂阁内之旧木匾，与外面影相之额。乃在旧额前摄得一影。

孟姜女庙，以路远不能去。附近照相馆，有孟姜女造象及墓地，及万里长城小照出售，

10 20

小贩の善之，乃赠我一个面包。

四时，偕往破烂市，小惠買得北新版「旅东情報」一本。

午饭後，到东站办理提取行李，再行交付转运手续，到五时始竣事，运输费較之富高，铁路五之一，人民常肆用之。

六时晚饭。读学写字，八时继行。有之谚为秦皇岛，时已夜，但见电灯光茂密错杂而已，深以不能当此一游为憾也。

车中人东北，以老百姓过多，临时放入，

遂至捆擒情况。一农家女与舍亲，与之谈谈，据云系贫农，家在天津，母女二人出关，介绍至该地，今回天津家探望。但是恐为贫农，殊难判定，因一般农民，土改以後，不知其根底，大都以贫农自称也。

不能瞭，但依衣饰察而已。

10 20

四月十四日　下17　W4

侵晨，車抵天津东站。下车後，乃先觅得一小旅社——群贤旅馆休息。旋至街头买「天津日报」及「进步日报」阅之。

小时许，到人民银行宋乃器之住，嘱至中央信托局閒，信托局告知去对外贸局问。到问，知宋已往大连、鞍山、沈阳一带，只夫人陈宜芳同志在家。晤陈後，由彼电告黄司令。旋黄司令派車来接，遂至其官舍。

由侍从署领至黄司令室，多年不见，只握

供之情，然就語言此態度。市長黃敬同志，及警備司令（原在三部八號），均先後來。黃在此尚有二日。陳軍長與饒政委將主持作戰，彼詢余可能調他之工作，一說為將調出。如不去作，即隨彼入湘。遂決定在此小休，待文物運到，即先赴京，留家屬於此，以待工作決定再動。彼身體尚好。以詩及他的傳記材料問題，彼意中央恐不能同意發表，余謂此種歷史性質，不預備現在發表，將來無須經中央同意始發表，彼以為然。關於工作，彼意以需要為定，如

10 20

上海需余去，可不去湖南。聞西北志，東野已來調，改往京未回。許滌新去此。因余之來，

得見一公未出閘。

旋由天津侯秘書帶去與余至旅社，接小惠等同志於睦南道市府招待所。旋又由招待所去，去東站取行李。

招待所地址清靜，房屋亦較遠勝大和旅社為佳。余住五號，劉舜揆與小惠弟兄住六號。頗安甚對。

下午，劉舜揆及小惠弟兄去街，余以過疲

並整理行李未竟。

晚餐後，大家同去附近散步。英、美、法僑民似不少。此地對美英法政策，似與老解放區有若干不同。

歸後小休。又整理行李，至十時許始寢。

近日[illegible]，大約因過於疲勞，又多焦慮之故。咳久發聲啞，請葛医之，謂係為此病也。

10 20

四月十五日　下18　W.5

晨起後写信数封。寄瀋阳马文一、谭伟一。寄大连朱陈部长一、一诚一、小组一。旋又整理行李，至十时许完。

補作離瀋後日記，至午後一时完。

与了兒母女及刘茂接等乘车至罗斯福路——天津最热闹的街。情况正似上海，惟不及其宽畅繁荣。见一刻字铺内，有玛瑙旨章，可与在小瀋小巷之購者相同，惟不及其遠，但索价竟至七万五十元（每元值瀋币五百）。後至而如古董然，無特出精品，但一般售價，至少高過滬市十倍，不能問津。在給沫若信中已說，庶不進古董鋪，祇好逛逛地攤了。

書店有新中國、大衆、智識諸家，新書甚多，然不能力購致。買則，當能寫出一部「解放區文藝運動概况」也。但仍思能先寫一篇「解放區戲劇運動的特徵」。

去勸業場茶樓坐至五時而歸。

為雲兒買皮鞋一雙，三百六十元，美國皮鞋皮硬，仍較逛地攤美。

10 20

归后，得洪藏、黄亚欧留條，彼等盖同去不久。维修小组与续通电话，并去访，拟电话去，闽西同志已自北平回返。

与刘教授闲谈，其必要时，可为天津做两件工作，一为工人教育与专职教育，二为训练各厂负责干部予以何进行文娱工作。明日访黄司令与闽西同志时，当研究之。

此地电力为二二〇，余以一二〇灯泡加之于灯，立破。改换照相灯泡，可能又需另行购置矣。

到录斯诵场时，将改写各信寄出。

晚，写「关于本行上台」完，约三千字。

小惠、厚铎回。云关西二三日内即动身去武汉，得罗等随去。明晨当往访，可能时，想请其写一篇纪念钱毅的稿。

十一时许就寝。

10 20

四月十六日　六　19　W6

六时起，作「论工人是否应该演悲剧戏」，约二千言完。

早饭后至军管会访黄司令，已外出。遇阎西同志，小谈后，同赴卫戍司令部钟伟同志处。王去开会。旋与钟同到周彬同志处。已陈志芳同志来。李恩求新在十二纵，以开会未能晤到。坐至十二时，由陈芳送回。

写信与吴传嘉同志，现为十九军政委，任武汉，彼即将出发南下。

闻一说已决调武汉，长江、俊瑞等均去上海。于伶、锡金在平，夏衍不日亦可到。

午饭后，到陈定男同志处通知信地，随去找信。到劝业场看旧书，價稍昂，一未能购。买枕巾一条（三〇〇元）而归。

看材料预备拟写「关于二流子形象」一篇。

晚饭后，刘斯同君来访，彼盖从上海回来，余不知也。彼到华中局，旋又与陈毅同去平，现在此待饶来，即回华东。余拟俟饶来再去京。

10 20

已閱西、茅煤同志来。谈为下厰文释作报告，及五一展览会事。至十时许始去。

闻閱西言，钱踏远有信来，以又将生产，仍留盐阜，凡一已调苏州，拟即寄一信与之。俟工作定，再将彼等调动。

闻与国民党方面和约，即将签字。时势即转，可能即将南下。工此补稿，需修二三日方遂成之。

十二时许始就寝。

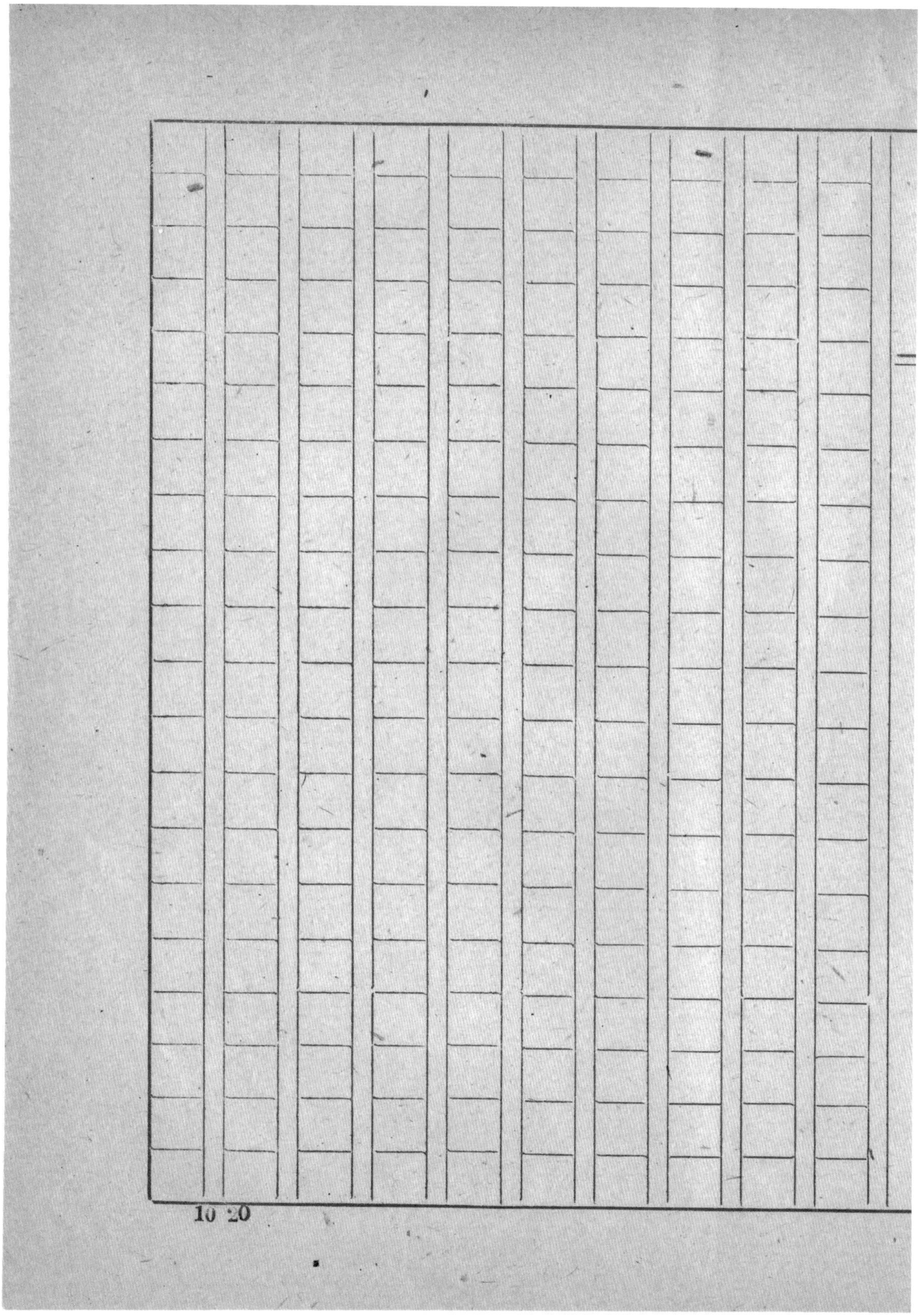
10 20

四月十七日　下20　WK

晨起，写关于二流子转变一篇，不及二千言。

早饭前，到军管会访黄克诚同志，谈约一小时，并托保护书画文物。访陈志方同志，不遇。访周扬，又不遇。均留条。

归时，陈宜芳同志已来，午饭后回。

写《工人是怎样转变的》，未及一页，即思入睡，乃弃去，睡至四时。

晚饭后，在附近散步。

大约因连日早起，精神仍不舒，未能继续工作，八时许，即就寝。

10 20

四月十八日　下21　W1

写『工人是怎样翻身的』，题"庆盟但"，写不成功。乃写信，计致绂珊一封、柳亚子一封、长江一封、周扬一封。

天津日报发表我来津消息，但误为自华东来。

午后寄信。买帽（五五〇），到周扬处取得美国左翼一枝，洋五十颗。书寄校尚未送到。

王钧，文艺知识请吃饭，在安利新（粤菜），去第一区漫江道北山，约明日为文工团作报告，并知闽西已经去平。

归后，决定与刘翁接收天各请事白。

10 20

四月十九日 下22 W2

準備講演題綱。因时间匆忙，祇預備"工廠文藝工作的理論與實踐"二章組織領導問題篇。

九时，李来接，报告至十二时。听众为文艺处及各文工团员。各报记者不到。

文处吃午饭，二设圆。

刘荀接随李去，作下午报告。

文物到，但须调李费一万伍仟捌佰肆拾元，数量过巨。而手边又没有钱。即至陈宜芳处，因客不在，他不能作主，為電話係秘書。彼對此數目爲大怪，約予去軍管會，用其名義寫一書問郭局長。後至東站，云郭在北站，又失不知，乃回。由此向交際處長往說，據復彼等均覺數目過大，將來關內運輸，將成問題，允加研究，明晨決定辦法。

進步日報記者張高峰來，取報告原稿去參考記錄。

文彬處帶來稿紙百枚。

晚飯後，劉舜接与小惠弟兄去看電影。文

10 20

隊如來的看了「闖王進京」，頗為已成，余因循無新意。

文教部黃松齡部長來帖，約明日午飲。浙江銀行總裁約請改期，乃以電話通知。打電話與徐秘書，無人接。

睡過早，可見猶在打仗也。

一九四九年四月十九日

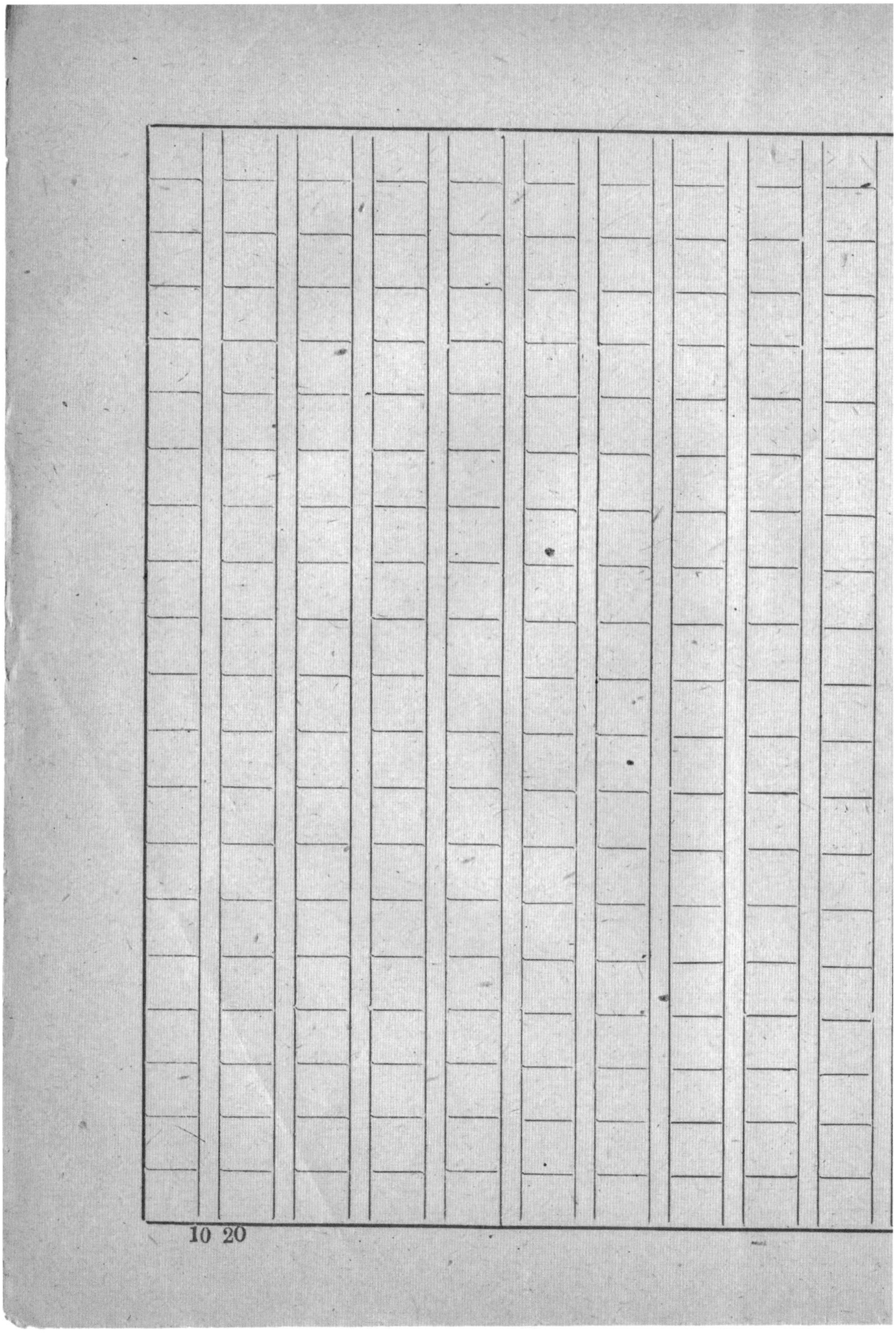

四月二十日　下23　W3

起身後，寫信二封，一致初梨，一致曉邦、印鑒。

給軍管會聯黃主任，給取文物了。

歸後，詢孫同志，云已將鐵道部蔡偉介信，先將文物取出再說。

整理文獻材料。

十二時，赴文藝部黃部長約午飯。開西、秋紅、楊朔等均到。洪戒、黃烈縱加來，多年不晤矣。

飯後，偕孟博同回。

秋江帶送英日報稿件自校來。

訪劉葆楨、霽、祥等往美術館。

續草隨筆「工人是怎樣翻身的」底稿成。

劉葆楨回，知有賞畫集插頁多種，攜以回去看一看。

六時許，文物取回。

晚飯後，理件二箱。「衣箱」、「古董箱」。「主要的為古玩意、盤盒、墨、花筆筒、宋蹤印泥缸、宋瓷小罈等」。

10 20

四月二十一日　下24　W4

早餐後，陈学昭同志来谈。她要下厂，要我们告诉她些情况。将了工厂及妇工作的理论与实践，给她参考。

理书一箱，不完。

饒踐鐘先生来访，上海旧识也，彼现在浙江实業銀行工作。询以天津攻破事，闻人民对我意见。

午後，至博物館，见拓东马衡，均要以後物，俟画象等待理出，約後日去看。

五时，軍管會請全體赴平學生晚飯。黄主任因病未到，由參謀長、秘書長代表。飯後出群英會戲。名演著要的。劇碼為奚嘯伯、陳永玲、楊寶森之「伍子胥」（包括文昭關、浣紗、魚藏劍、刺王僚）四劇。李多奎單演「斗寬楼」，耳寬矣。

近十二时回，小休即寝。

10 20

四月二十二日 下25 W5

晨，編目四箱，至午後三時終。

抄録第八篇隨筆稿。

收到亞子先生信，彼住六國飯店136號。謂滬上有「錢毅紀念集」之刊，彼爲題一詩，但書未見。彼允爲錢毅作傳文。

三時，至軍管會，見主任，病尚未痊。

至陳宣芳同志處，借人民幣伍仟元，知乃德同志明日回通，彼現任播音部長。

歸途於琉璃廠買得周作人在敵僞時期所刊

三集：翁常熟文、龚定庵诗、书房一角，计二百元。

归后，分给刘葆经佰元，小惠弟兄各三佰元。

晚饭后，吴传家同志自武汉来访。继接信即来，信闻形同未知。最近要出发。相与谈别后事甚欢。言及发之，不免黯然。又谈及天津城破时之「出洋相」了，颇为发噱。近十时始去，约明日下午二时再见。

10 20

四月二十三日　下 6 4/6

起身後，清理書二箱。

遊到周彬同志處看吳強妻。經偉軍長亦來。取回卡賓槍一枝，並得三十五顆。

住處為馬陵遠宅，有四部叢刊、萬有文庫藏書，高洪周主任，舊之藝術館。當無線電台接收。

午飯後，上街，買瑪文楠讀新詩一冊，六十元。有墨八三，高約七八寸，尚佳，索二千七百元之一套，無力購也。原擬買另觀奇一套，另二部不佳，並已碎裂。

剔寫陀兒等物。

归後，修理三箱，尚餘剔件一箱矣。

晚，吳致安来談，至十一時去，彼明日回武漢，以照片一幅贈之。

理箱，至一時許寢，因夕乞不睡也。

10 20

四月二十四日 F7 WK

上午，看工人画稿全部，并加择要，以备写总览全文。午后睡至四时，再续选定。晚与刘家接、小惠、作蕃动类之翻改决定。

收到陈学昭同志来信，并「工厂子弹工作之理论与实践」原稿。看毕，又收到马文同志信，并寄照片来。

今日号外，南京已经克服，前锋已逼苏州。芜湖亦于二十三日解放。国民党大员飞穗，真不堪一击矣。

晚十一时许就寝。

10 20

四月二十五日　下8　W1

饒漱妻昨自北平來，住解放南路二十八号起士林。早飯後，前去看他。希望我能去華东，並主張於下月十日前趕到上海。估計上海二三日內可下。中組自然，三の日內當去一办。南下者甚多。他今日午後即動身。

飯後通知劉斯同志等，依陸之約及周吾作來，請她寫小時去。我乃作書与錢璫及馮雪同志，托劉芾去。

閱於小組，与饒漳，調回華东。作書方組

以律只夜同去，未發。同學起早發，仍有待於考慮也。

劉斯托帶信給中組干部科長廖志高及吳姝郭瑛。中組地址已搬來，在北平西單牌樓總里胡同一号曹福林公館，外邊勞働大學，電話二〇〇七二。

午後二時，訪黃主任及侯秘書，均往開會，未遇，略備藥物而歸。

團開會日隨從南下平專車，有長江同志等。四時，乃隨劉斯同志去車站。會到長江、劉

10 20

光文、子佼，吸強偷罪等。約半時，去聞，返回。文藝工作者會議五月舉開，不知我是否要待會後始離南去也。

長江云，藝室山已廣播南京克復，但未証實。不過，南京昨午爲義兵外云。

歸成，與沈君雲同去漢沽。續自平來，仍回大連。續聞任大連大學副校長。

晚飯後，與隊知的至平安看蘇聯片，美世節表（鄉村女教師），極佳，至十時許始回，已疲乏甚矣。

一九四九年四月二十五日

补写二日日记即寝。

10 20

四月二十六日　星期二

七时许，到美会送交通知，由门房领至甘剧协宿舍，找萧楚及孟波同志，俟二人醒觉了。他们说，我之写安好将举行，拟借两为一，这件。谈马达同志来，云即去接头。他们并以电影券十张，可晚译看英、吴小凤戏剧五编见赠，又由德等例字送到宣会。

到黄之任处，宋乃法同志亦来，彼意前晚回也。约与谈谈，至十一时许，先辞归。

清理书一箱。

午後小睡至三時許。旋到附近排隊。歸後，戚之金送信來，始悉人去保管室了。寫大連信數封，一致一誠，一致朱毅，一致許克東，一致許偉，預備交沈其震明日帶去，彼等明日行也。

晚飯後至附近洗澡，買新出晚報，與我俱多，大概要沉寂數日矣。

又理晉葉稿二。

十時，寫殘副隨筆第九篇及第十篇，至十二時完。來津後寫稿篇字矣。此篇為特迅於十

10 20

。拟明後日续写两论文——工厂戏剧和今政策与工人运动两论——，以备选一之用，然後即去中组。

小休至一时就寝。

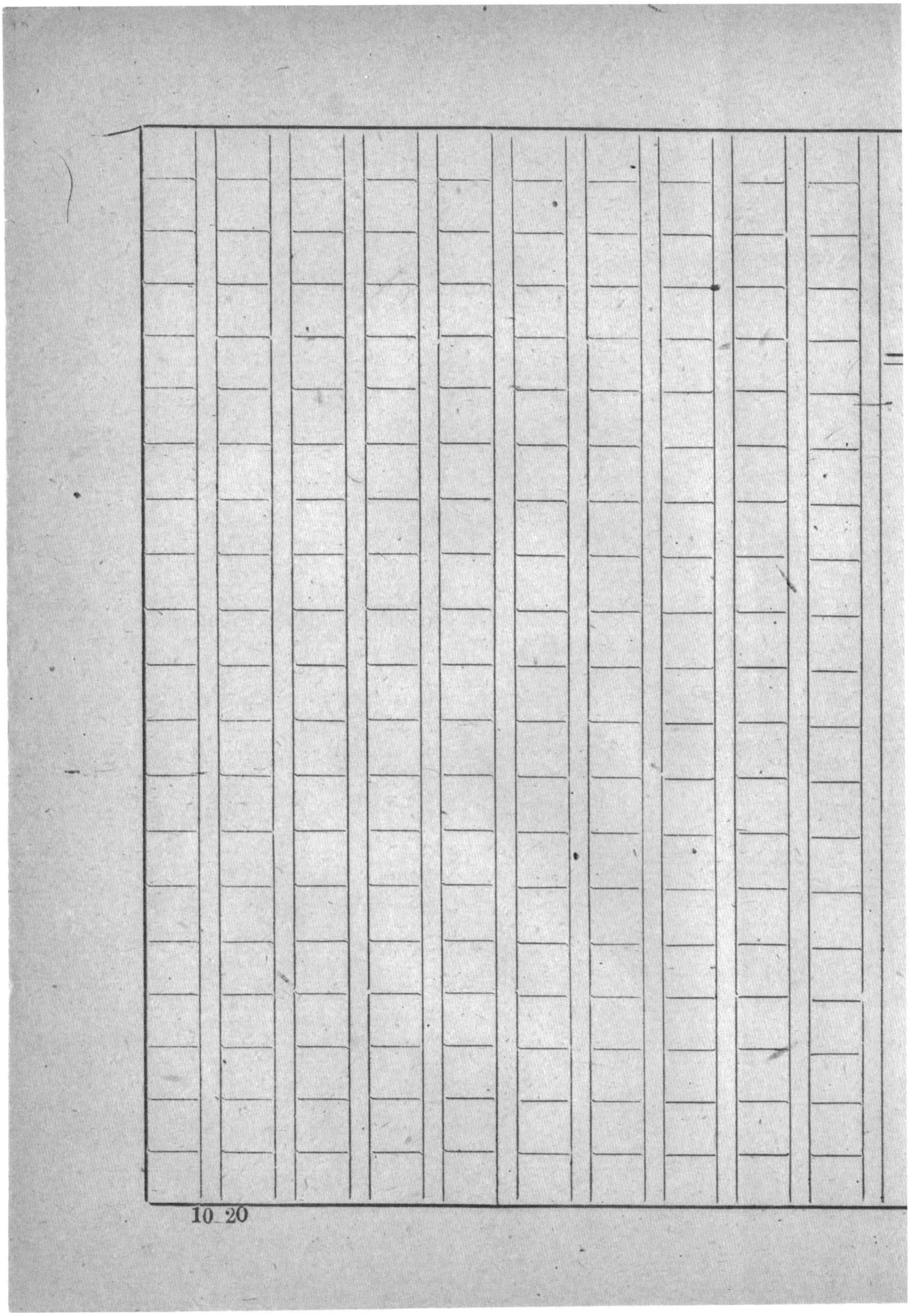
10_20

一九四九年四月二十六日

四月二十七日　下10　W3

九时，与沈其震同志到接管部访宋部长，详谈到十一时，我去接工会俗展览事。时刘敦接、小惠已到。后负责人已外出。与其他同志接洽。人员须备并要我们自己负责，他们祇寻到出一场情，事殊难办，拟作罢。归后连打了四次电话与文艺处，均接不上。

午后，沈其震等动身，将昨写信交其代去。读小说约一小时。起身后，校随笔十五节完，已晚饭。

饭后到上平安看吴小鲁六月雪，及谭富英战太平，至十一时许归。灯下考虑，颇想俟明日结束此间工作，为速赴平。

10 20

四月二十八日　下料　W 5

早饭后，到指挥部访宋部长，并偕作人、志钟、翁元。旅同出，余去罗斯福路下车，往中国大戏院买明晚戏票五张，计千一百元。

归途中，遇钱军长及黄政委。

午饭后，与小惠同去修表，一配洗修，计二〇〇〇元，五日取件。

小惠去逛书摊，我去浙江兴业银行，访钱燕铨同志。

二时半，到光明看「三次攻击」。

晚，馬達同志來，談展覽會事。梁定明天
与陈翰同志作角度商谈。已陈翰同志约来电话
，希我参加。
理发后一翻新件。

10 20

四月二十九日　下2　W6

早飯後，与澤祥同訪吳政委、經軍長。吳以手槍一枝、子彈百顆，暨美國雨衣二、褲二、襯衣一、毛線衣二，及其夫婦照片見贻。聞黃主任去平，遂未去。

午後，与小惠至南門一帶逛舊書攤，及舊書舖、古董舖，凡數十處。傳奇、小說、通俗無精本。僅有一乾隆本雪月梅傳，且似後印者。有閔刻世說新語一部，索四千元，無力購取。又有翁齋造象拓片張本，及陳無聊帖，均擬購而未購。僅為小惠買得書數冊，用去二万餘元。我買屋用小書架二，二百元。

發現東總為編譯課時所編丁曉明小品文庫上，我付二百元。

歸家已四時。

今日上午劉蔣接為小惠去職工會開會，此次定五一先進選工人典，明日前往營選。蘇聯介紹展改五四舉行，因翻譯來不及也。

晚飯後，去中國大戲院。遇盧耿、王又娟二東影電閱。李少春、葉盛章（前後搏空）新

10 20

水濂洞、闹地府。袁世海、叶盛章、李少春合演连环套御马带双钩。以袁世海之窦尔墩为最成功，演出了淳朴的绿林英雄性格，刻划极细，伏线亦并加表现无遗。两二折段，黄天霸黑一如木，并不像英雄。

十二时回，阅读至一时始就寝。

为孙儿买袜一双，二百元。

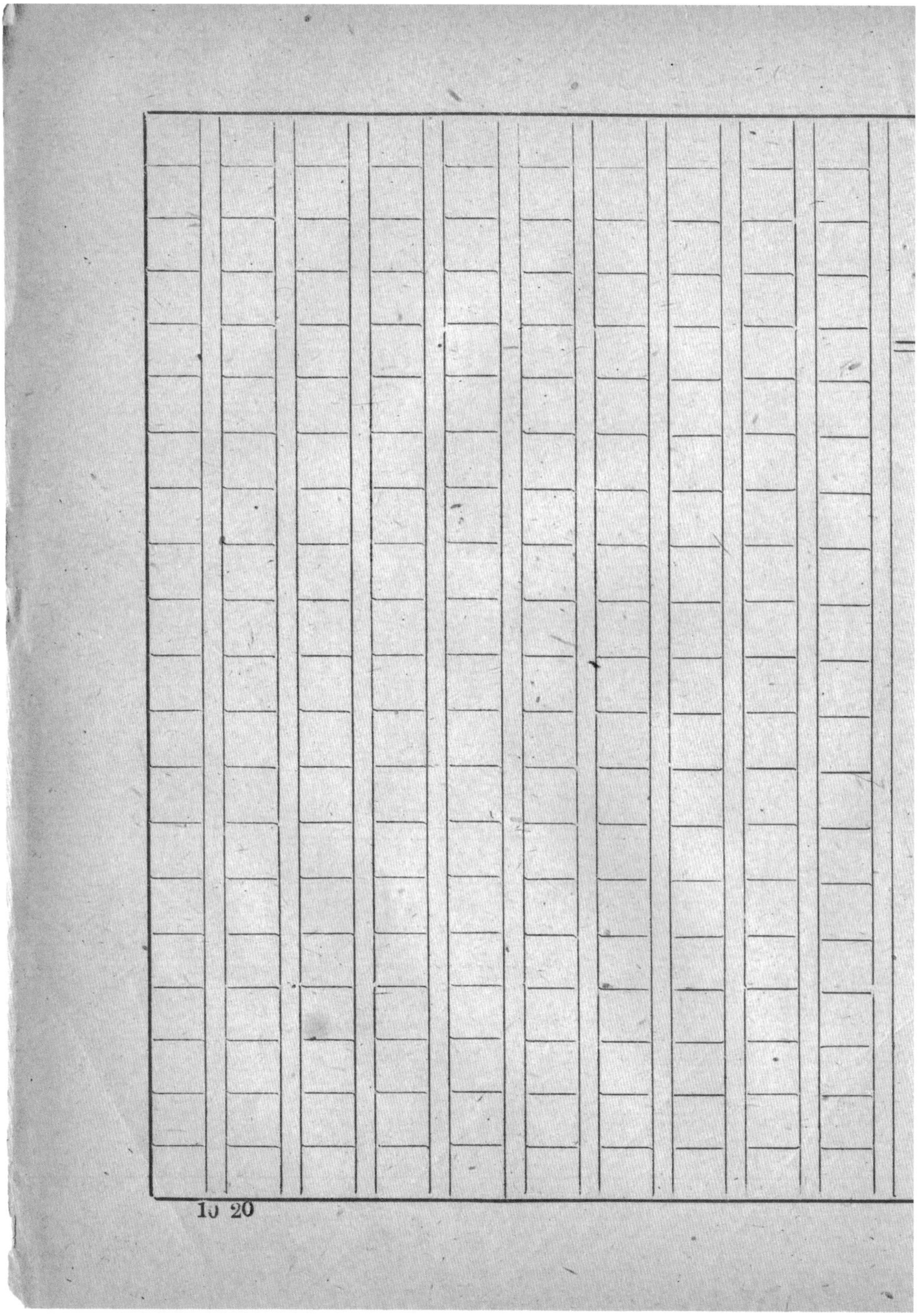
10 20

四月三十日　下了　W6

早饭前，写信一封致李克农同志。

饭后，至美术馆访马达同志，值外出。至文艺处看蔡若虹同志，接谈苏联美术展览事。蔡若虹以彼著新出版之工厂文艺丛刊「鞍工」及「献礼」二种见赠。后至军管会，费来田，值外出。书局不在。看王象楼长，作小谈。归，值外出，至道全至孙冶部。

在接管部与联络大会途中，拾小市。与若中买得史话同治刊本，书等本刻嘉本合订本五册，为弟兄各集刻本之始，殊尔奇遇。书价二百元。内计收以下各种：

焚宫（建文帝焚宫）丙申（二十二年）文圣堂刊

窃试闱 丁酉（二十三年）文盛堂刊

焚宫分焚宫、落发二卷。窃试闱分脱李、别母、会弟、自焚、乱箭五回。

会法场 戊戌（二十四年）文盛堂刊

分上下部。上部收痛别、留契、入府、发蜡四回。下部分洞房、训女、拷

10 20

章、学句四回。每为逸诗一首。

瓊樓　文盛堂刊，年代不详　四回

望兒樓　戊戌文盛堂刊

借銀傲妻　甲午会文山房刊

窮酸歎　河西隱士著　無名氏譯辛丑刊

憶真妃　乙酉（十一年）永遠堂刊

錦水祠　蛤溪釣叟著　永遠堂刊

憶真妃後部，有逸詩一首。

離情　光緒（二十四年）三文堂刊　三回

露淚緣　会文山房刊

三卷。上卷：风媒、设局、痴对、换伤、梦游四回。中卷：误喜、鹃啼、婚诧、诗婢四回。下卷：芳玉、闺讽、记仪、留情四回。

双美奇缘　谦记书坊刊

别题「新刊老夫人堂前拷红」。

朱买臣休妻　文盛堂刊

别题「马前泼水」。四本。

双玉听琴　戊戌文盛堂刊

有旨子路传。读之：作者当年手非凡

10 20

、都门名士共相传。开谈不说红楼梦
、读尽诗书是罔然。
女娲遗孔　壬寅（二十八年）扫叶书坊刊　有诗
論语小段　丙戌（十二年）扫叶书坊刊
别题「太部擊遗奇全本」。有题诗一
首。
读书小段　乙亥（三年）扫叶书房刊
有题诗一首。
风仪亭　戊戌（二十四年）刊
金石语　壬寅（二十四年）扫叶书房刊

影卷。劉熙「打鬼」。以上合计十九种。除「金石缘」另行卷」，「朱买臣休妻」似为鼓词，尚不能确定外，予所有十七种。内有辞小说数种。

到现代大会展览室，刘荫椿等布置已半。天微雨。稍休息，乃同回午饭。

午饭至二时，又去会场。四时，独往旅馆稍休。吴政委约去悦宾楼晚饭也。刘维军长、参谋长、宋部长等全在，与刘惠同志尚係初识，人極想識家爽。

途中買得爾雅一部八十元，活開不當二塊多二十元。

飯後，吳政委同回，小寬南去。

接到文藝處通知，俄文翻譯明晨九時李正，並備出譯員辦綜匯、照片說明也。

晚，讀閱爾雅及百萬書。

按梵宮、滾檔、金佛殿、得缺做要四神，已夠名，實位為韓小窗改作，其他則

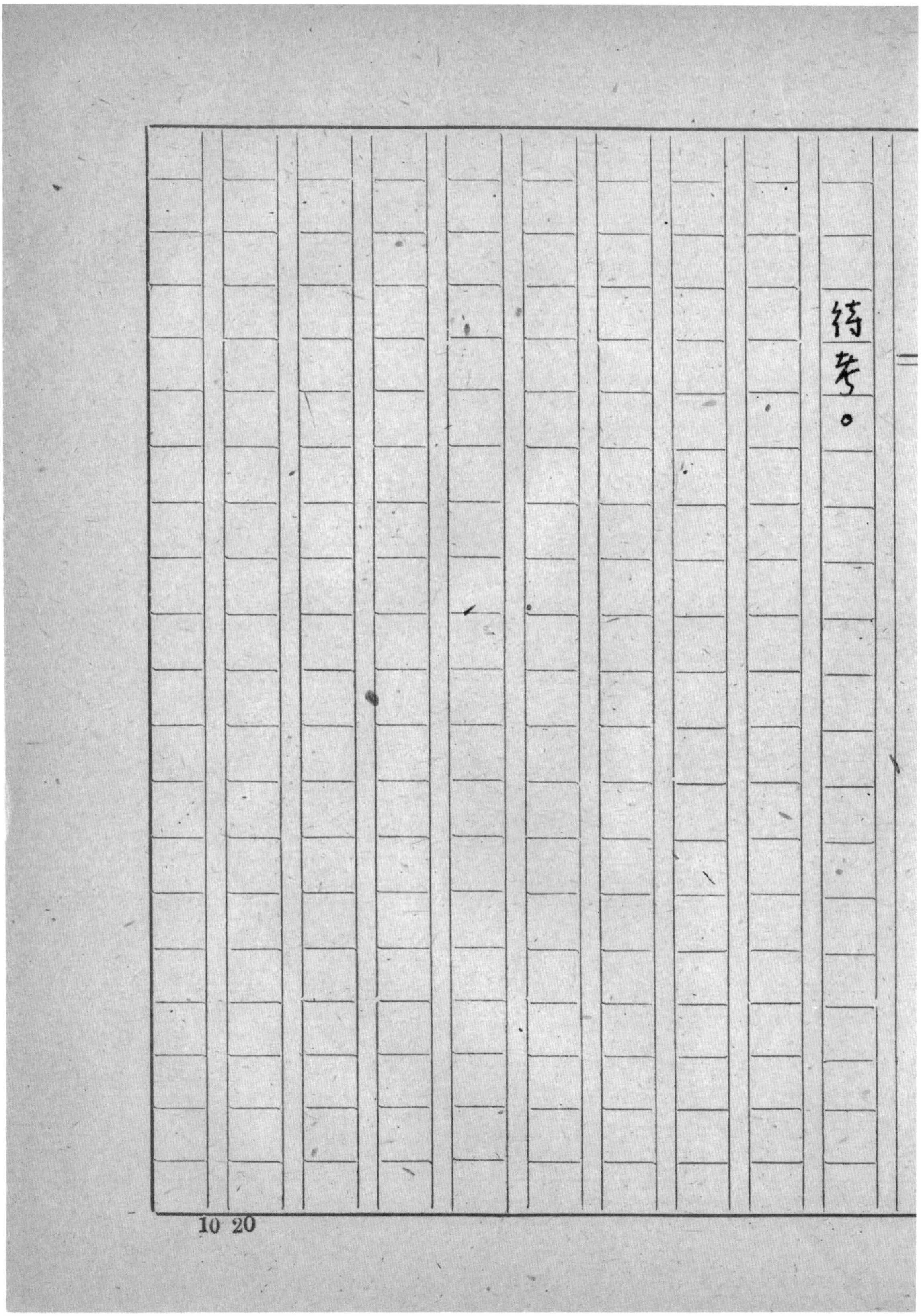

待考。

10 20

五月一日 下午 WK

早餐後，至吳玫妻处，得知黄主任回，全以後至，写两信托吴蒂去，因今日要开箱找苏联画、翻译人亦将来也。旅许回。

九时半，亚洲影片公司载小姐来。由刘燕接与之详谈说明，截了说，至十二时送。余通来找出，约明日下午五时派员来接。

苏联画，开至最后一箱，仍然没有，不知何故——有三箱，不可能有，未开。

三时，到文萃处，谈展览事。後为明天买糖

菜。街上行人擁塞，鑼鼓喧嚷。秧歌隊種類多活躍。捷傳又勝。

晚飯後，全族去看宋部長，並以嘉議東史記著筆，路叢而請本加諸去贈之。談約二十分鐘許回。臨行，贈以蘇聯烟威士[illegible]十條之贈，又海鮮食品二种。並向之索此錄齊白石、傅心畬二畫回。

今日天津日報增刊一份，開校工蟻搖始及紀錄第一冊，有一些新的材料。天津日報未之見。

10 20

五月二日　下5　W1

七时许，往美术馆访马达，并给看金石拓片、及展览会事。旋去军管会看黄主任，取去平徽照，又请其批发衣，当由侯秘书去新接报社王社长。

到明星戏院订票四张。

廖祥华送剧照片说明。

午后，军管会派人来量衣。

小眠一二时。

课学生会来约五四做报告，允之。

晚，文藻夫人，取已裱好條屏去，由美術館修通等先去裱角。擬立四級告發，送來壽好。

五月三日　下6　W2

寫明日到河北工學院報告底稿。

午飯後，到美術館看拓片，大都新來，亦無突出者。其為過去所未見到者，有下面的幾種：

漢朱雀文瓦（與諸家不同）

秦橐泉宮瓦

周燕國城陶拓片

漢魚像三种

漢左表墓石拓片　二紙

讀昨稿畢

並商議蘇聯美術展覽，即在彼處舉行。五日開始。由馬達同志專負佈置。當擬廣告交付排印。

得文藝處信，約明晚做報告。

續草報告稿，不完。

10 20

五月四日　下了　W3

六时起，续作报告完。

早饭后，看无线电报……

九时，学联派车来接。工学院新出二十的里，过金刚桥。车中询知与同车者大都工学生，及女师学生，与工人颇有接触。

临时负责，谈工厂文娱工作。

与文委会秘书同至陶园午饭而归。

家秀送来，帽过大，带回。

修改报告底稿。

晚飯後，文藝知識青年，至美琪戲院。報告者，黃部長、胡風，及我。因同時向外廣播，宣讀演詞而已。播完，因終日疲勞，頭痛，未及欣賞節目。

天氣大熱，人極不快。

10 20

五月五日　下午　W4

今日病臥終日。大概因疲勞，及近來少食水菓，寒熱不清之故。晚，食梨五片，始稍發。近十時，熱始退。

文藝處送工廠文娛叢刊兩種，及解放歌選各二冊來。並附來賈霽同志自山東青島來信，希望能調動工作。

大風，至傍晚始息。

明日不克赴平矣。

晚飯後，小惠等去明星戲院，看吳嘯伯打

敬写习，尚小云全部明妃，至十一时回。

五月六日　下9　W5

晨飯後，赴宗部長家候談，知彼將於十一、二日動身。見到陳儀習臨李龍眠本校書圖，及阮元石畫二幅。

赴饒軍長処，以像片贈之。彼云後面有二大花瓶，往看，乃近殘樣物。

午後，小惠等去明星看電影。

戴偉送帽及小明衣來。

三时，赴文芹処，叢媒、嶽峰均已去平，向其借再要書二冊，電影卷十五張，又借款一万元，以备花于杂物而归。

蔡水回来谈此间话剧活动事。

写信，再往宣部长处，拟看顾维钧藏书，

东接管部间会未回。

调理工人画，不过备留着全册，留着则夹

好，读作家信札一过，至十二时许睡。

不能入睡，二时后起。翻东家送得杨子晋

及戴熙山水画一幅。杨画係就日东屋张，殊

颇疑矣。

夜梦频觉。

10 20

五月七日　F 10　W 6

早餐後，与彥祥同到宋部長處，為之攝影。旋到鍾偉明志如後院，並与之合攝一影。在樓上，發現六朝碗一，但不知真偽。彼又以卡賓子彈五十發見贈。

午後，小惠去收了房租。

我去中國公司取錢（一八〇〇元），修大鐘（八〇〇元）。發寄文娟卅七至廣、達。為小玄取帽褡，帽未做好。

晚餐後，淵平將鍾偉明志華中日記取來摘

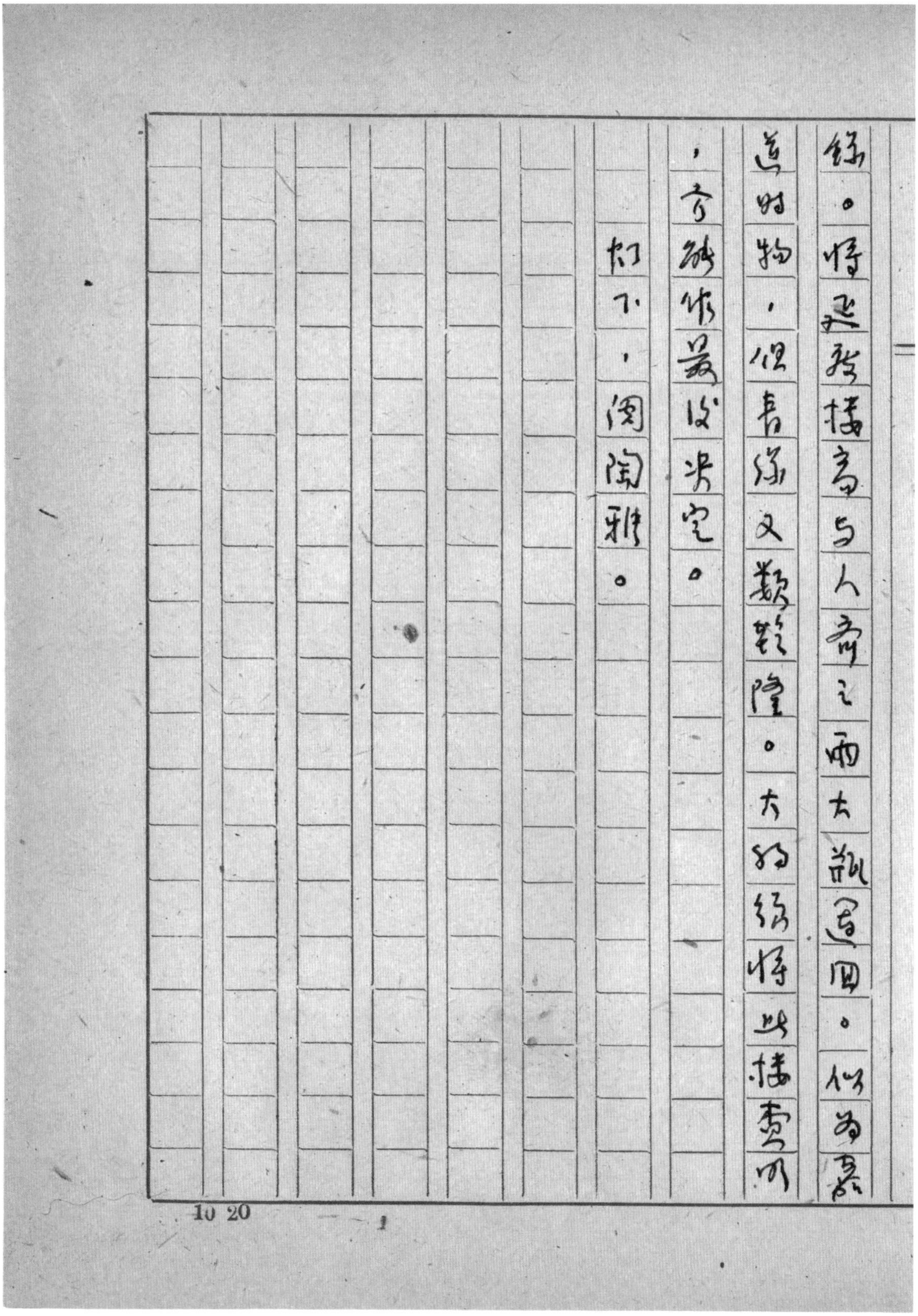

録。將近發掘商與人齊之兩大瓶運回。似為最近時物，但背後文類乾隆。大約係將此掘查明，方能作最後決定。

燈下，閱陶雅。

10 20 1

五月八日 下川 山K

早饭后，到宣部长处，因昨约定为题绍钧书，适华北干部来，改约十时。

到黄之佐处小坐。

到文委处，人均不在。

回宣部长处，未归。阅高尔基史，后乃值定名杜撰者，谈柳叙亦侦骗来，殊可恶。十一时仍未回，乃归。

午后小睡二小时。

三时，复去访宣，仍未回。

写史负担，殊甚重矣。

看钱伟同志一九四四在渤海战斗纪录，颇可珍。惜已不复据写矣。

晚饭后到文委部，闻西不去，芸亦不去。看以捕而至河北路。闻西竟在宋知，以郭见先急召之，续亦云其想做，见元。

约明晨九时，偕可见母女去看书、吃饭。

约同去看尚小吗，谢之。

归后洗澡。

10 20

五月九日 下12 W1

起身后，整理随身箱子。

抄钱毅小传附稿与星子先生。

九时许，宋部长派车来迎，与九四母女前往。经改道绕出十二时回。决定车票由他统一买，晚间去取。

到罗斯福路购买必需食物。

接到王印紫自沪寄来信。

陈陇、李寓中同志来访。傍晚调往武汉一带工作。

五时许，孟波同志来，知云从同志告第一报得此。夏衍代我接上，但何处之先去平。其此论点之实质矣。

八时许诣宋，续又改计不去平，因明十二日得动身也。

九时半，与孟波同志诣云从，适出，十时半未归，乃返。

明日拟乘十一时半车赴平。

10 20

五月十日　下13　W2

早饭后，托招待所买十一时专车票。

到文艺处找孟波同志，再借万元。

配镜玻璃，候买得茉莉花二枝。

归已九时半。天侠同志来访。

十时，与天侠等到车站，乃挤身。十一时半开车，一时五十五分到达北平东站。沿途风沙甚大。

出站后，乘车至槐里胡同（西单）一号组织部，先访干部科长廖鲁言同志，刘彬同志妹倩也。將劉邨日本托帶物交付伊，即与之談工作。擬去國立津北人，撥至我國天津。我表示願去湘，或返华东。以安子文部长不在家，未能作最後解决，約確定时间後再談。

旋由廖科长偕人送出会计部胡同高干招待所。將行南北海，好情號瓦，瓜克歡毅。又將送北平圖書館。

傍晚後打電話找克農，不在。我要了，已遷入頤和園。我以可去，不去。我聞將，她太太在家，去过伍鐵數日，亦不在。而出外不捨南北，不知距离，只为选择。

大约在此有二三日小住。

晚饭后，到北海公园漫步。以工作未能解决，殊无意游览，未能穷其深远。

九时，与王黎通话，彼住二十余里外，约明日午后二时半，到弓弦胡同见面。

旅闽揭回念来电话，约明晨十时到他家。

夏衍，住弓弦胡同十五号社会部。

一九四九年五月十日

10×20

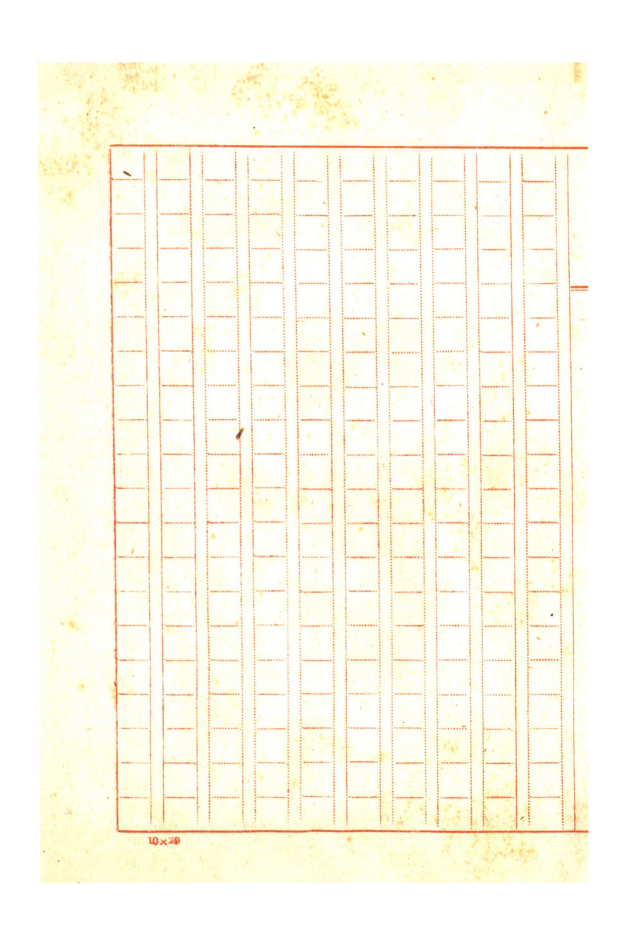

五月十一日 下14 W3

昨晚滂夜雨，殊利於今年下种。

早饭后，雨仍不停。乃便雨衣，乘车至前线寺十六号访周扬同志及其夫人。他意我最好能留下开会，研究会中之重要问题。

接牧之来电话，因开小组情况，知已在平。十二时，牧之约午饭。饭后同来弓弦胡同十五号访克农。其秘书告知汉年亦来，与夏衍同住北京饭店二〇三——四号。

傍晚五时，克农来邀，乃与牧之到北京饭

然，因同學將於四時回道也。遂回寓小睡。候至五時，仍未見到，乃回。

接李秘書函，安部長約晚七時談話。

華東局宣傳部秘書長飛為候也問，待分配工作。

八時，到中組，安部長未回。旋由其子打電話，晚時有事，乃改約明晨七時許到彼處。時又大雨，候其回。

九時許，始來電話，說已與夏衍約好，明日上午在他家見面。這為政務明日下午見西，他們天四時後進城。

寫「工廠文娛工作的理論與實踐」一書的「前記」，作得原稿一枚。

雨止。

一九四九年五月十一日

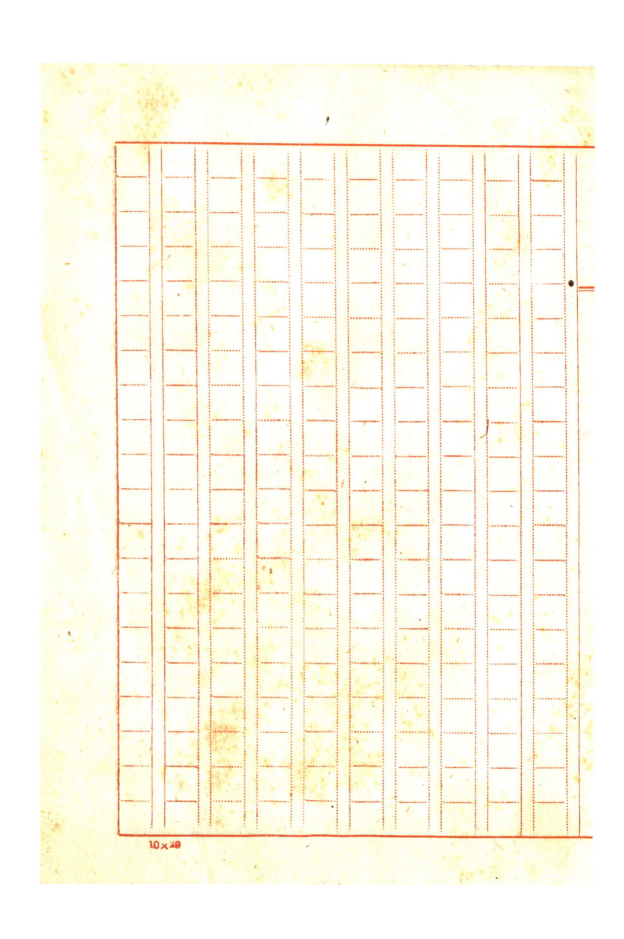

五月十二日　下15　W4

七时半，往中组，看安子文部长。关于工作，谈定临时去天津帮忙，不担任行政工作。俟文代会后，再行决定留平、去沪问题。

今到冯乃超同志。

九时，与安部长同到董惠处，漫谈约一时许，到牧之处。时夏衍已来，乃又同去李家。

殷文同访牧之处午饭。

小峰夫妇来去。

孫小兵替我们照了很多照片。

今日已不能回，加一紙，將信寄出。

去校已如得已晚飯時，後又同去周揚家，晚飯了些問題。後已艾慈如看古樓。回家時，已近十一點矣。

就寢。

10×20

五月十三日　下11 W5

晨起後，即至北京飯店訪漢年同志。他將於下星一往上海，就副市長職。在那裡，除夏衍外，還有許滌新同志。後金山亦來。

早飯後下樓，遇到柯靈來訪客，略談數語，即至王府井新中國書店找羅錦同志，始知前日已回瀋陽。

返家小休，即去琉璃廠。舊書店甚多，以售價關係，未敢進去。祇看了幾家碑帖舖，到三時許始回返。

買得下列畫象：

黄小松原拓孝子見孔子手卷，吾進藏本，李聘跋，有跋文則。

黄小松造本漢瓦張錄

雲岡飛人拓本

雲岡蛇尾神象拓本

雲岡飛人過頭畫象拓本

張本兩桐漢畫象

大幅漢畫象拓本

漢虎幡拓本三種諸方藏石

10×20

漢橫幅動物畫象三幅拓本

漢磚拓片兩種拓本

漢方大畫象兩種拓本

共用去三千六百元。又買隋玉龍、玉羊各一只（六〇〇元，三百元），預備給小寧及小馬，各肖其屬也。

归途小憩，因今晚講話，不知何时始克說了之故。

寫覆子信，並附錄魯迅遺著兩本，事略一份，晚間托周揚轉去。

晚饭後进入小楼。

八时，牧之来，同去中南海。

洪深、夏衍、许涤新、周扬、沙可夫、胡愈之、萨空了、茅盾、何其芳、等先后到。

十时许，恩来同志来。

首先谈文化会问题、次新闻纸问题、再次上海文化工作问题。第二部分谈完後，夜饭，旋继续谈至三时才完。

归旅社，已四时矣。

10×40

五月十四日　下雨　W6

五时半起床。

荣宝堂间架有一画，双钩，乃董玄宰山水，太设不善，惜係宣纸，画心多损。

六时至车站，买票时始知七时一班已停，改八时乘到山海关车。

前门附近，书画古董肆摊不少，乃随逛。为小书买得「水上」、「燕语」各一册。买得蒋向新小碟一个、出土羊一个、双狮一座、康熙百子图印泥盒一个，共用去四百元。又买到了「凌烟阁功臣图像册」，一百元。

七时上车，11时开，中途误点，十时四十分始到天津。

子元见我回，欢喜不已。

发昨日晚饭后访马致瑞觅书。

收到谢国桢先生信。

饭后，到北解放报招待所，我同而后，姜春芳同志，要他们即去平。我与文群同志，告她我们大家意见，留此待陈光同志，并移居我处。

10×20

归后睡至五时。

于立群自东北来。

晚饭后，同克等赴招待所约去看电影。我去看铁军长、吴政委，他们改期二十日行。

回来整理剧件、写日记。

10×20

五月十五日　下18　WK

写信与邱公文同志并附原稿。与夏衍一快函。与沫若同志（寄陶留交）一挂号信。

早饭后，访黄松龄部长，谈工作问题。

到劝业场闲逛看旧书。买得，天下名山合山房刻一本，似仿绣册，疑即南巡胜典名胜部之单刻。前在大连，曾得其数页。

到文管处，人均不在，留条。

取大闹钟，已修好，八百元。

午后，睡至五时始起。

晚饭后，裁宣纸，预备装帧铜刻「武梁祠画象」。

与文群同去洗澡。

五月十六日　下19　W1

七时许到台湾路七号找黄主任。他已休养。地方很僻静。谈到钱军长处为图书馆很多书，意为下面当广州卖出，殊为可惜。

归后，写信与程稿写日记。

午后，风沙极大。

到新中国书店，找陈经理，为刘蔚接洽存书事。

访饶彰凯同志，不遇。

看舊書店，得陳師曾中國繪畫史一本。

歸後小睡至六時。

晚，無為。

10×20

五月十七日　下20　W2

午前，偕厚祥去錢塘蒼處，取油畫一幅，並箱子一隻。

收到侯御書轉來小璋信及錢瑛信。她校の月十七日，又寄一男孩の又部隊證章一枚。

午後，去文蒼處，与龍侍、孟波談話。旋到文處政處。再返浙江興業銀行，訪問鏡鐵館同志。

號外：武漢三鎮昨日收復。

晚，曾有開2次招待。

10×20

一九四九年五月十七日

五月十八日 下 21 W 3

晨，沐浴。

午，清理冬衣入大箱。

二时，黎水白来谈刊物及剧团事。了解津市剧艺情况的一面。

六时，龙峙、孟波来，约至觉瀛楼晚饭，送戏剧五队入川者也。松龄同不知到。

再至文艺处借二万元。

晚，清理一切，准备动身。

10×20

五月十九日

昨夜一时起，进行整理，准备动身，三时返，复睡。

早饭後，送吴政委（今晚动身）、饒寫長（明日南下）行，看陈宜芳，不遇。

漫步小市而归。

复睡到午。

沫若同志有一电致立群同志，谓廿四日可以抵津。

三时许，上车，留胡调俊去津。

東直放北平，六時許到。

住北京飯店三〇四号，劉蘇接吳祥來住三〇五号，蕭潘、夏衍居也。

以疲累，未做事，未找人，休息。

晨起後，將此簿之娛樂版：全部黏貼。

10×20

五月二十日

早飯後，訪克農。旋乘他車，至中南海，找齊燕銘同志，促進問接于文群同志事。齊告周副主席約午飯。

歸後，與蔚、小同赴東安市場。為小兒買鞋一雙，七百五十元。嬰孩藥片一瓶，三百五十元。梨一斤，三百六十元。蘋果一斤，四百元。櫻桃百元。

十二時半往中南海，在頤年堂午飯。會到陽翰笙、張駿祥、白楊、鍾敬文、張瑞芳、李樾及周到王府夫妇。

饭后，至新设会议处入袁世凯准备登基殿山，及书写仁殿，旁室小憩。会到薛暮桥同志。随合摄一影於门外对铜狮前。到瀛台，看光绪帝囚处及慈禧寝室等地。

三时，离中南海，到北海公园，並约家人在此以谈话也。昂先等去划船，我但与家小坐，至五时回。

晚饭后，到车站接于立群同志，续勤骑不肯来，胡润德随至。谈的。至十一时多。

收到夏子先生來信。

晚，金山同志來訪，至女賓小談。

今日找牧之、小璋黔次，均不在。

一九四九年五月二十日

10×20

五月二十一日

起身后，出前门小市。无所得而归。

九时顷，大雨。

找周扬，不着。

十时许，牧之派车来接。谈天津戏院诸问题，再将剧艺社拟与厅合作。借「华北文艺」第四期一册。午饭后回，便买茶叶三两，六百元。雨仍不止……

写生来函可允治病。

黄昏，雨霁。

为子元买藕菜一斤，而煮之。

晚，子元病未加重，似系痢子，拟请相转杨同志谈话觉甚适。

小玮、吴梅、田方三同志来。

仲华夫妇来，并以糖果赠子元。

市立三院夫世医来，诊断结果，确为痢疾，估计四五日可痊愈。

杨同志来信，借信甲。三条。

就寝，逾一时矣。

五月二十二日

電話周揚同志，又不在家。到克農同志処，並在彼処作一書給周揚，到十时半回。

後到东安市场内買宋窑瓶、碗，各百元。後看舊書攤，所見甚多，惜無力購致。

午飯後，小玎来，与嘉祥去天橋、天壇游逛。我去厰甸。

買得溥儒畫大畫像一幅，小溥畫一幅，六朝獸鏡一幅，木蘭從軍一幅，宋太祖傳說畫一幅，请厚庵先生画菊一幅，付二千元。有陈簠斋所拓本「虎符」像，索八千，议价未定，拟俟一二日续购。

买周作人所译书「狂言十番」（百元）、罗士纪行（五十）、药堂语录（五十）、及中国新文学源流（卅）各一本。

再到东安市场为可儿买蒲席。

可儿今日花又发出一些，热度亦较昨高，但仍限于面部。

至二一六访茅盾夫妇，请予代写问题。

10×20

晚，访柯灵、金山均不在。至三日五访于

立群同志，谈甚久。

灯下，看莽学信録。

十二时寝。

小瑋夫人今日產一男。

一九四九年五月二十二日

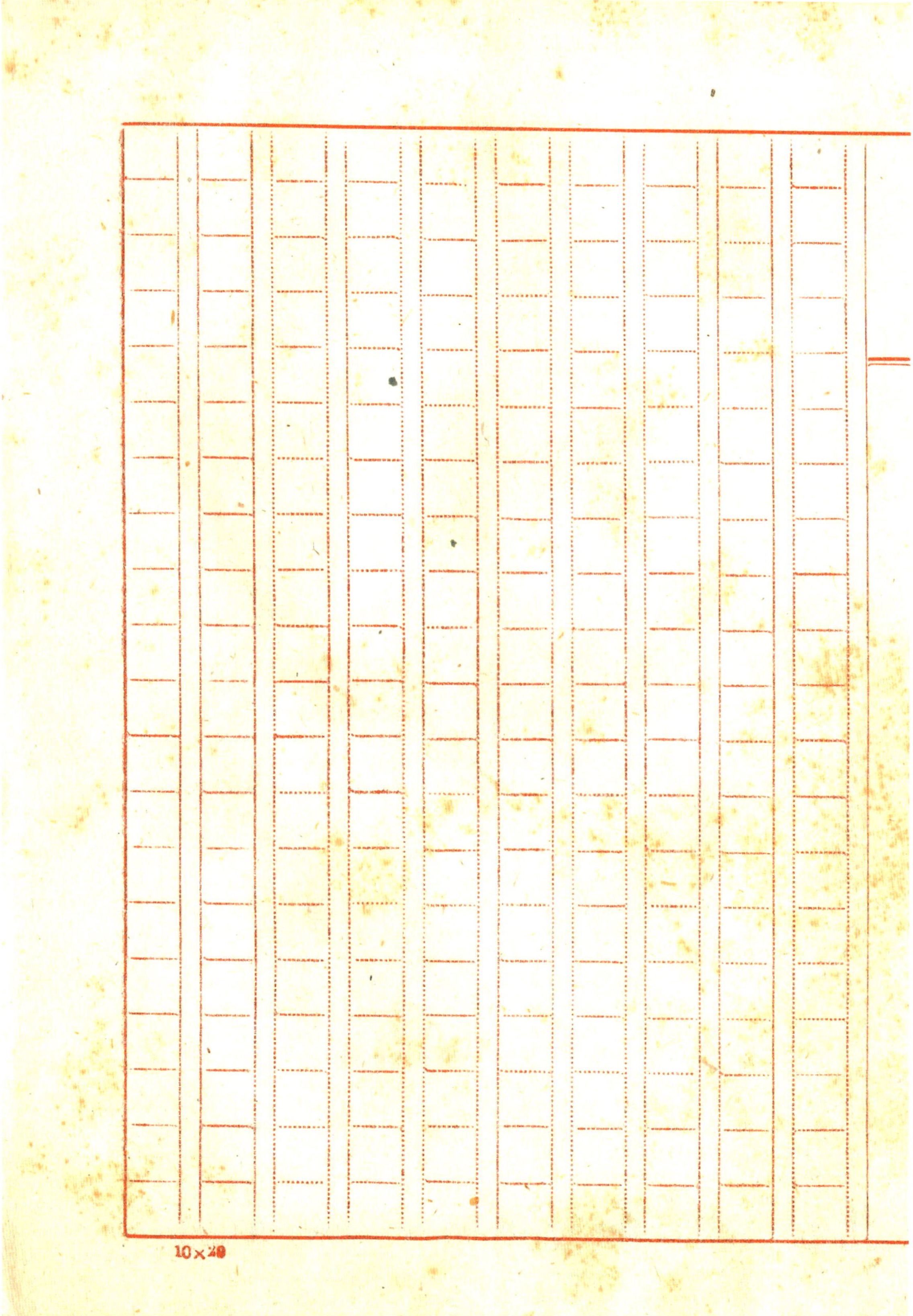
10×20

五月二十三日

七时至前门小市。买得石印本任阜长《百将图》一部（九十元），又姚茫父仿拓宋张缤铜石佛象册页一（二〇〇元）。

与周扬通电话，约晚七时聚谈。

到东播布胡同，访沙可夫，不遇。

到东安市场，买得《近五十年中国文学》线装本一册（五〇〇），又为小儿买毛物一只（三〇元）。

途中，与车夫闲谈，知宣武门外有小市

，又夜雨時另有一小市。

午飯後，睡至二時半。

到宣武門小市，甚大。門內有舊書鋪三家，其間一家較有書，先後買得海外詩歌選、新流集，開明作家書信（合二五〇），又舊小說木板雲錦廠版三部書（二五〇），銅佛一、筆洗一（合四〇〇），小銅象一、小印泥盒一（合一〇〇），磁大象一對（六〇〇）。

晚飯後，為雲之買洋糖等件。

訪周揚，彼在文管會開會。與約定後再談

案錢款。
將之托寫信給天津，為戲院事。
日記：病狀午間最高到三十九度二，晚
間退至三十八度二，十二時後已入平常狀態。
十二時，周揚同志來，談天津政治問題，並
送一瓶片。

一九四九年五月二十三日

五月二十四日

晨起後，打加急長途電話去天津文藝部，告以昨晚和周揚談話結果。

十時，訪克農，到十二時始回。李出藏中之宋澄泥硯、端硯，及送其稍荷葉歸。金山同回。

午後，至對面市場閑逛。買得蔡助西廂西東西廂曲文一本，前自檢東英騎等一冊，又有風箏（內有記作稿）二冊（二〇〇元）。

黃昏，小惠、厚祥自小瑋如回。損柔，九

四六年东北民主联军总政治部「李闯王」一册归，此为此剧第三种收本。

晚饭后，到东安市场，买得北平晨报社出刊「自己的园地」一册。

五月二十五日

昨夜与柯勇双谈甚久。接得中组电话，约今晨去。八时许，晤安部长，转调你到天津。决定刘备接一二日可去华东。我想将留平参加文化接部，一时不得离，要急东西先自各地寄至天津。

嘱乃贤同来。

到前门，逛摊至收市。

回寓小休。到安东市场，买得乾隆本西厢，售五仟（一〇〇〇），买叶堂本，古吴三朵香料〇、黃醬一瓶（五五〇〇）、蘇菜一斤（四〇〇元）。

昨夜咳嗽不出，熱亦頗高，今日已甚精神，不大咳了。

午後，至宣武門，買得沈下賢文集一部（一〇〇〇）、小琅嬛山館藏瓶笙館修簫譜一冊（二〇〇元）。回後因見文竹閣誌，買電扒一斤（六元〇〇）、鍋一斤（五五〇〇），又買得小銅鏟一把（一〇〇〇）。

五點半，和平代表團，在青年會開會，未

去。至11時許，始回旅館。連訪振鐸、洪深、曹葆華同去，談到十一時。

今日接到夏衍、錦雲信。

夜，為劉芮接屬工廠兩稿，寫出意見。

至三時始寢。

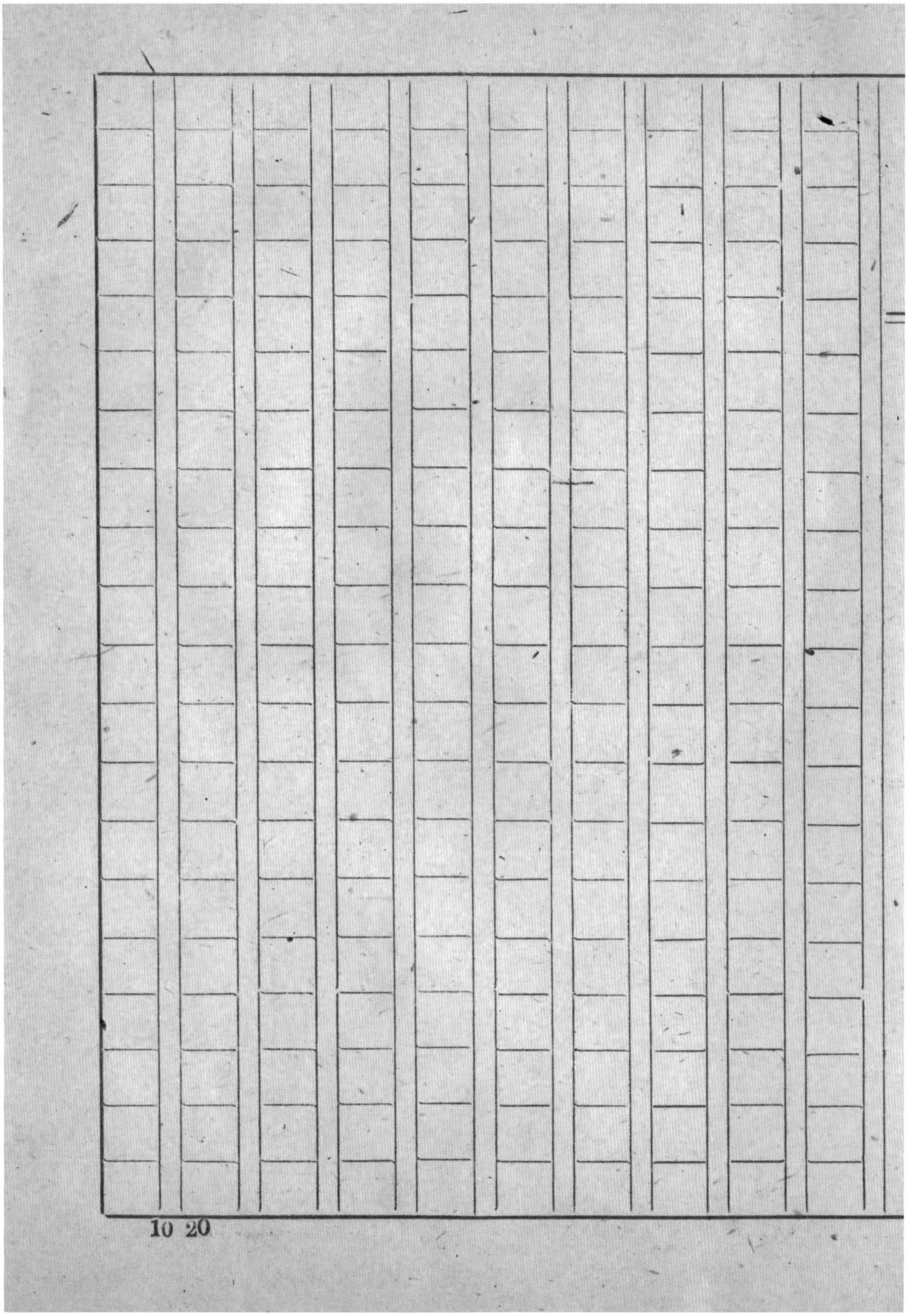
10 20

五月二十六日

访黄言住于五一六号室。

旋和他们访茅盾、沫若、田汉同志。

欧阳予倩同志夫妇来。

兑款九二五〇元。

华北电影公司转周巍峙同志亦来。

午饭后，访阳可夫同志，谈天津问题。晚黄钧伦、萧三同志，赖少其同志亦在。

归寓，少其亦来。彼作华东代表，出席文代会，谈渡江之强任艰故事。

二时，至琉璃厂。走了三家碑铺。买得小汉碑拓本一、天保八年砖拓一、建宁飞马砖一、乾隆佛经所铜版拓二纸、初拓王维辋川图石卷；汉画象拓米本居车汉碑，乾隆木刻拓本首（拓扇见山），合人民币九千五百元。以稿款不足，故二碑付定来取。一六朝造像拓精，索六千，未能购。

晚饭小休，到东安市场买书数（八〇〇）、采言（六〇〇）。又买得夜读抄、谈龙集、苦茶随笔各一册（四五〇）。

10 20

晚，到陈深同志处小坐。

为刘雪苇写介绍信四：一致苏军管会刘季平，一致华东局冯定，一致沪教育局长白韬，一致杭市军管会[illegible]。

仲华同志来，以派克笔一枝见赠。

今日自文管会领来文艺报四册。

十二时整理行装毕即睡。

一九四九年五月二十六日

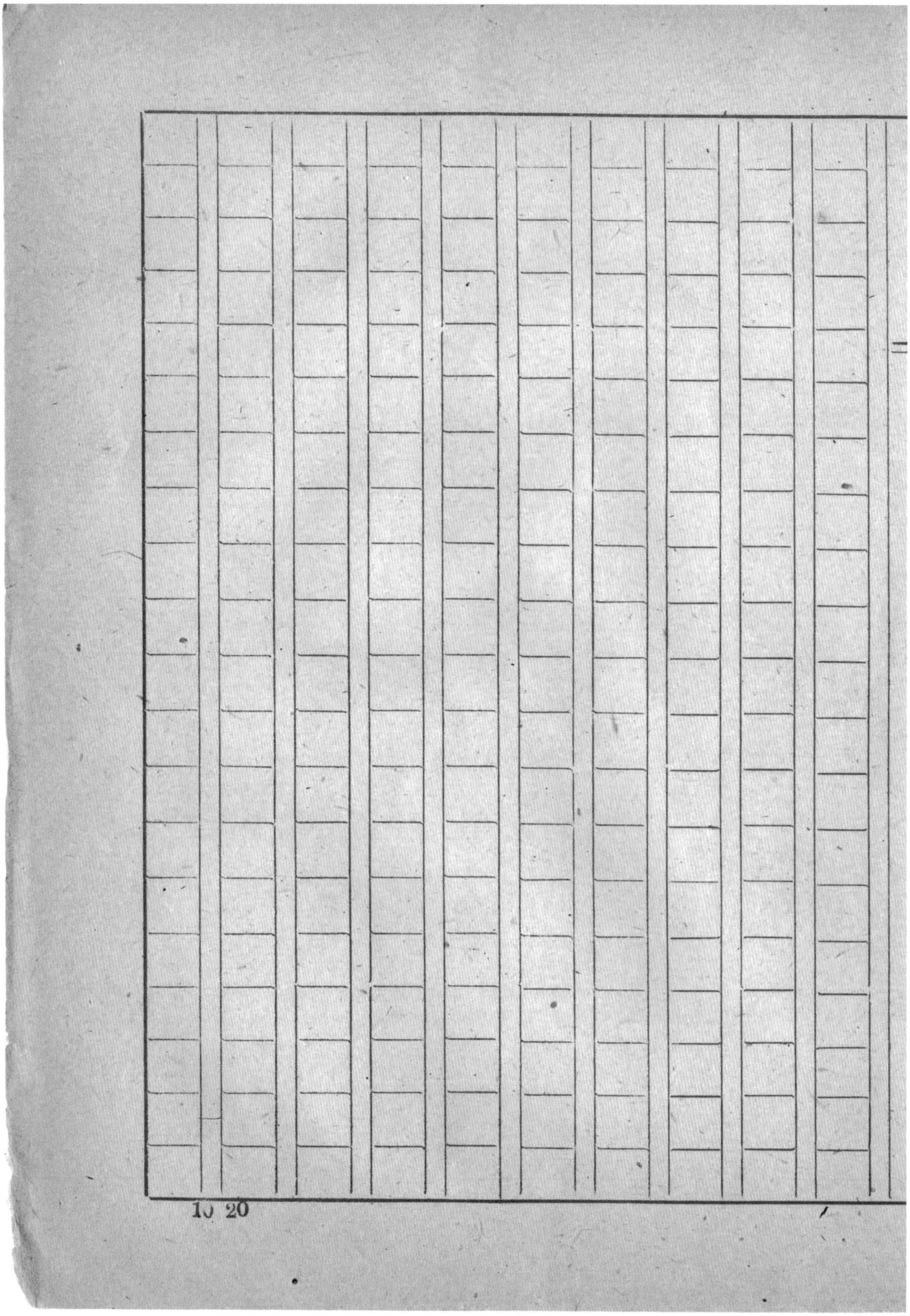

五月二十七日

东撤七时车回津，起身已近八时。

到东安市场，为子女买果蔬两斤，八百元。仍买[illegible]一部（二〇〇）、苦竹杂记（一五〇）一部。

因天微雨，十一时半又不果行。

与振铎同车谈筹备文物事，拟成立组织委员会。请德撤什刻，俟四年时，再找副主席一研究。

饭后，再去东安市场，为子女买飞鸽牌二

包（三〇〇），係寫周作人跋代日本小説集一册（一〇〇）、永日集一册（一五〇）、自己的園地北新本一册（一五〇）。

雨意甚濃，且有小雨，即時又不能成行。

雨止。與隆福寺小市，得風雨談一册、藝術與生活一册（二〇〇）元。

晚飯後，與小燕蘇美至東安市場，復得完整本藥堂語錄一册（三〇〇）、苦雨齋序跋文一册（一〇〇元）。

正部卷八、金山知道後。

10 20

五月二十八日

返津。

东楼乘七时车，到站始知须有八时审问专班。乃出附近小市一转。得派瓦拓孔一张并画札，又陈曼生铜刻拓片二十余纸，价七十元。又以百元得[illegible]一部，俾车中阅读。

十一时抵津招待所。

一时访黄部长，交待近况多日，政协记二·。又偕三义之。旋到文艺处访周、孟。

到劝业场看书。

晚饭后访宋部长、吴市委、钱市长三位夫人。宋已有到达电来。

收阅政务文件已十之八许，寝。

拟招待政务对苏专家。

10.20

五月二十九日

五时许起身，七时即返寓。

得亚子信，约中山公园上林春午饭。晚宋云彬、钱骏文访民。

二时许，至西单商场，书铺甚多。买得周作人院螺、瓜豆集各一册（二〇〇）。又在附近摊头，得水浒论及夏衍插标各一册（二〇四）。

以建设观书馆依箧，照马衡氏。

晚饭后，听周副主席报告，分析最近时局，并说定民主人士之当前工作。

往观华乐跳舞场两部歌剧、沈亚伟、西藏、马克西，马克明日去沪。

与金山观舞，后请霞彩题材。

黎某先回去借二〇〇元。

晚餐后去东安市场包枪套二、千元。

买力樱桃一、三〇〇元。

佐藤。

10 20

五月卅日

七时许至前门书摊，无所得。

到琉璃厰。买得康熙朝仿名录东一册（一〇〇〇）、當前館一軸（二〇〇〇）、朱竹垞题蘭亭名画卷一（二〇〇〇）、又翁蘇齋之篆書原拓居宇画集、明木刻东坡草書（一五〇〇）。又单页汉魏二朝拓片九种：

北魏造象　魏富楞寺造象　永和六年画砖　魏刘均造象　魏造象　汉部仲卿藏　造象　汉小隸　人马瓦（選畫）　铜刻佛經影

十二时收，午后小眠。

到东安市场买酥糖两包（八〇〇）、鲍鱼一块（一〇〇）、肉鬆一听（三〇〇）。

胡絅侯返津，将二砚及扇子交其带去。

牧之送标试演卷来，亦嘱带去。

晚饭后，克農来访。

夜，与金山、高品、张瑞芳谈明日事，谈之颇不少向后，到十二时才返。

五月三十一日

逛去前门小市，买得黄钺字扇面一，吴大澂书横披一（三元），建安刻本古列女传一部（四元）四册。

闻振铎已来访过。

写信给周副主席，托金山同志带去。

金山介黄敬部同志去天津工作，来相见。

访振铎谈侠。

刘尊棋得通知，明晨去沪。

访楚生同志，谈好剧评。

午後小眠。

二時，至琉璃廠，買錢隆深拓聯絡者兩細（三六〇〇）、又李淳宋拓四嵩佛頭一。買爲帖集、何紹何知之，以者臨小票。計二百元整。

近來買石拓，極困難，幸收及精本，皆已獲得。尚有明拓明買某（一〇〇〇）、明拓鄭續音（一六〇〇），暫時不易購致矣。

晚飯後，訪仲華。

訪邵公文同志，他已調平工作。

10 20

六月一日

舊历端午節，後樓。

劉益接上午十时在东方路集合。

九时，在蘇瑞麟得观斋，買得漢明器鬼灶拓片四張，四〇〇元。墨宝斋買黄小松識果球石砚拓本（石已在日本）、龍門西造象（六〇〇）、明漢瓦砚一方（連匣三〇〇）。

蔡元培签明刻明拓，说你来宝。敦煌佛象本刻一对纸，索五千元。市人無作，二册，索千五〇〇元，皆未購。

午眠至四时，沈西蒙、皇甫、葛琴三同志来，谈至晚饭後始去。

小惠去西单，为购了《雨天的书》来。

八时，与浮翔去看[illegible]，客满而归。过後早寝。

10 20

六月二日

天大热，终日写况。

十时，到东总布胡同旧萧华香看教女女一转，留吃午饭，一时回。

途中过热，归后即卧。

五时，为播录电话讲程，因傅增等排一见，仍继续写播。拟去同学会组织修正妇，将即同意午睡。借你为传人不作。

柯灵来谈。

小惠为买过来的生日，及夏衍平林南京十

洗菜条。

晚饭后看参考材料，旋又昏睡。

中南海电话隔绝，不知何故。

10 20

六月三日

与齐燕铭同志通电话，未遇。周扬，今日开会，约明日九时见面。克农在家，九时前去，谈了一些问题。

向克农临时活动万元。

到吴子如，许衡午饭。不在，留条而去。

经琉璃厂市场，为可久买茶叶二斤三两（六七包）。由印二百元。我买得胭脂为传奇一部（一〇〇元）。刻印侯精，谈话，东子极感谢。令欧部湘元，着在战前，侯飞二丁之许由改也。

午後小睡。

二時，與厚錚去看「橋」，第一部不入情，爲鐵路與造多，然也難能可貴矣。惟工人大都像慈能、學生。

歸途中，買一鋼筆，五十元。

回時間尚早，往西琉璃廠看墨寶齋。買得明拓閒帝廟刻石東漢字，又得德娥，與前得殘石本。可留與西周工（訂）作。得華北漢墓拓片一、北朝三佛像造象拓片一，北元造象一，北朝佛中造象一，張猛龍碑拓片一，甲骨龜殘十八片「稿片修」、並吴光藏古砚拓片一轴。（价一五〇〇），又得邓尼隶孔语一方（二〇〇〇），係王懿荣家物。又有平斋图书印一拓片。

六时许始归。

晚饭后，再访贾子，已为郭白石约去吃饭。过东安市场，得周作人著《苦口甘口》一册，未闻有此书也。买茶叶四两（千元）、烟、及樱桃归。

得副主席电话，云十一时来访。

到金山同志处，照成家偏等。

何君来，为谈洪荫展想政策问题。

十一時收，雨。
偕同到王府至夜四時，未見禾。
乃寢。

10×20

六月四日

早餐后，访愈之，知昨被副主席看了，大家因此而未来。

与瑞芳同志谈资料了。

九时应邀访周扬，已去开会。

归途，遇一人，似为王霜同志。归去后细々寻思之，果然，他是来找我作调动的。

据云：一设同志，已去武汉。

午后，王霜等去公园。

午眠至二时，到琉璃厂，过罗江上继之林

传记拓片。你写得六朝造象二份（三〇〇）。属我为选了，间有伪者，然多数是有二面也，颇伪益精，然难定其真伪也。

统计两日所见之伪拓片为精致者有：

明拓跨造象拓本（一五〇〇〇）

明拓君买像拓本（八〇〇〇）

竹人叢传（一五〇〇，石印六册）

小蓬莱山房（明拓，不精）

簠斋藏砖瓦（四册，一〇〇〇〇）

北魏姚佛象石刻一（四〇〇〇〇）、六朝造象一（

10 20

的意，將紀之以備參錄。

黃昏，大雨一陣，少時停。

金山上午十一時專車去滬，五時晚七時乘專
速返大連。

到宋義對學僧，晚歸來。

收到文藝報第五期。

一九四九年六月四日

六月五日

早飯後，為多元去東安市場買物，須購得光緒一週間一本。

十一時，去修鋼筆，二〇〇元。

返龍吾堂翹要子宴，晚無錫同志，執筆時來，閑於門上看人多。商自不知在底，年三八十九，但精神甚佳。孫照臨先生亦來。

飯後，復過東市，買孫俐文學史一冊。

歸後小眠。

與蔣祥趾過市場。旅陳蔚同志來。同赴山

时归。偶将以前诗稿编一目录。

思，京剧目当以满足军民需要。

晚七时，应锡侯约，至北海公园吃茶。过游适。但时此出游散景，已非当日欣赏情绪矣。同游者有仲韩夫妇、瞿群夫妇等。十时许始归来。

10×20

六月六日

晨餐後，到牧之處，同到，即接京中電話，李一氓先來。談之頃談，即返回。與茅盾同去知讀到午飯時。

飯後，同領振鐸。訪王瑞璘、殷希暉，遇雨，至東四雨止，始乘車回。一路買得伊秉綬書聯一，錢買得振寧一束。（自附後給）。又取回一號振商字畫卷，七十二號番字卷回，以次檢對。

晚飯後，至東安市場取單。路見已買孩二

饭（五二〇元）。毛一碗（二〇〇）。于旧书肆见刘日初「明隆书所择书」一廿册，索价二千，即购以千四百。实不值，未买。该店并将西书移往东安售，门面之，殊为可惜。

归后，读佛典，晓安那。

灯下据对西卷，为字体明译刻不佳，七十二页据东新，被投，不及我此得本中东之多。又写了近此得碑版。

与郑西谛到书店通信，得较评长。

但，十时许即寝。

文藝報稿紙

20×20=400

满汉人大画象
漢石阙画象
精拓嘉祥画象
漢宫居车画象
漢车马大画象
宋阙公辞曹画象
小幅铜川各四张
铜川各残一张
唐跳舞各画象
汉飞马拓本

五駿畫拓本

漢磚拓片八張

五〇〇　一〇〇〇　七〇〇　三〇〇

馬湘蘭畫立軸

文藝報稿紙

20×20＝400

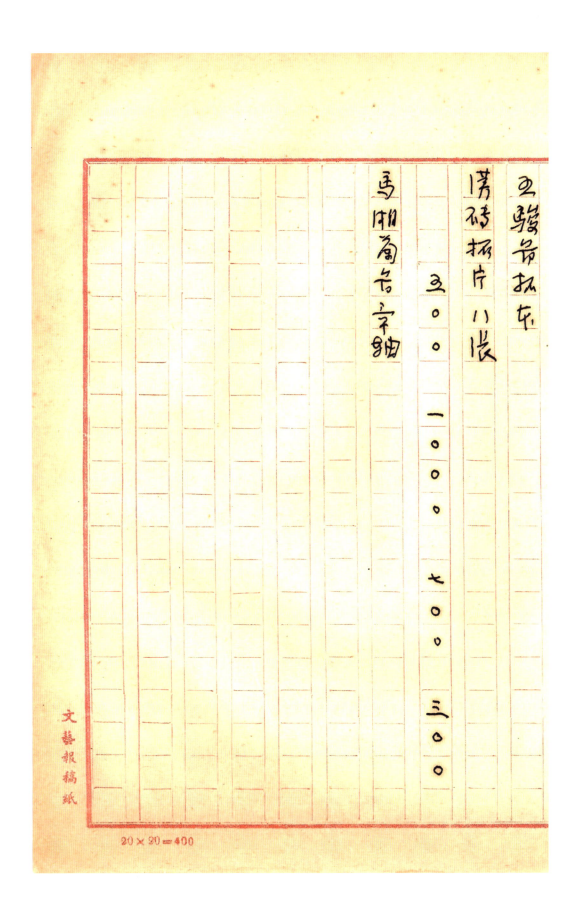

六月七日

過路，順訪譚其驤同志於中國旅行社，不遇，與一談，遂離灣後。

在小市上，見到同治新刻西湖志。

到琉璃廠逛舊件，在觀復齋見到錢隨園拓某香山五百羅漢碑，拓精，索五萬元。原拓小華嶽山碑，索萬元，均無力買到。

在鑒古齋買得，漢瓦硯拓片一、舊拓何觀瓦頭一、漢畫象磚四片，天龍寺造象一、晉八磚各八紙，價千一百元。

經宣武門書肆回返，已十二時。

午飯後，看文藝稿，準備明日參加座談會。既睡，則三時。

到東安市場買襪（四雙的）。迎仲華夫婦，歸來吃點心。值大雨，到五時方始止。

得通知周副主席邀我談話，約遲去。

到中南海，與副主席談了關於文物管理組織等之問題，至七時，與振鐸、李濟深同回北京飯店。

晚讀柯靈、振鐸訪日志，乃振鐸即如，寫

到了龍建功先生。

自中南海回，路想去看譚政委，去大新[illegible]橋，折往東安市場購物。

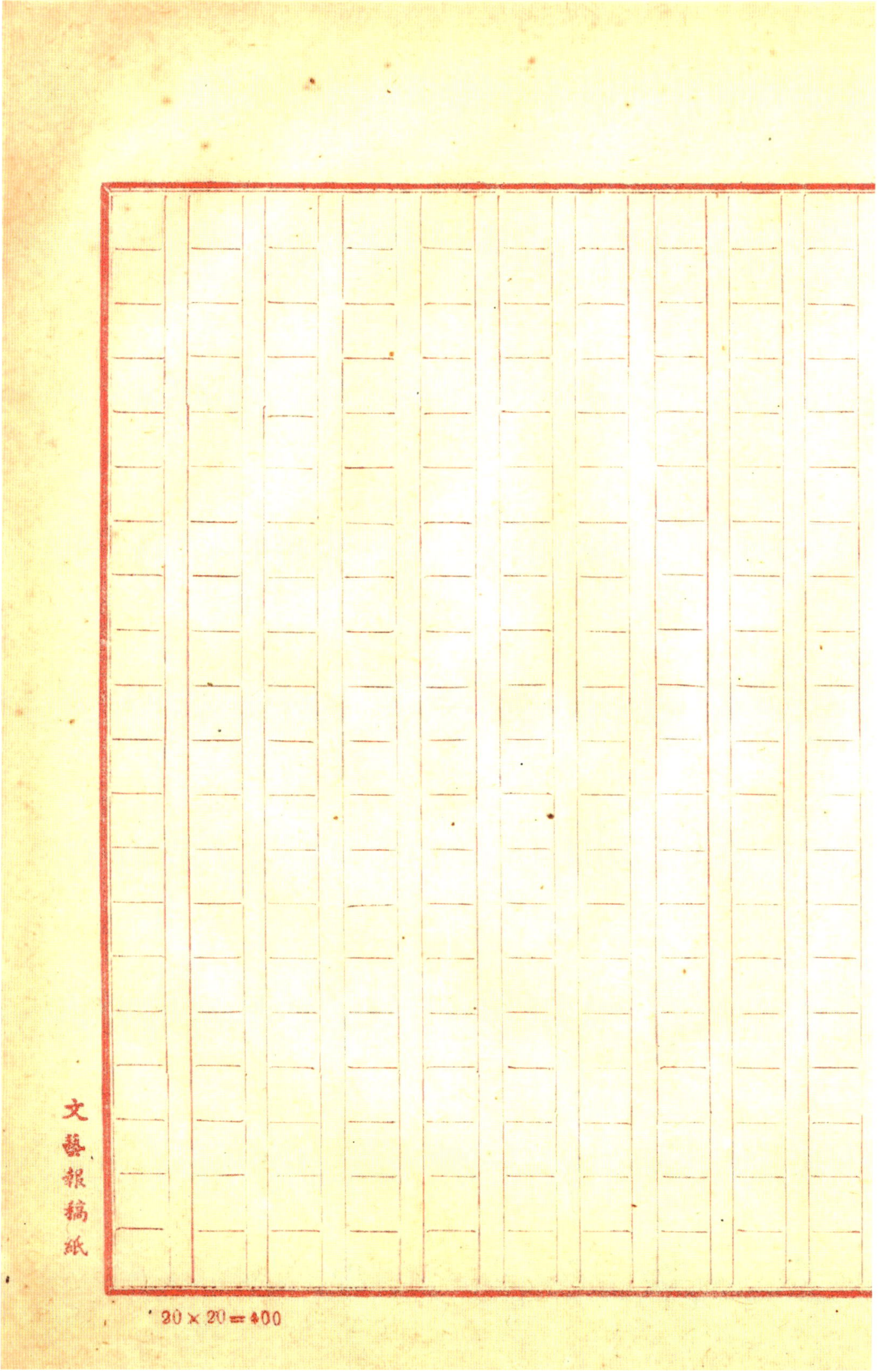
文藝報稿紙

20×20=400

一九四九年六月七日

六月八日

早饭后，到中国旅行社，访谭光爱同志，他十一时动身去济南。遇何部长，托找女佣员，允之。旋与一让光同回。

午后雨，大风至三时。

去东安市场，买得清国民宋程篇早书第一部第二册，归遇小惠。为佛若先生看额二娘子所，不见佳。

找俞英强、陈仲芸，邻伴仲华夫人明日去上海阅览，至晚饭后始寄信来。

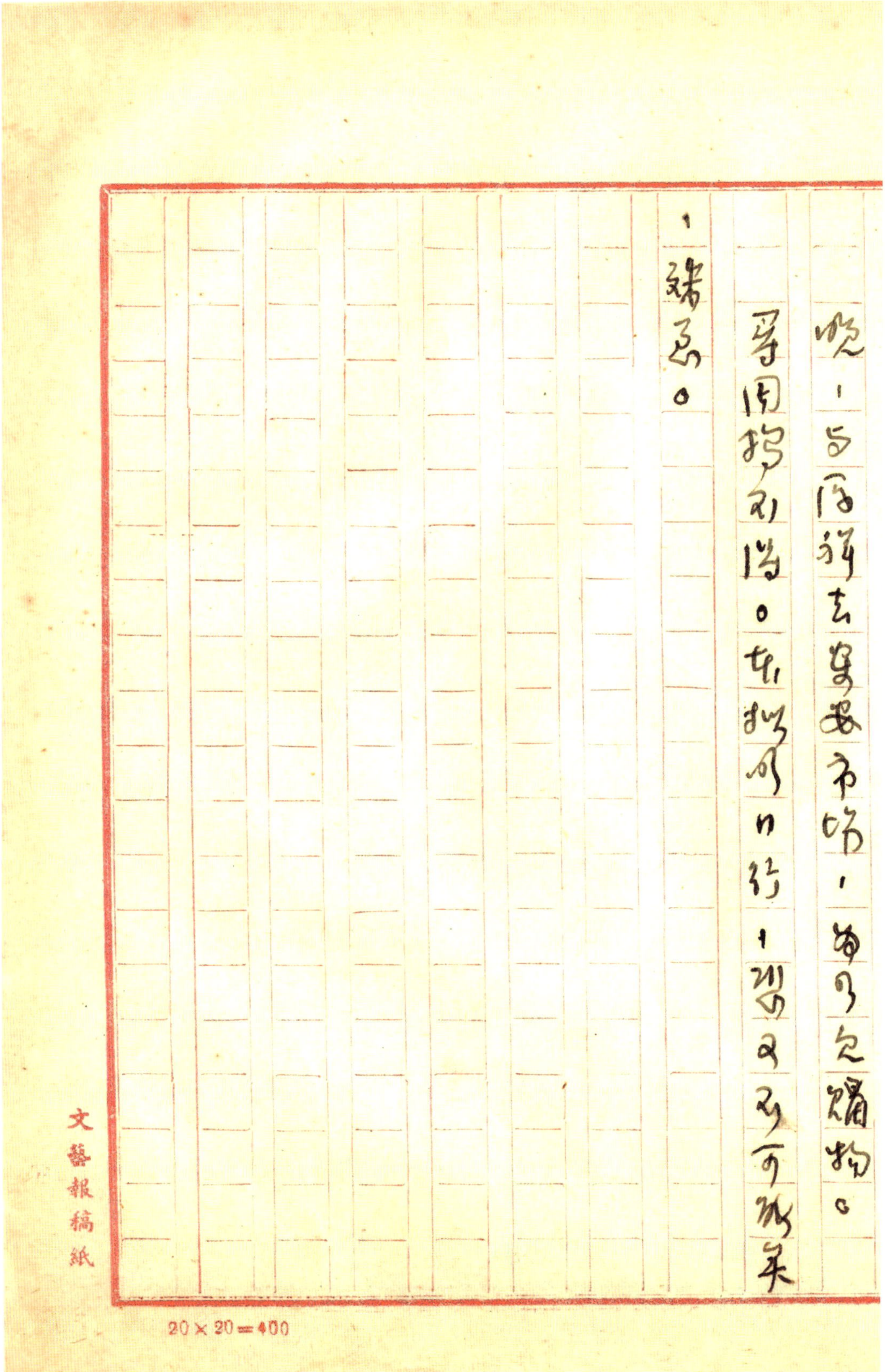
文藝報稿紙
20×20=400

六月九日

晨去小市，将石印張敬书砚拓本送十纸，二十元。並送一纸、達斋，饭后同去琉璃厂书。他买得戏曲词谱。

归后，董慧来约印去年兼字稿，知多后向诸葛君。並与之谈文代会工作问题。

约张铎先来取日记扇书。

写信与夏衍及之华，並以近得摄斯及平林友也等乡来，与衍先旧评稿也。

阅杨绍明日上午来此。

嚴與如自天津來訪，欲覓職工作，彼已結婚，住天津。

二時，一說、達君來。遂與振鐸同去琉璃廠看書。我看碑帖鋪。見到孫過庭書譜一，價未伐我。又蒐得山五百羅漢，總以為之，須知首信，殊可惡。

收到陳朗字看書，見到擷英台灣風紀，索二萬元，以到聊齋誌異殘頁。振鐸得石印本楚辭一部。

六時，至克英處晚飯。同席者一說、達君

文藝報稿紙

20×20＝400

、换之，续了、剃之。

八时作回来函柯灵、托锡锋处小曼。

倦甚，早寝。

一九四九年六月九日

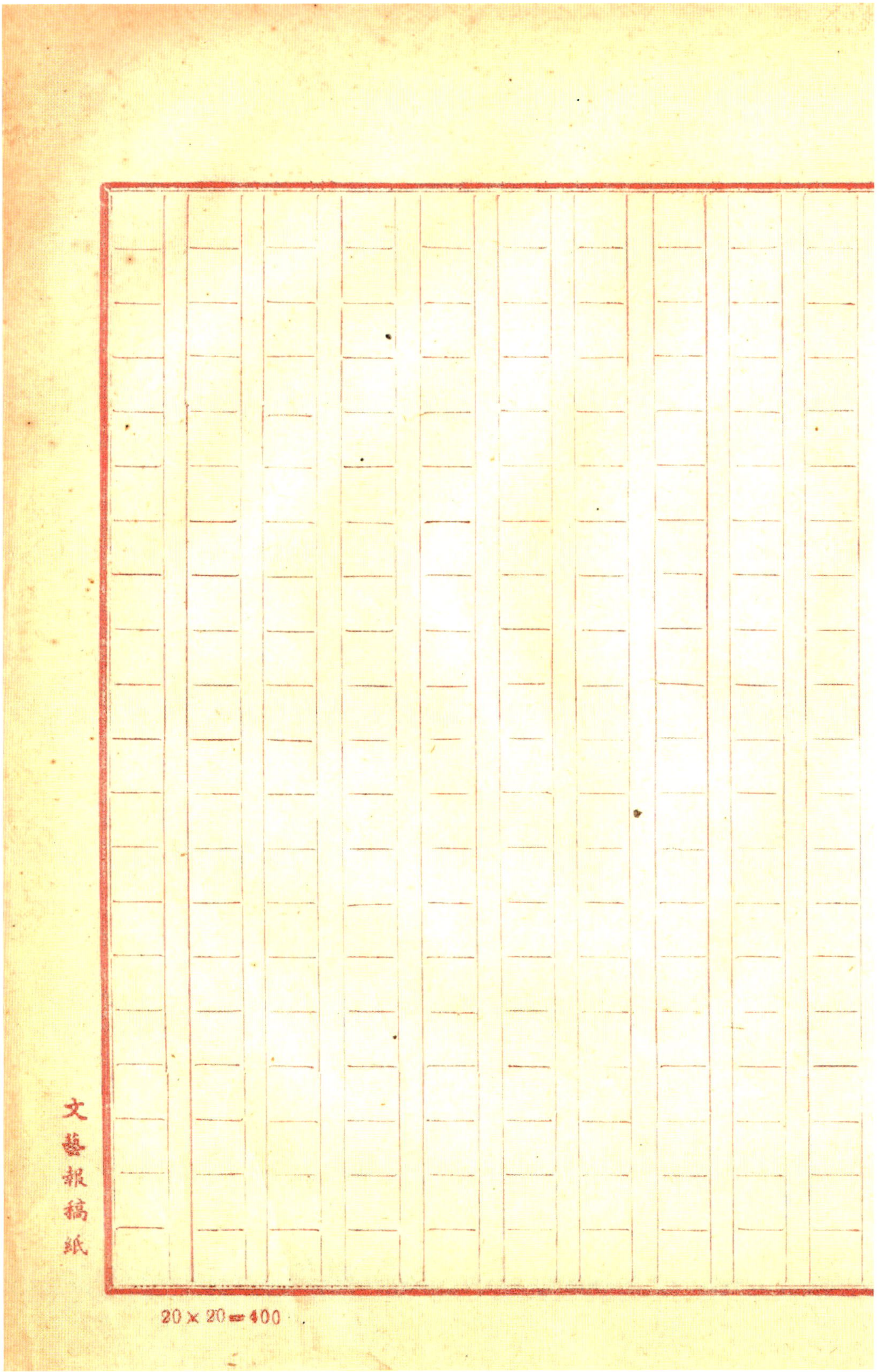

六月十日

晨過周揚同志，至十時許始來。李由大同信來津，說明留此參加黨組，會後回去。

至振鐸處談。

午後，聽陶亨偕同志來的報告。

何海生來電話。

至市場，買得出土小羊瓦器，二〇〇〇元。

又磁杯一，洋二〇〇〇元。過佛龕，又陶瓷猴，後再同到東安市場。於舊書中，過一古董肆，有舞女俑二，索價四千元，一馬俑告已出售，知等等之，均未能備也。

晚飯後，到舊劇社，晤葉以群、陶然、起予、蔣天佐同歸。

到東安市場，為明之買物。

將寢，為振鐸兄看明抄棉紙本花間集，設唐寫本卷子，唐寫本小冊子。過戈宦叔，記寶古堂購書已數年，謝其慎惜，亦有未能之感。雜摭者，雜見叢書本。旋霄為夫婦來，其清至十二時，始歸寢。

文藝報稿紙

20×20＝400

六月十一日

到程仲芸處借錢千元。

九時，到琉璃廠，買隋初六之寧兩大石人片拓，及雙鳥小佛像拓片，合千元。

買以前初木刻單幅六松仙館書（二〇〇元）。又銅刻大佛像，索五千，未購。

買敦煌時的木刻佛像碑，四千元，未付。

買造像，瓦頭等拓片三千，二千，未付。計瓦頭百件，硯一件，磚、鎖、鏡、造像、銅器、共三十四件。

請秋白寫东京三份来。

下午小眠，去东安買書。

四时許，上车。

又对开车，七时廿五分到津，到招待所晚餐，已九时矣。

收到錢璫、紹忱函。錢璫告知即將去蘇州，东西暫由紹忱保管。又寄来如秋凡一张作剧本合一册。紹忱告知民盟允东西露臉方式。又陈延銘自昨来此，告前天舍何大作些么。

還到东西已午夜。

文藝報稿紙

20×20＝400

六月十二日

早饭后，继续整理东西。

八时半，蔡冰白来谈问题。

十时，约魏峙、孟度、来谈文艺处编问题。

午，黄市长家陪梅北、王迎秋一行，约陪，深谈至一时许。

与孟度去看房子，过张家，不合用。

晚饭后，与黄松龄部长，偕文萧之，黄序详谈约来。

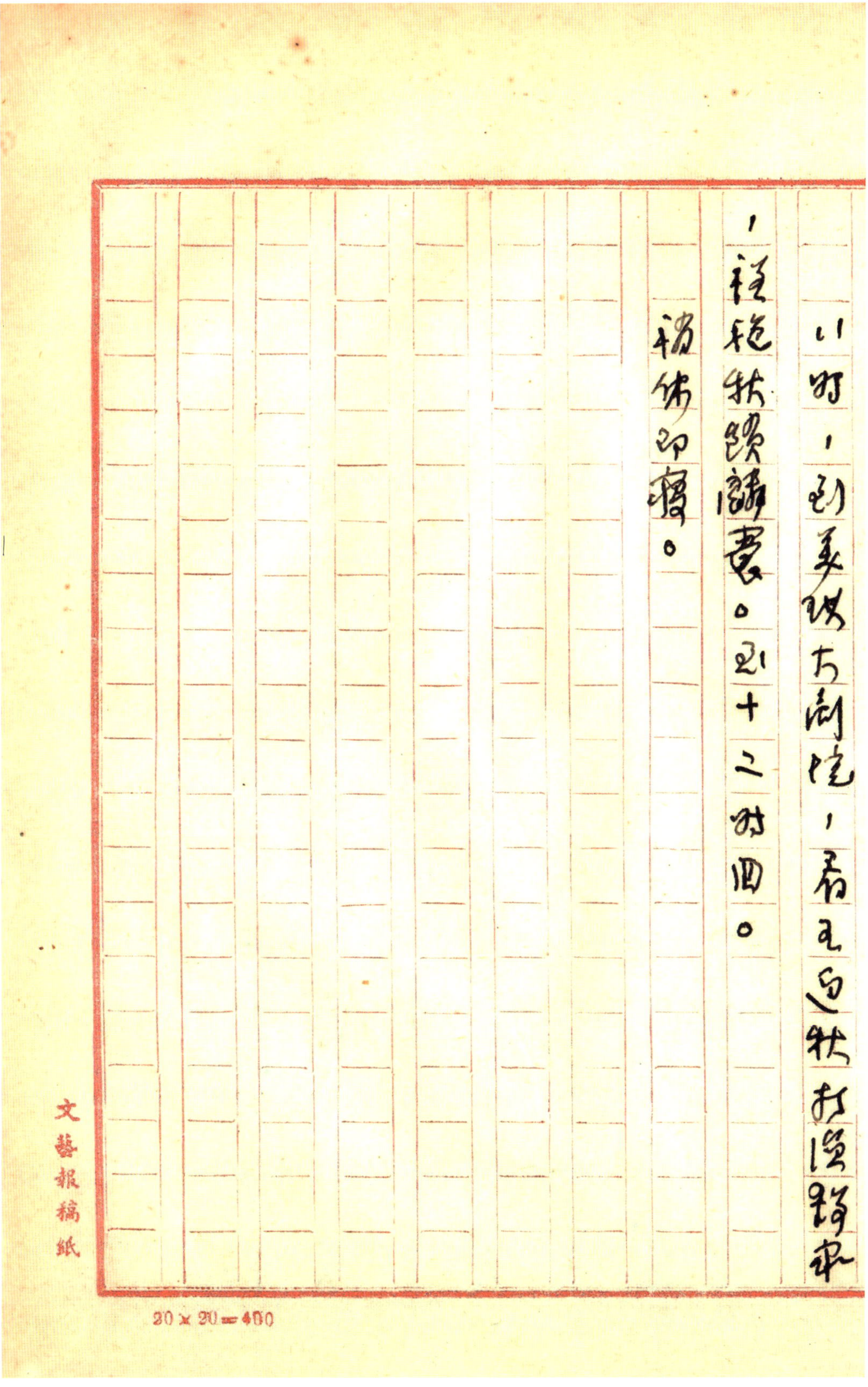
八時，到美琪大戲院，看王吟秋扮演[illegible][illegible]，程硯秋[illegible][illegible]囊。至十二時回。稍作即寢。

六月十三日

早饭后，邀陈鹤鸣同志，请其协助学术物海边存物，并将中西学术，分为学术，抽出代为处理。

九时，去学艺路行找镜铺，由其转到大明记眼镜，检查结果，为四百度。小惠近视一五〇度。我配一副，小惠配墨的两副，当择定为陶镜一，合计二千元。

回到附近良记结账。

为买拜见礼物二件，四千二百元。

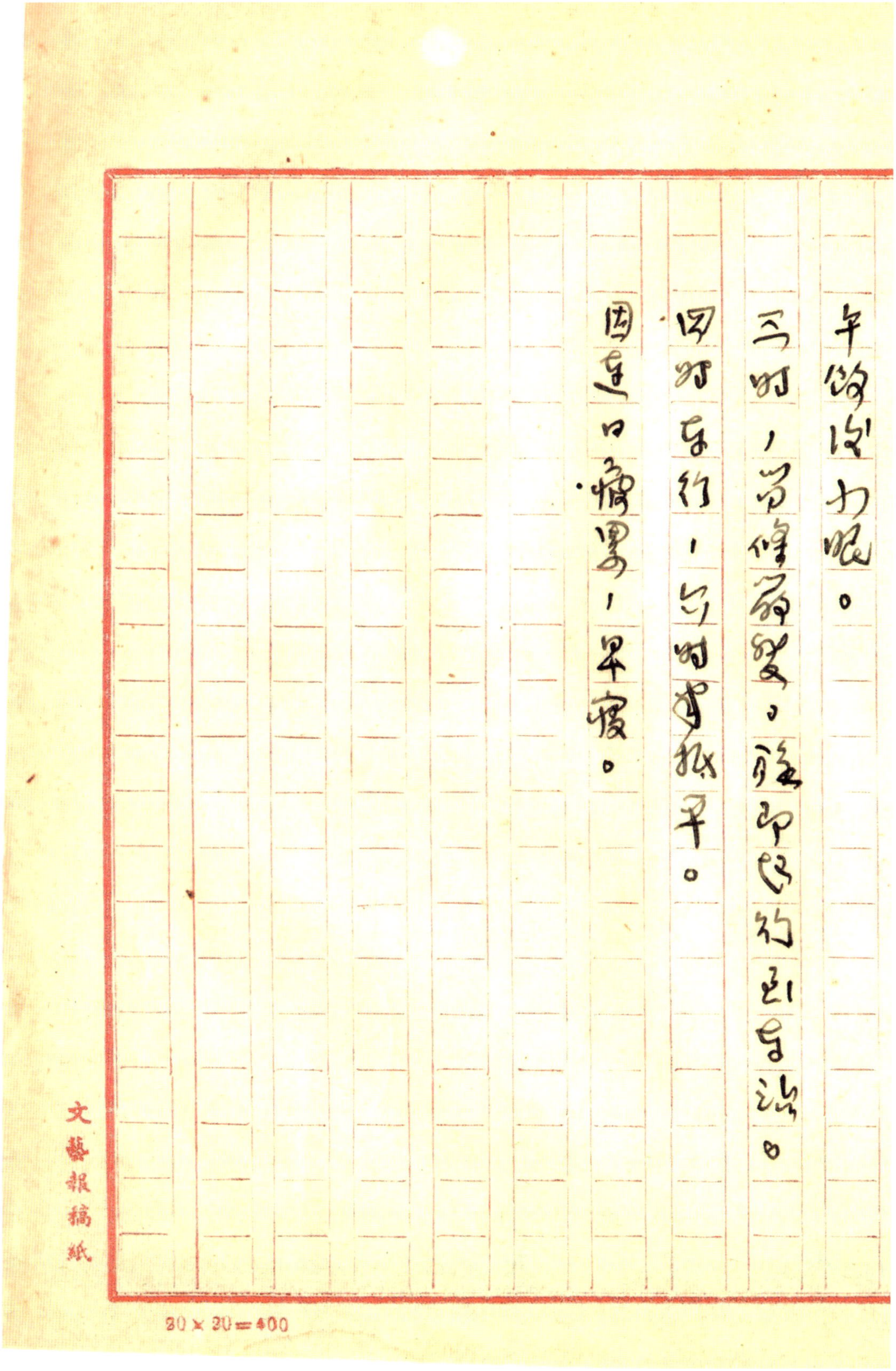
午饭后小眠。
三时，与伟蓉发，随即步行到车站。
四时车行，六时半抵平。
因是日颇累，早寝。
文艺报稿纸
20×20=400

六月十四日

早修改，修國指日志，約三〇五字。

到克農處，還萬元。

旋往隆福寺看書。買得海上青樓圖記一部（二角）、曹氏畫譜一部（五角），皆係近石印書。又有舊作日記之日文周作人隨筆集一冊（一角）。

到文代會晤陳樓霞同志，將此事談工作問題，又看黃繩所收會議紀錄。

早修改，到琉璃廠，還欠款。並買得新拓片十一張，用去千元。萬壽山旅日的刊房諸價

○又買得原刊諸葛簡牌一冊，五〇〇元。

晚飯後，到東安市場。買毛巾、牙刷（〇九〇）

○又買得日本刊明清插畫書錄一冊，九百元

○文學大綱四千元，戲擬為小墨購之。

小墨買蠟人日記，八五〇元。

與振擇師偕遊，喝咖啡。

旅社發出入證。

文藝報稿紙

20×20＝400

六月十五日

七时到前门的冷摊，买陈垣的篇考一册，二十元。吃豆浆。到机器胡同，访安部长，给天津子平写，并谈大连调人问题。与乃迈同去作小说。

去附近小店，又到精本品花宝鉴，索四千元，还二千，不卖，未购。

到宣武门书店。买明本性命圭旨一部、武夷山志一部，一千元。又买劝孝音一本，一百元。

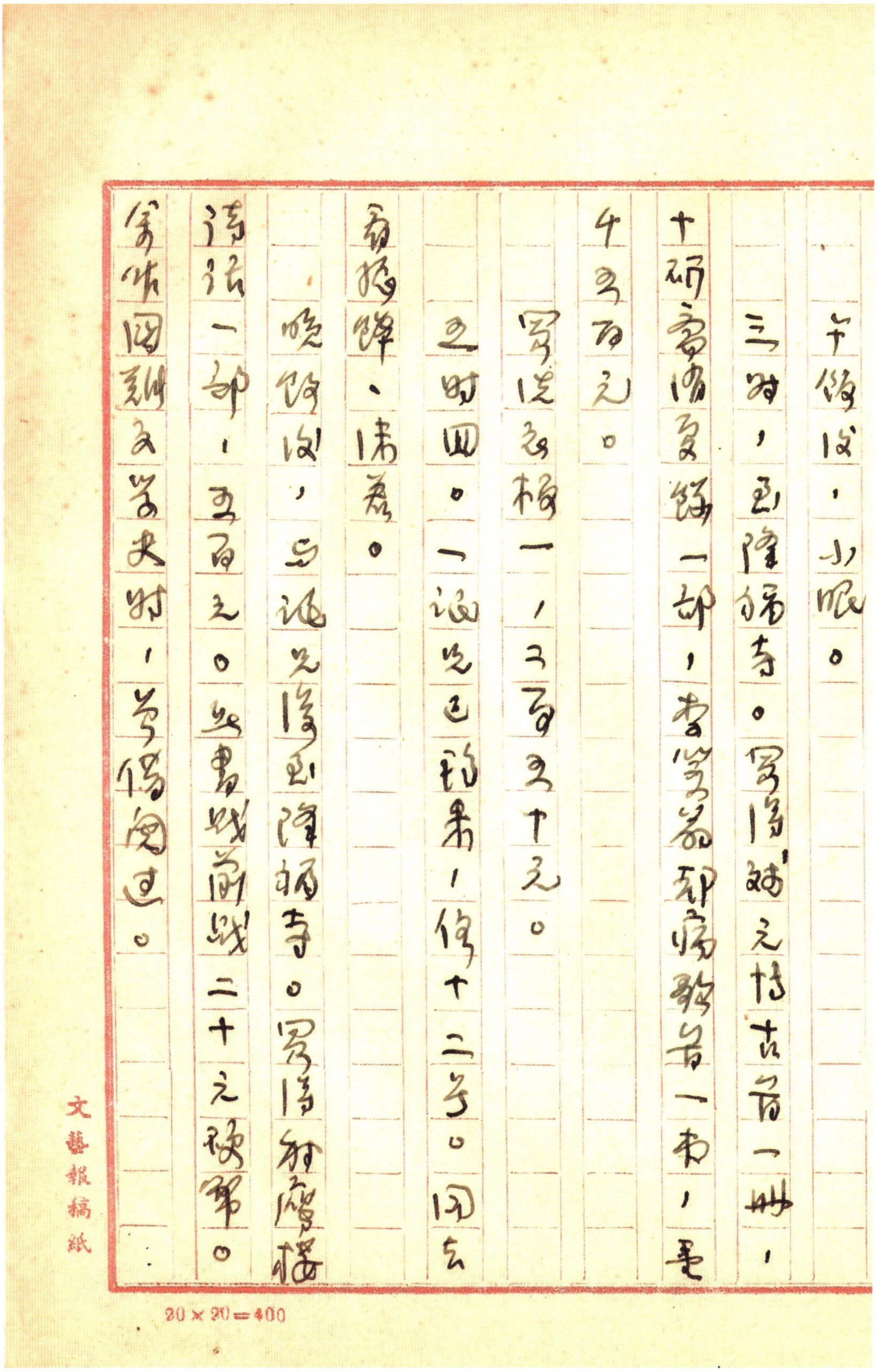

午饭后，小眠。

三时，至隆福寺。买得[illegible]之[illegible]古音一册，十砚斋[illegible][illegible]録一部，李笠翁[illegible][illegible][illegible]一本，[illegible]千五百元。

买得[illegible]一，二百五十元。

五时回。[illegible][illegible][illegible][illegible][illegible]，[illegible]十二[illegible]。同去[illegible][illegible]碑、佛像。

晚饭后，与[illegible]先后到隆福寺。买得[illegible][illegible]楼诗话一部，五百元。此书战前[illegible]二十元[illegible]部。

[illegible][illegible]图[illegible]文学史材料，[illegible][illegible][illegible]过。

文藝報稿紙

20×20=400

旋到东安市场，为可久备物。又为小惠定下文学大纲一部，四千元。

到冰场吃冰。

收拾整理一切，准备动身。

写信给小惠到陈但霞同志处，接洽工作。一活解问题，要小惠明日和小珠通话解决。

十二时许寝。

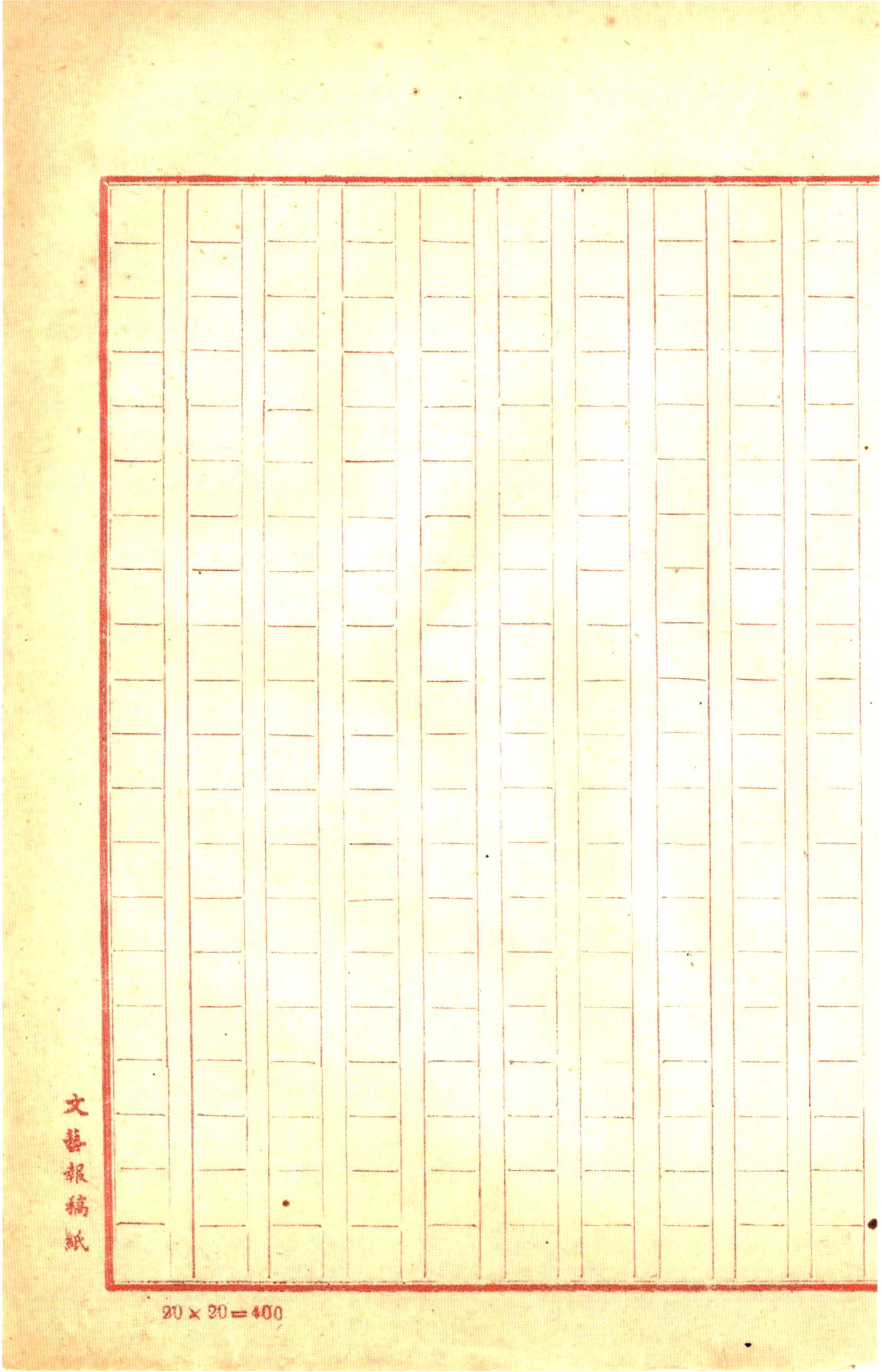
文藝報稿紙
20×20=400

六月十六日

晨八时半到津。

下车后，即去找饶彰风同志，同去配眼镜，计一万二千元。饶同去午饭，饭罢请付款。买衬衫一件（一〇〇〇）。

回至旅馆休息，崇焕晚间回旅，乃先回招待所小睡。

二时起，校报各件，至晚始完。

蓼洵来谈。

晚饭后，到子雅处，听第一组汇报，到夜

十一时，开完。
收到何璟、吴骧等函。

10×25

六月十七日

晨七时许至子颖处。

八时起，继续写报，至午，第三级完。

午饭后，沐浴，并在浴室小休。

方握坐。

二时半，开始第三级写报，至晚饭后。

晚饭后，第一级写报，至九时许完。

巴达德至，亦返家睡。

一九四九年六月十七日

10×2

六月十八日

早飯後，至文藝部晤黃部長，談至文藝處，借兩萬元。又取工廠文藝材料。

買揩帶（三卷），評彩（一〇卷），可見錄著，至十二時回招待所。

胡調從回，將各件堆於小房，讓出房間。

李鄂偕來談。

三時許，乘車到車站。

四時車開，六時半抵平。

晚至東安市場買書。

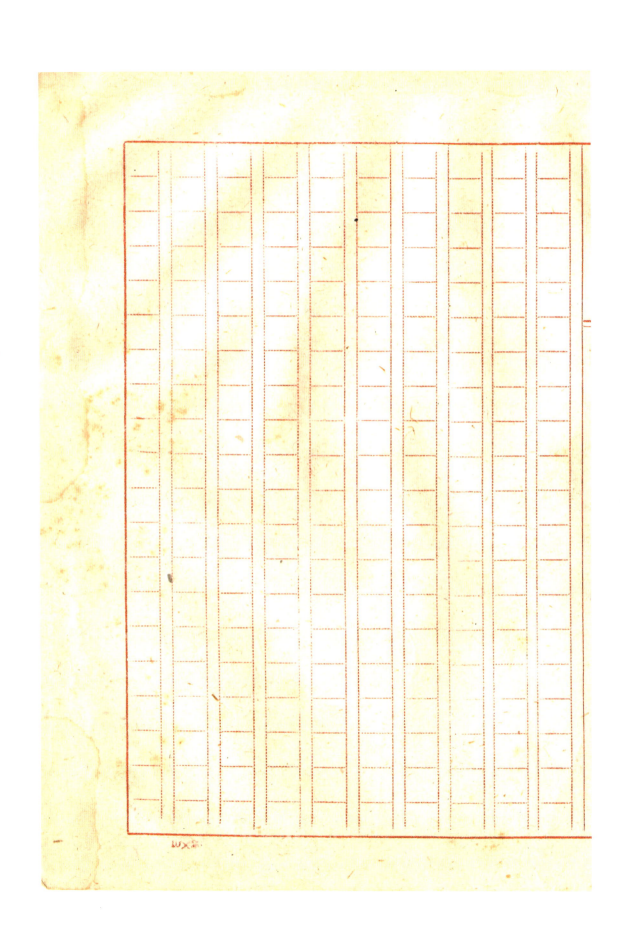

一九四九年六月十八日

六月十九日

起身後，即去北辰宮訪張愛萍、馬少波、王瀾明、米非吾諸同志。以陳坡以趙作關羽之死、平劇新編集、明為一集作關羽劇本見遺。胡考同志則已外出。

到隆福寺書肆，無所得。

到琉璃廠，亦無所得。

午後，小睡。

與葉淺予同志通電話，接洽工作事。

三時許，胡考同志來。

四时许，偕至隆福寺，买得风尉群璜合録页十余，四百元。

谢学同志留此晚饭，饭后同去迟古林吃冰，一路先为回去。

六月二十日

侵晨起，续草报告提纲。

八时半，与柯君同车同去建国东堂报告，总工厂戏剧工作，至十二时，仅及三之二，遂略去。清华戏剧系及解放区剧团均到。后陪东山、凤子游日坛。

与欧阳先生同归，在我处午饭。

曾达夫妇来作小谈。

小眠至四时许。

到隆福寺，买俗图书白画石册子一八十六

点心，价甚贱，计三百元。

晚饭后，偕同见等至起士林吃冰。

去市场，遇到何海生，复偕其至起士林，

与之详谈京平剧界情况。

十时许就寝。

六月二十一日

早餐後，到前紅井找黃吾鄂，介紹她到文化部工作。

旋赴琉璃廠，在存古齋看了一批東西，計可蘭大佛拓片一，漢大画像一，小拓片十八紙，定後再去取。

在寫古齋買得漢画像石一張，四川拓本。

張廷濟大聯一付，索五千元，未購。

午後，小眠。

二時，到東四訪傅增湘先生於其寓所，看

其次戲精有戲曲、小說至更好。最為傳目者，為乾隆新修書版小本刻，據云有可觀價，下次來時，可送回版畫一部分看。藏書時亦頗有傳者。傳聞精有甚多。

偕道至隆福寺，為說之買詞二部。

晚飯後，蔣祥自天津回。（他是為訪問京劇，政工人從事）。常來鋼聯書（她已於六日八日去蘇州），學作書，讀之屢興。

小曉只早前去文代會工作。

殘與小男等去東安市場吃冰。

收役，並過傷兵．与之在談光如作小說。

傅惜華同志以國劇画報合訂本第二冊見贈

，內材料不少。

六月二十二日

早餐後，到东交民巷漢学研究所，访问傅惜華先生。参观後，看了些四川的画像磚，很好。傅惜華晓铃同志，他也在这部工作。还認识了赵燕侠同志。他送了我一本自著的論中國作家给小说，和一本现代中國文学研究書目，都不见佳。还有两位法國人，一个研究中國文学，一个研究石画。十一时回来。

午饭後，小眠。

二时，到大华，看西伯利亚交响曲，很受

感动，生活还是非深入不可。

后到琉璃厂，在老头子处买得嘉庆[illegible]本巾箱本灯谜一部，乾隆间摹写、紫道人绘扇子一把，千六百元。他又送了我一本嘉道间人写的红楼梦[illegible]稿本一册。

晚饭后，到文代会，访陈白尘同志。

归后，收到克茵送来[illegible]作[illegible]平剧本，把稿查，至一时看完。

收到黄药眠、钟敬文两同志送来所刊之五四卅年及方言文学[illegible]一本。

在文代會致慕文彰揭片、以合一冊，在那部、我等均備同志們讚了許久。一時許就寢。

一九四九年六月二十二日

六月二十三日

何子鍇處借二萬元。

至琉璃廠買拓片。到石墨齋取前訂拓片，又選若干種者，共計單片四十八，大幅龍門二、趙謙之書畫拓片三、大同畫一、明嵩大佛一軸，合九千伍百元。又得趙滸敦煌畫文其藝術、與蘇藏東記對。

乾隆大銅刻佛像，以千一百元購得。

午後，偕子誠、光國至寶雅齋看書，借來名山勝概圖一冊，買仇十洲列女傳石印本一冊，

石造像一躯，有一独角兽，造形甚佳，惜未能摄影，因安置过高也。

晚饭后，去隆福寺，还饭。

归后，找马兄等，均约仲华，去北海吃茶，至十时许归。

研究古玺汇别。

十二时后，始得寝。

写于省吾之坤一，顾子玄群同志。

六月二十四日

上午八时，到大华审查三野演出「大翻身」剧本，至十二时完。

午后小眠。

二时，去市代会开党组会，至夜十时完。讨论项目为大会主席团、各代表团组织、章则、及大翻身问题。

回后沐浴。

魏峰代领到军衣两套，缴衣两套。

晤见赵树理同志等。

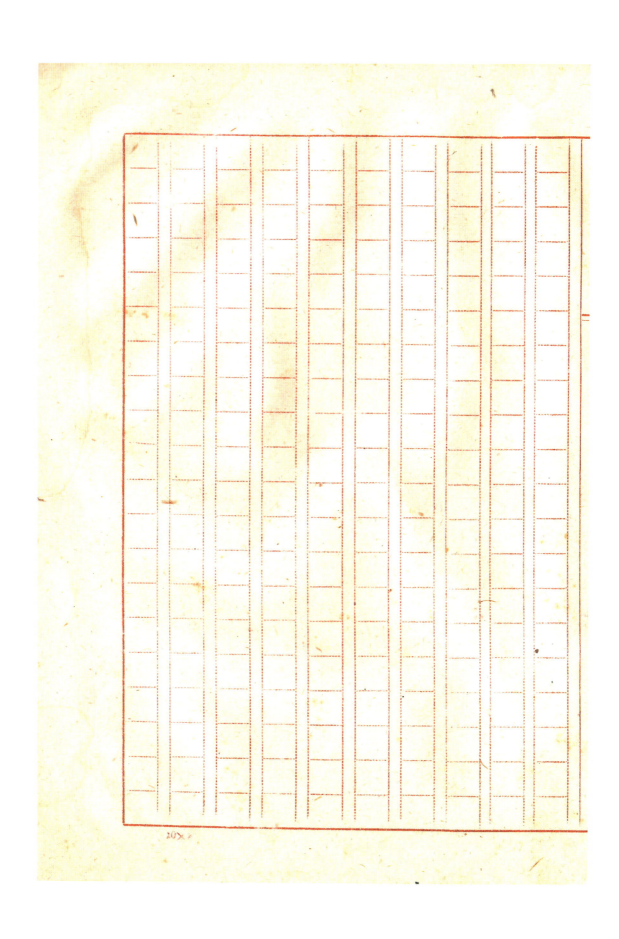

六月二十五日

早飯後，與祖光及蘧賓同去琉璃廠。因欲出資，向祖光借五千元。買陳宮幅居子詩舊拓一本，四百元。瓦鐺一片，二百元。又買舊信箋三盒，一千元。歸已過午。

午後，到隆福寺，買陳嘉猷節本金瓶梅一四冊本，明明刻楊致竹書翻本一冊，合一千元。

大雨。

二時半，到文代會，討論章程，五時完。

到东安市场，借得中国美术史雕塑篇（大村西崖）归，旋披阅一过。

晚饭后，整理什件。

看杨绛、柯灵、师陀。

乃迭来借稿，与纪元等谈至十一时许。

六月二十六日

七时，到华东代表团，访子暇。

到隆福寺修绠处，买得林琴南自评吐的篇原稿一小册，六百元。

到艾芜处借十万元。

还了扬处二万元，一说先五千元。

午后小睡。

二时许，到琉璃厂，取傅家琳所选件，计卅六千元。到蕴古斋买翠供能（金石藏）造像、段寅留题宝晋家寺西轴；何不画一；六朝造储折实一、折合储备，合约千五百元。

访瓦蕊，人不在家。

九时，与周扬同志等去中南海，向周副主席呈报，谈话约时许完。

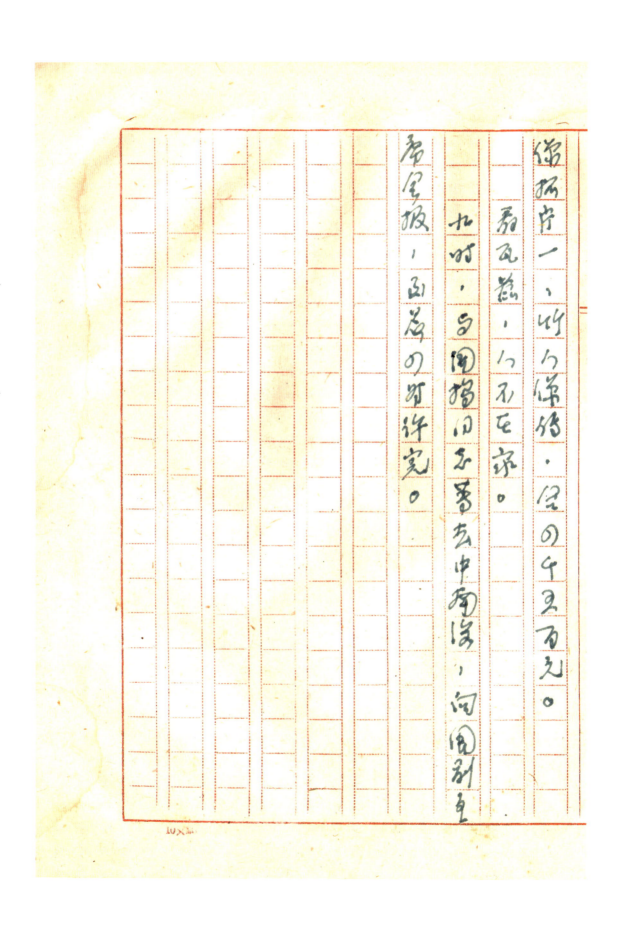

六月二十六日

雨至午刻始止。

一時半，与周揚同至華安大樓訪丁聰，據上海代表團，尚滯天津，未到平。乃獨往琉璃廠傳家，選出拓本一批，有明拓本刻一，未斷本封陶器兩軸，另蘭文湛，定六千元，未帶回。

在發古堂買拓片六張，六百元。

晚飯後，候至半時，七時三刻頃車到，中原代表團來。在此間談許久，即與其同回後寓所。

收到萬義用寄薦留書，約為華東代表團長，擬以眼疾辭之。

小丁書函，論大遵之人畫，因選出四十幅展覽之。

二十八日

晨三时抵家，睡到九时许起。

午饭后，与一诚先生傅惜华同至家看木刻，颇多绝佳品。此番所见最佳者，为乾隆黄山志、古歙山川图、康熙白岳凝烟、新刻名山胜景一览图（双刻）。

四时许，辞出，到隆福寺看书。

晚饭后，到琉璃厂，在通古斋买得洪[illegible][illegible]造像、陈簠斋藏铜造像卷一轴（未买）。傅家买得乾隆铜版画二幅。又手拓铜版画目一份，

借回飯費。（三〇〇〇）

到火神廟看瓦蘇輝，買陶漢犀牛一、犬一、羊一、又陶蒸盞一！價二千元。

小惠為到手代全登記冊。

二十九日

早起出遊。

飯後去華安旅社看饒彬、舒同志。旋到涵明戲院，為談允吳克等買戲票，備晚間看評劇富英、王迎秋、紅艷劉五。票價三二〇元。

到琉璃廠同舊書店，買得蘭雪堂刊古事苑、考古印譜鶚化（七〇〇），舊長條信紙十五張（八三〇〇），讓它一書画，照買得張燕昌鐵綫書冊一冊（五〇〇），路旁識旧画不裱一（二〇〇），得金冬心隸（四〇〇），造像拓片二紙。

到火神廟及燕古齋処，僅買得唐瓦片一、漢瓦、及陶獸一，得千二百元。據云尚有漢瓦燕片等大批者，約明晚後再去看。

归家已一時許。

飯後眠到四時半。

收到新史學研究會開會通知。

閱叢書目索來。

晚飯後，暴雨一陣。

子兒等去看戲。

馬興洲同志來訪。

10×20

夕兄着回，我陪不管，返寓。到克蕙处，商议饶彬等同志的路费先出第二批的护送队伍等，书肆皆已开门。到安乐市场购物，并由序韩停单而归。为饶彬等作介绍信，给李少英、杨帆两同志，预备明晨送去，俾得早过沪。到二时许始入睡。

10×20

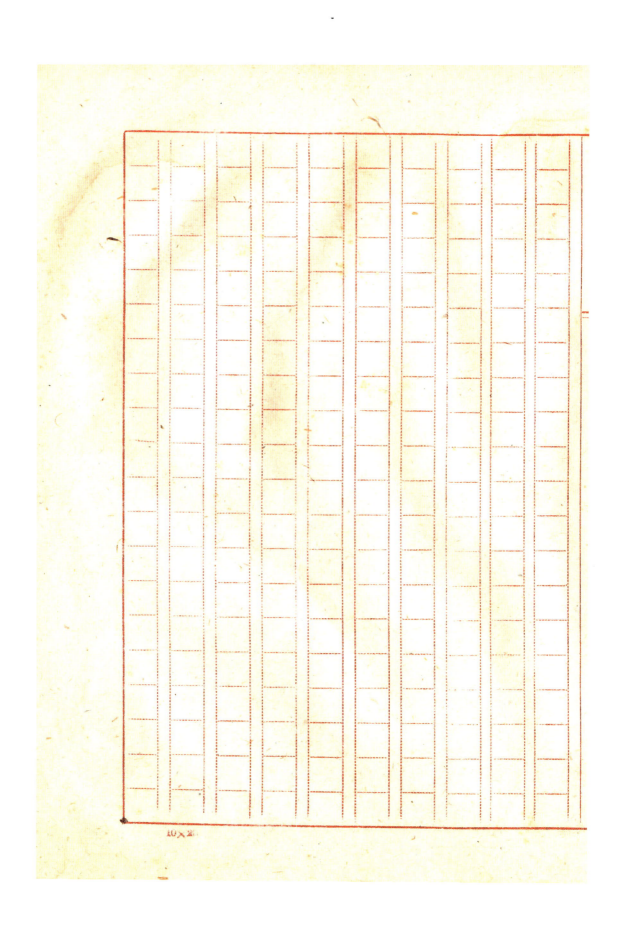

六月三十日

今日文代会预备会。

八时，到怀仁堂。

大会至十二时结束。同去一葉館吃饭——主席团——。晚饭後回怀仁堂开主席团会议。毕，续开主席团常委员。至三时半毕。

与周扬同去市府，开文代会党员大会，由周扬报告，至七时许完。

後与周扬周文同去文代会吃饭。

归已极疲，沐浴後，即就寝。

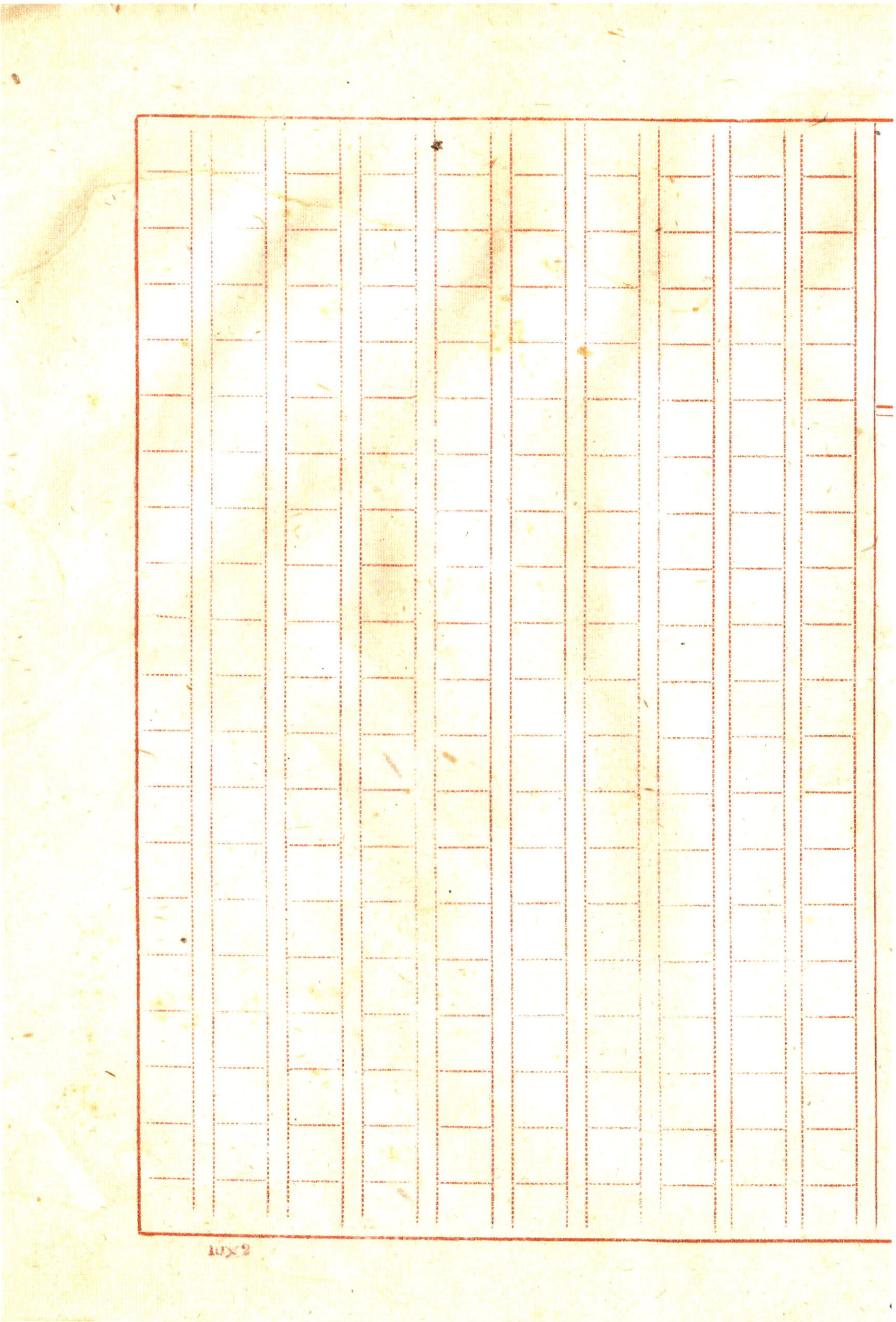

七月一日

晨去琉璃廠火神廟，買得雅雨藏書序刻本，及銅版大佛畫一張，價1100元。得唐瓦羊，及瓦斗一。

返後：到陳此生先生處看畫，有董其昌山水畫題跋華卷，大滌子手卷等，都極精。

午飯後，去錢糧胡同，無甚得，後折去琉璃廠，得唐銅羊一頭。

三時，去樓下，開新史學研究會籌備會，晤范文瀾同志。

晚饭后暴风雨，全市电灯停断。

到陆谢李，得中捐的掉首东西的传说。

归后小休即寝。

毛主席发表论民专政一文。

七月二日

文代大会开幕式。

上午约九时开幕，至下午一时始毕。

午饭后，参加主席团常委会。

三时许归，头作乾燒，背々入腰。直到深夜仍未輕，蓋舊病又因天氣悶熱復發矣。

晚饭後雨一阵。

今晚演[illegible]，未去。

一九四九年七月二日

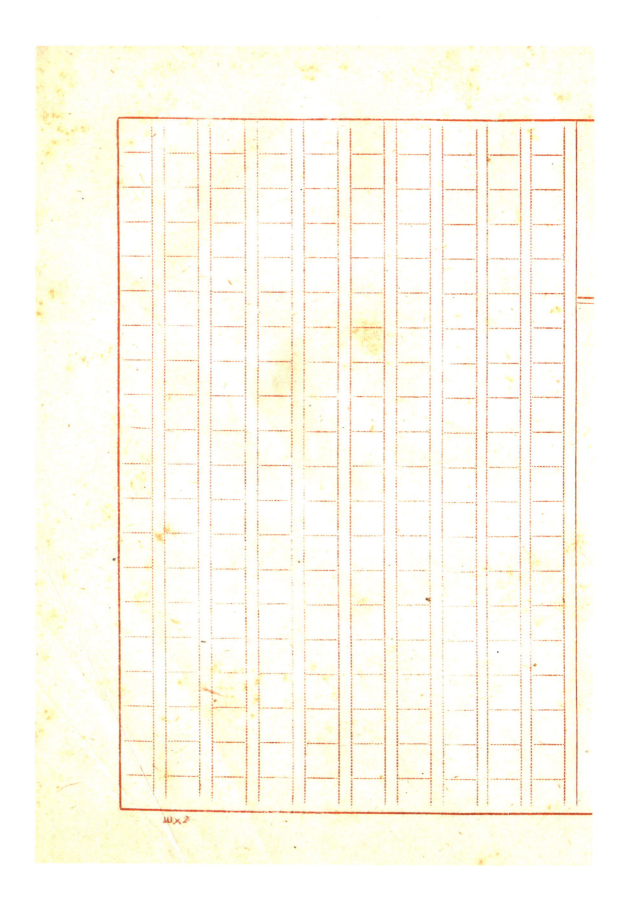

七月三日

大会第三日。

沫若作总报告，丁玲主席。

中间，柯仲平朗诵新作诗。一男工、一女工讲话。

十二时许会完。

修改文稿完毕。看广寄的包下部。看各方面送来的件。

午后，常委小会。

访问作家。

晚饭后，至隆福寺，买申报馆丛钞，石印排書本西湖游览志一部，四百元。

买西瓜一只，四五〇元。

唐鸿回家来，与唐寿兄，谈甚久。

小惠等去看野猪林。

姚鄂庵回家来辞告，毛主席要代携带之一文件寄兄。

收到赵燕声先生信。

10×20

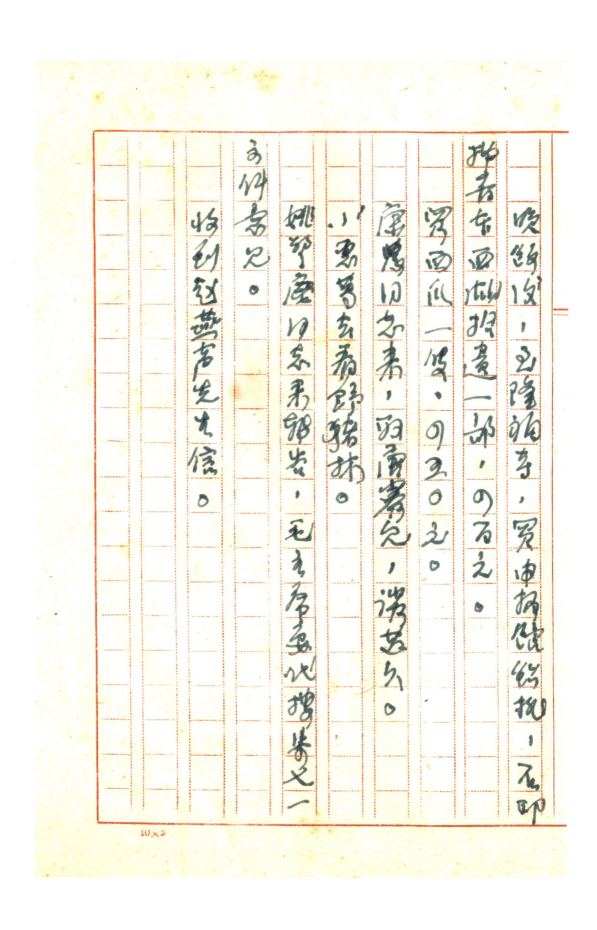

七月四日

七时半，去中南海怀仁堂开会。

大会第三日，茅盾同志报告国统区十年间的文艺情况。

天仍雨。

看马加的同志原稿木兰续写完。

有小学生来访谈。

午饭后开主席团常委会。

三时回，参加戏剧搜集讨论会，程砚秋、周信芳、叶盛章、叶盛兰、李少春均到。

晚饭后有一会，访南方一、二团话剧部分，未开。遇季吕如，与侯芳、叶尺子光、乃季思春谈。

到火神庙，见选瓦器数件。请定铜羊三千二百，砚三千，瓦汁瓶斗一千三百。刻马百。饰款件，换小瓷器二。又买小铜佛三，三五〇〇元，内二片設新，看其修好。

到头发胡同，有风拓选萧奇木刻十幅并等十张，赠我一手卷，索价二千元，看其陈仿。在对面旧书架，买得印箱东纸插画一部（棉纸陈东山、乾隆东阳县文献志一部，合一千五百元。

归来已逾十时矣。

为母亲买拖鞋一双，千八百元。

十二时许就寝，睡前看完向明所写报大工人文艺运动报告书。

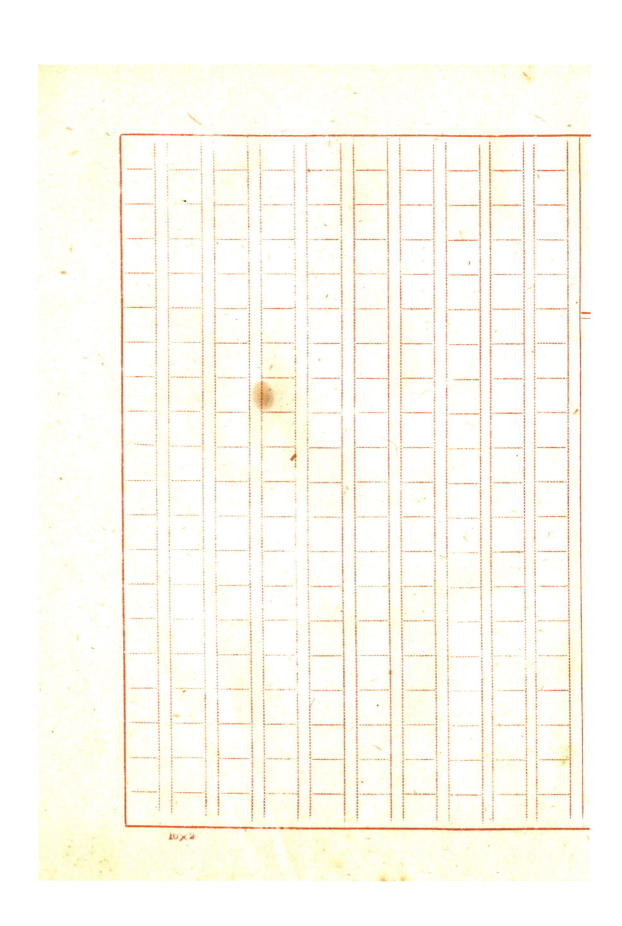

七月五日

大会第四天。

五时许起，写惠子及克农信。

八时开会，由周扬同志报告。

下午休会。与一诚同志去錢糧胡同閒看书，旋又到琉璃厰，至五时归。

收到鹤亭同志及刘伯律同志来书。

七时去怀仁堂，听周副主席报告，旋讨论並修七七联合宣言，凡三小时而毕。毛主席著陶到。晤王明同志。

归寓，与议光谈话至十二时许始寝。

函王席光明日来交代。

10×2

七月六日

大会第五天。

八时，到东总布胡同，开党组会。讨论関於各协筹备工作。各部先成立一党内小组，平剧改联技组立。

开至一时三刻，往大会开会。

今日我主席。

二时，周副主席来，开始报告。中间休息两次，至八时许完，凡六小时。

中间插入拉洋片、国剧公会献花等剧目。

七时许，毛主席来——先有一电话，谓昨夜未睡，不来——宾坊欢动。前次常来，逗至11时之久。

晚饭后回。

收到刘北樗、程瑞芳、钱琢竹的来信。

七月七日

大雨。

九时，到瑞布胡同，召开音剧党组。

午饭后归。

四时去统战部开筹委主席团会议，修订日程，通过各小组组长。

今日有二十万人大集会，热闹异常。但因六时会完将去时，值警报，有大队飞机，已自湖南起飞，会散，遂不去。

八时，到安福胡同开小组汇报，至十二

时回。时纪念大会冒雨已开完，彦祥、小岛等始归来。闻朱总司令、毛主席均到。

至一时始就寝。

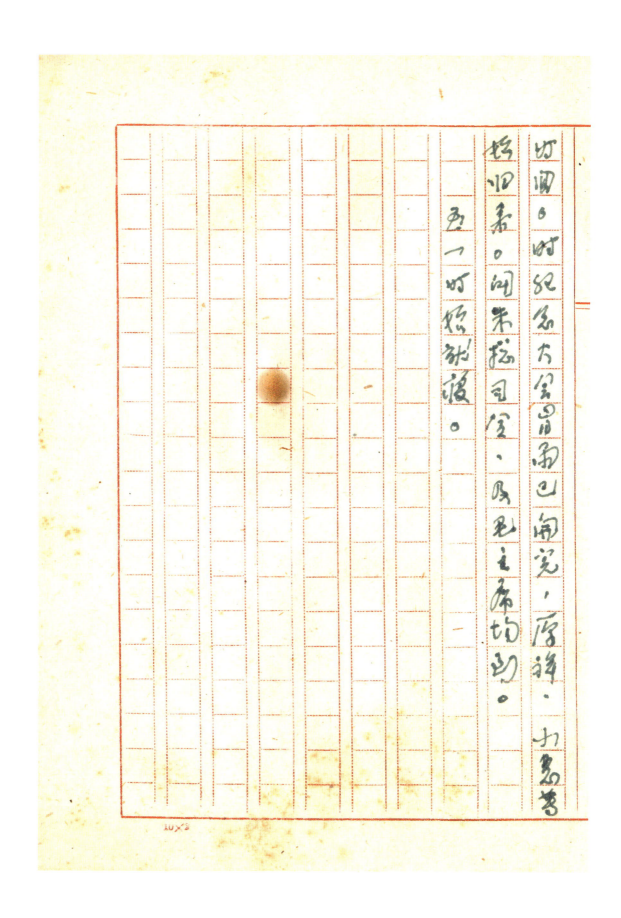

七月八日

大雨。

九时开会，大会第六天。

日程：全体主席团第二次会议。

下午一时许，会完。

马少波送路良平剧稿来看。

腹泻过甚，但休息尚适。

一九四九年七月八日

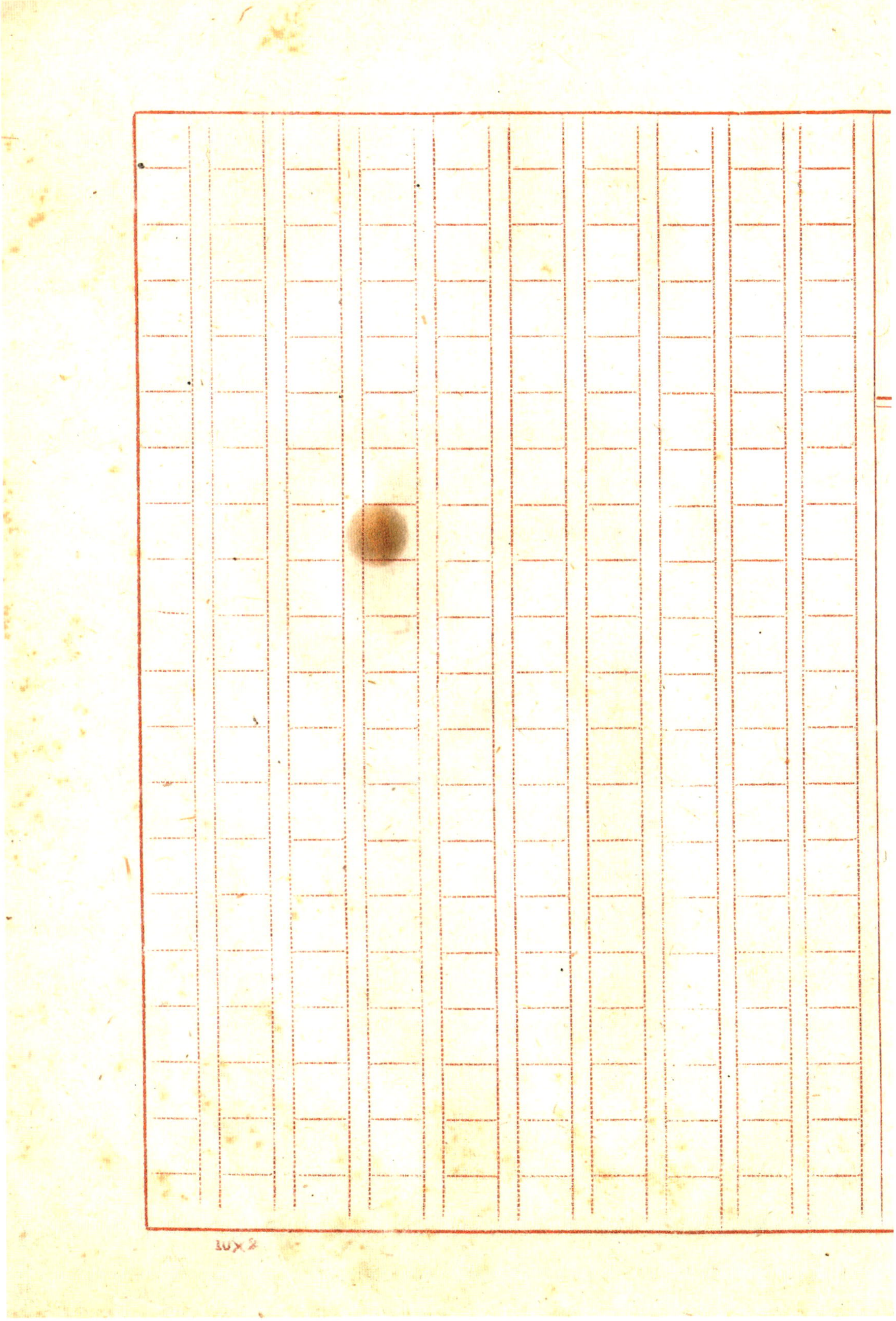

七月九日

大会第七天。

天仍雨，年成将無保矣。

陈伯达同志讲话。

丁玲同志报告[illegible][illegible]经过。

阳翰笙、柯仲平，各十五分钟发言。

傍晚，主席团常委会。

三时，至翠明庄，开小组召集人会议。

六时，在楼下阁楼，开会讨论招待演戏码，並召请梅兰芳、周信芳、程砚秋、叶盛兰、葉國宰、李可為、袁世海等，姚玉芙亦來，函八時許散。

携寶梅、周兩晚餐而回，移尚未定。

同時收到吳子安四件。

收到芳青今自冀中來函。

收到文藝報第十期。

雪峰以所著寓言三百篇見貽。

今日收到書證文件五種。

餘收，這甚慕此小冊。

10×

七月十日

八时前，删完山东报告。

饭后，至隆福寺，得明刊五岳纪游诗二册，记录完，计一千元。

到文萃斋，取画十万元。

回报社，告莉，致莱的稍午饭。

到邃雅斋询问，得手卷二，一蓬莱缘境图，一罗汉写记，两轴合七千元。

到琉璃厂火神庙，付出砚台六千元。

以六〇〇〇元得小说杂韵如像二〇

到大會，第八天，自由發言。

午飯後，開主席團常委會。

繼開藝劇組會。

六時結束，出琉璃廠雜件，購碑拓二，計一百元。

歸後，與小惠去東安市場吃冰，買得德國英雄一冊，文學日譯雜同錢稻孫年譜雜憶，兄之西蜀遊行。

收到錢瑞、康寧家信。

七月十一日

大会第九天，自由发言。

午后，续开常委会。

全体，去新鲜胡同，送还西谛千元。

到琉璃厂，买毛笔一枝，二六〇〇元。又买道傍之帖，四百元。

晚饭后，至国民大戏院，看华大三院演出「红旗歌」。可云佳作，十一时许返。

十二时许，就寝。

译部长自大连来，知朱部长已调，联络处

等於已調動。

下午以紀念冊之題。

七月十二日

晨去弓弦胡同，商话剧演出，因为信普获云事。

到隆福寺，得鸣亭刻见贵同原刻本（三〇〇〇）一部，影东观汉记（二〇〇〇）一部，罗隐诗千秋逍总肯一部（以寄阳隐东给他，我他一〇〇〇元）。

到东安市场买物。

泽部长来。李主席约去前门吃鸭。他今日

下午结稿。

饮酒，整理信稿电文。
到大神庙，又得恩爵备一，未议价。
二时闭会，第十天，自由发言。
晚饭后，续开主席团常委会。
收到江清风日本信。
与一谈出浅读。他今日买得何写眠著「观潮书后」の文，極佳。
十二时睡。
大学路纪念册（东北）、交通报、改薰宫乐帮抄制。

七月十三日

晨，蘇藝同志來談。

今日下午休息。

早飯後，與諒先到琉璃廠，買得漢五銖二方，一瓦硯「衛」字，一磚硯「王昌」。合二千元。又去觀復齋取來蔣香山羅漢卷，及小麻姑山舊手卷，此可掛，前者甚精。

去寶晉齋得彌田碑拓一份。

午飯後小睡。

下雨。

三时，去东総布胡同，人皆未到，候四刻始到，谈组。

晚饭后，去东安市场裁衣买衣。到隆福寺取回千乘斋碍苟释书录。借到三古斋找所见图女，至九时回。

灯下，看郘亭书目，四码释。

改读诗两纪。

小书中觉得有画一本。

七月十四日

大会第十一天，通过章程及选举规约。

遊宝阳，经琉璃厂翠墨堂，买得旧信笺十四张，刻极精。又各种拓片十余张，合一千六百元。又康熙刊宋、道第一，六百元。

後园開会，至一时完。

午饭後，開主席团常委会。

晚饭後，至东安市场穿军衣样子。

归後整理搨集。

七月十五日

今日出席代表团初选候选人，未开大会。

九时，去中南海，取得艾青向我所整提案、拟后再去琉璃厂。收回所订合编，补得汉魏、唐羊、汉小动物二件。到翠墨斋买得六朝造象印拓一份，凡八张。又一份三张。合一千元。后者尤精。

归后整理提要目，至三时许完，送交代会付印，并阅览俱完。

晚饭后回，与一诚兄，阖家去看李桂的柳

子娟二，果然不差。李是梅兰芳学生。至十二时归。

又大雨一阵。

一时许始就寝。

七月十六日

大会第十三天，讨论提案。发东北画报社新刊古元、彦涵木刻选集，及古元彩色木刻。

午后开常委主席团会议。

毕，谈开平剧改进会议。

毕，谈开中苏友好发起人会议，听恩来主席及朱总司令报告。

晚饭后，至琉璃厂。买得唐俑舞女一、[illegible]廿广告纸一（[illegible]）、旧拓汉[illegible]画象三張，說高治國想作拓片一（拓片二千五百元）。大雨，乃乘車歸。

閱新出霍去病墓畫草字作十一紙，民國初年拓，索價萬元。托其取來一看。

十時，小鄧看譚富英、王吟秋戲園。

整理檔案至午夜。

收到胡心泉來信，內有伊新攝照像一張。

覆希四日寄信一件。

七月十七日

早起后，继续整理提案。

大会第十四天，选举及继续讨论提案。

发表在文艺第三期。

选举后，我继续讨论提案下去。

午饭后，开常委主席团会议。

巍峙同日回津，托其取五万元。

三时回东楼布胡同，开党组会议。

晚饭后回，一说起来怀思录一部（嘉靖东谈怨原录，此书历东也），索价郭陆拾元。首观音及木刻像、拟摄其像，归其书。

小书木刻之先声，今日始买到一本。

灯下，看拟写录并拟录其目。

十二时就寝。

七月十八日

九时到怀仁堂，开提案审查委员会。结果派凌青一人来。十时乃离去。

到琉璃厂翠墨堂，选出拓片一束，以掌柜不在，未议价，亦未取回。

到墨宝斋，买得拓片二册、簠斋藏石，凡四十幅片，二千元。

到取灯胡同，取回兰亭吾第一拓本。又买乾隆间花纸，仿藏经纸各数十张，一千元。

下午二时，复到中南海，开戏剧协会筹备

写，至五时许完。

云霁昨自山东济南来，来访，留之饭。

饭后，至龄夫妇来访。

买杭州山水及文园狮子两图各记二本，九百元。

休息，整理，十二时寝。

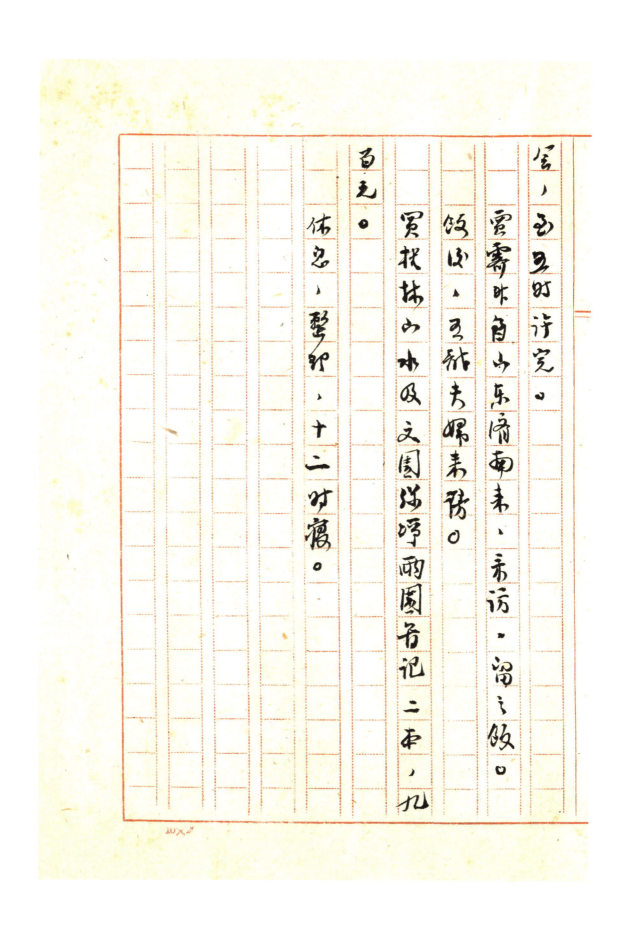

七月十九日

大公公司開幕，上午開幕式。蘿倚西取來五萬元。午飯後回。旋與誠之去孫瑞霞，迅雨墨拓畫卷——萬壽山五百羅漢及小蘇姑——及備之一部。旋經隆福寺書肆，買傳馬湘鄉藏黃樹與鬘合兩冊二卷，三百元。南陽畫象集，索八千元，未購。

晚飯後，到取燈胡同退手卷。買西風刻掃

古本搜神記六卷（一三〇〇）、明活字本蔡中郎集一部（一五〇〇）。

小明等往看跳舞。

七月二十日

晨去弓弦胡同谈演出事。

到隆福寺，在文奎堂见到程乙本红楼梦，闻索价太大，惜仍存其书。又收定待各种为三。○○之，交付之。

议摘阅画单价，画出字画千，不成。

到信芳处开旧剧组会议（招集人），画下午二时许始谈事。

归，龙榜已在，与之谈在苏联搜集之媒材料了。

旅大文代会開党組会，至七时。
因过疲乏，归后但休息而已，不能工作。

400×20

七月二十一日

晨，阿甲夫妇来访。

到隆福寺文奎堂，请定程乙本红楼梦价格为陆仟（存1/20，9/20回），又买得乾隆红楼梦印谱（一五〇〇）、及秦淮八艳图（五〇〇）。

归后，处理梅兰芳演出，又与欧阳先生谈剧会议事件。

午后二时，到文代会商演出会议、及戏剧组代表会议。

五时，中央在楼下宴大会代表、朱总司令

及大會代表均到。

晚，徐平羽同志自南京來，談至十二時始去，彼住勵海飯店。

又思向致來小宮請記一部，未審肯否？

小思至華東代表團，為致之代余訪購人民文藝叢書一部，凡五十餘冊。

七月二十二日

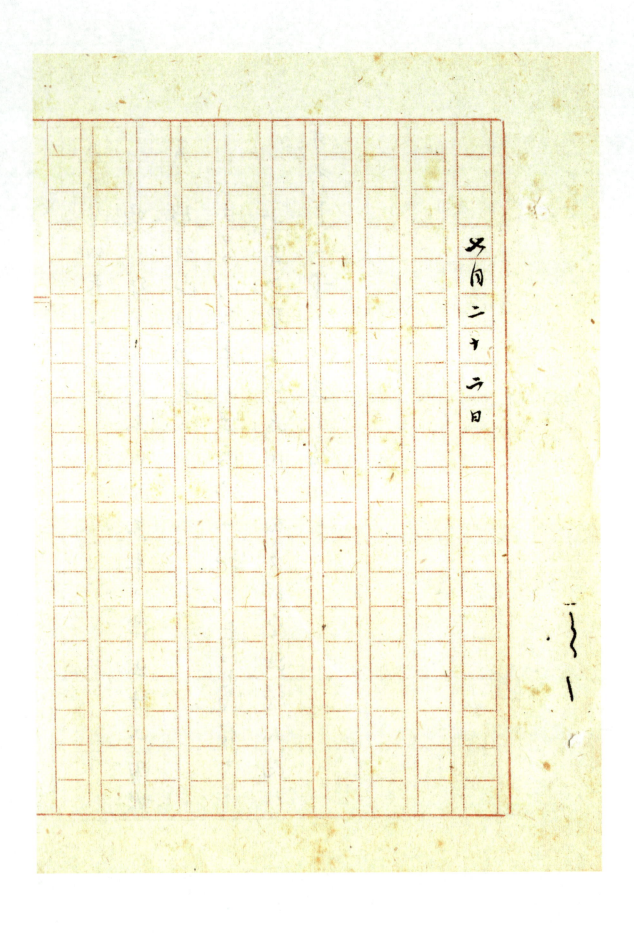

一九四九年七月二十二日

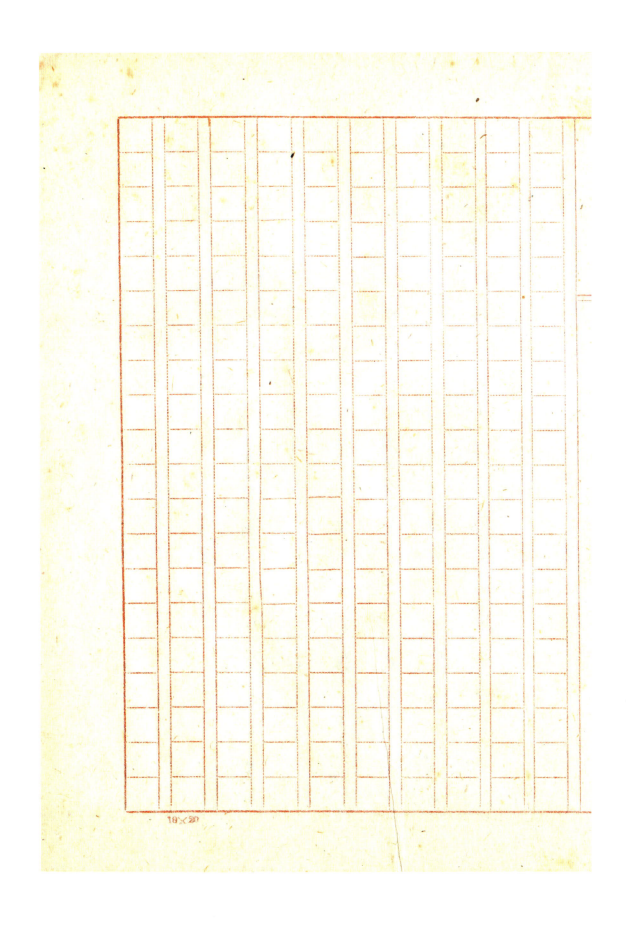

七月二十三日

整理档案，至下午一时始完。

旋至楼下开全国委员会，广生常委及各部负责人，选出席政协代表，至晚七时完。

晚饭后，与曾克等去长安大戏院，看梅葆玖及昭关，叶盛章、李少春、叶盛长三岔口，及梅兰芳、刘连荣别姬，至十二时才回。系新政协晚会，毛主席及朱总司令均到。

一时许始就寝。

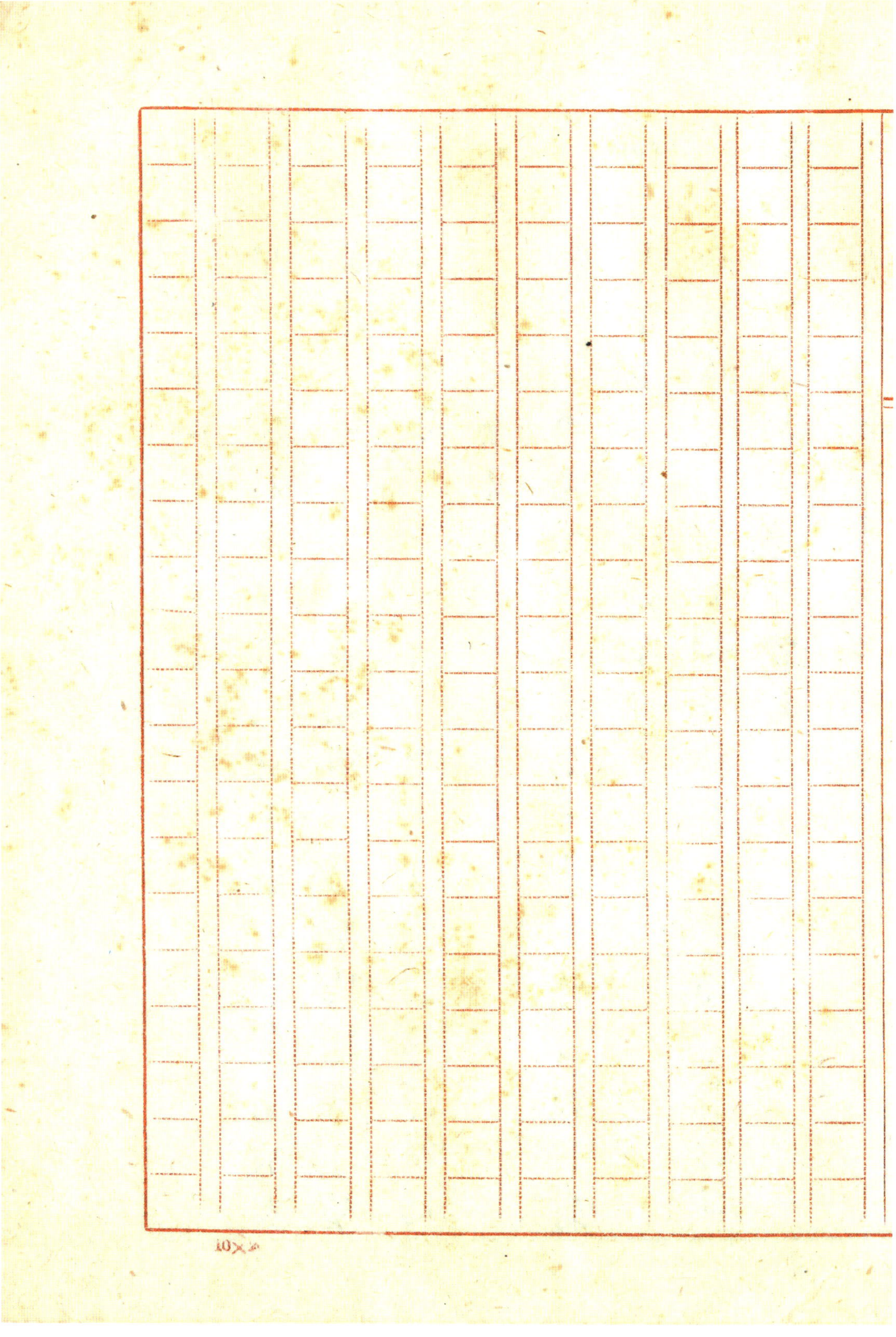

七月二十四日

今日剧协成立，吾以为这协会开会未能去，但结果，协会今亦未能开成，乃去隆福寺，买得方尹秀同墨拓东张轴一件，乃证实前此得实伪刻也，计五万元。

饭后，与平伯至琉璃厂一带，谈又经订鞵胡同看字画，迫晚饭时始回。

晚饭后，又与之到隆福寺，买得毛西山题笔记原刻一部，计八万元。

归后与说之写漫谈而已。

江南风日好以下送来。

七月二十五日

大雨，午后止。

去剧协会，到信芳、章倩、田汉、天民等，商谈剧协会问题，至下午四时才结束。

与总部党组同杨同来谈程砚秋晚会事。

米谷同志、请风同志来谈。

晚饭后，往琉璃胡同，买得万历张刻东睐留集——白棉纸——，没此部，又宋元诗归诸馆集五卷（一五〇〇），缘修缮堂有一部完整者，当去买来。张东荪有缺残之卷，收谢翱材料，極可惜。

議上以撥東榮商費支讀之路。

十二時許寢。

二十六日

早饭后，往香华旅社平津一团，访孟云同志等，商天津解部问题。旅西琉璃厂，买得五百人造像及大观造象各一份，合三千元。

归后写备旧词大字。

四时，与谈先生同去隆福寺，又得杂照诗东晞楼集一本，三册相同，适观定本，而其如事情也。

晚饭后，米先、陈竹、之明同去相继来谈，至十一时许就寝。

一九四九年七月二十六日

七月二十七日

继续筹备明日戏曲改进会开会事。

晨去晋剧处，取回票五张。

下午二时，剧协全国委员会开会。

晚饭后，去琉璃厂，见到汉霍去病墓刻石十一张、李可染画。买碑拓三，金作张宝珠四张，合二千二百元。

到珍爱胡同，取来吴东荣山水一轴，又买得旧拓西湖十景画一本。

晚到华东长安看戏。

纹

10×20

二十八日

今日戏曲改进会开发起人大会。自上午九时半起，至下午四时半开完，产生了筹备委员会。

五时许，去长安戏院。七时半开演。李桂云蝴蝶杯、周信芳、叶盛兰、袁世海、小翠花等四进士，至十二时完。

时天已大雨。

回家即寝。

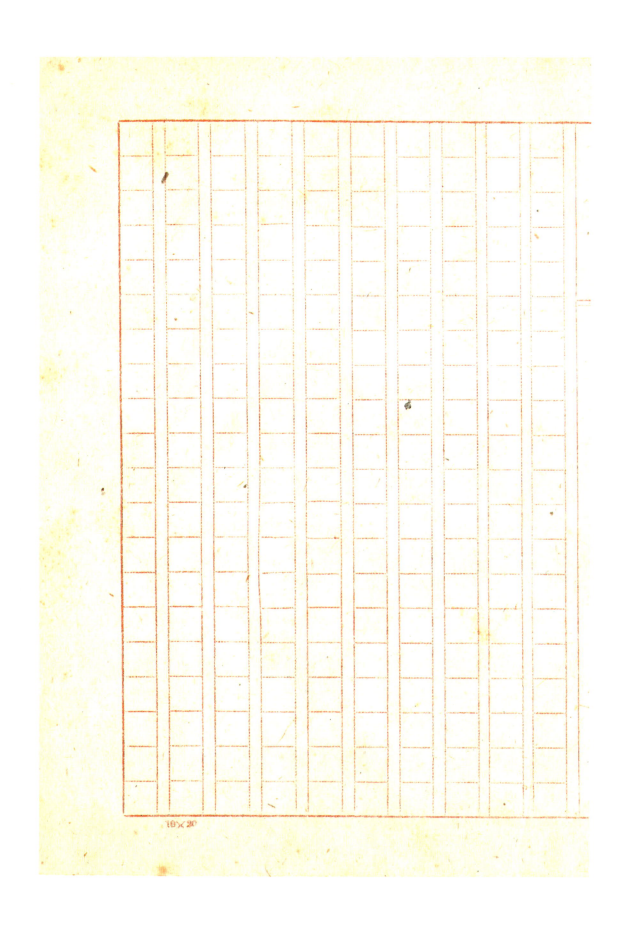

七月二十九日

终日大雨。

午后四时许，与一诺、平初同去到傅惜华先生处看明清木刻酒牌，约百馀张，颇多佳品，最早者似在万历以前。

晚饭后，整理稿案完。

小马如为觅二箱来，就寝前装好一箱，托发已来不及，交群众剧社带回天津矣。

十二时就寝。

10×20

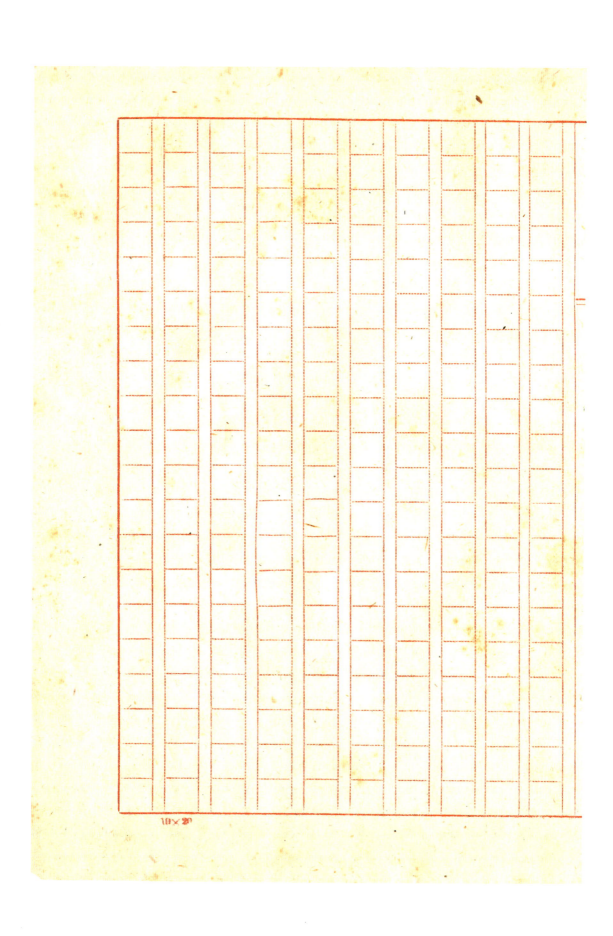

七月三十日

大雨终日不止。

晨，彭慧、柯灵、孔另境等来谈。

齐燕铭同志来电话，谈梅先生问题，刘主席要其留下。

写信与可夫同志，沼小粟等回南事。

午后，看完王水同志剧本。

马思聪同志来。

写信与钱群竹、易信同志。

平羽同志来谈。

晚饭后，冒雨与说之去琉璃厂邃雅斋看书。买得郑东渊知远一册。又李秀成供词标用为「新刻永安州英雄起义」者一部，原刻为祝头请瑚本，及乾隆间刻西湖志，皆与时晴斋不同，随后另一刻本。此数种皆可搜买。

回家已十时许，雨仍不止也。

七月三十一日

雨。

九时许，冯尔和同志来谈。

午后，至文代会开旧剧会，选常委及各部负责人选。

晚饭后，与振飞、平明、去傅惜华家，看惜藏小说及木刻，明版册页一种尤佳，每幅题词一阕尤妙。

归，翦美、王冰之在，谈至十一时许去。

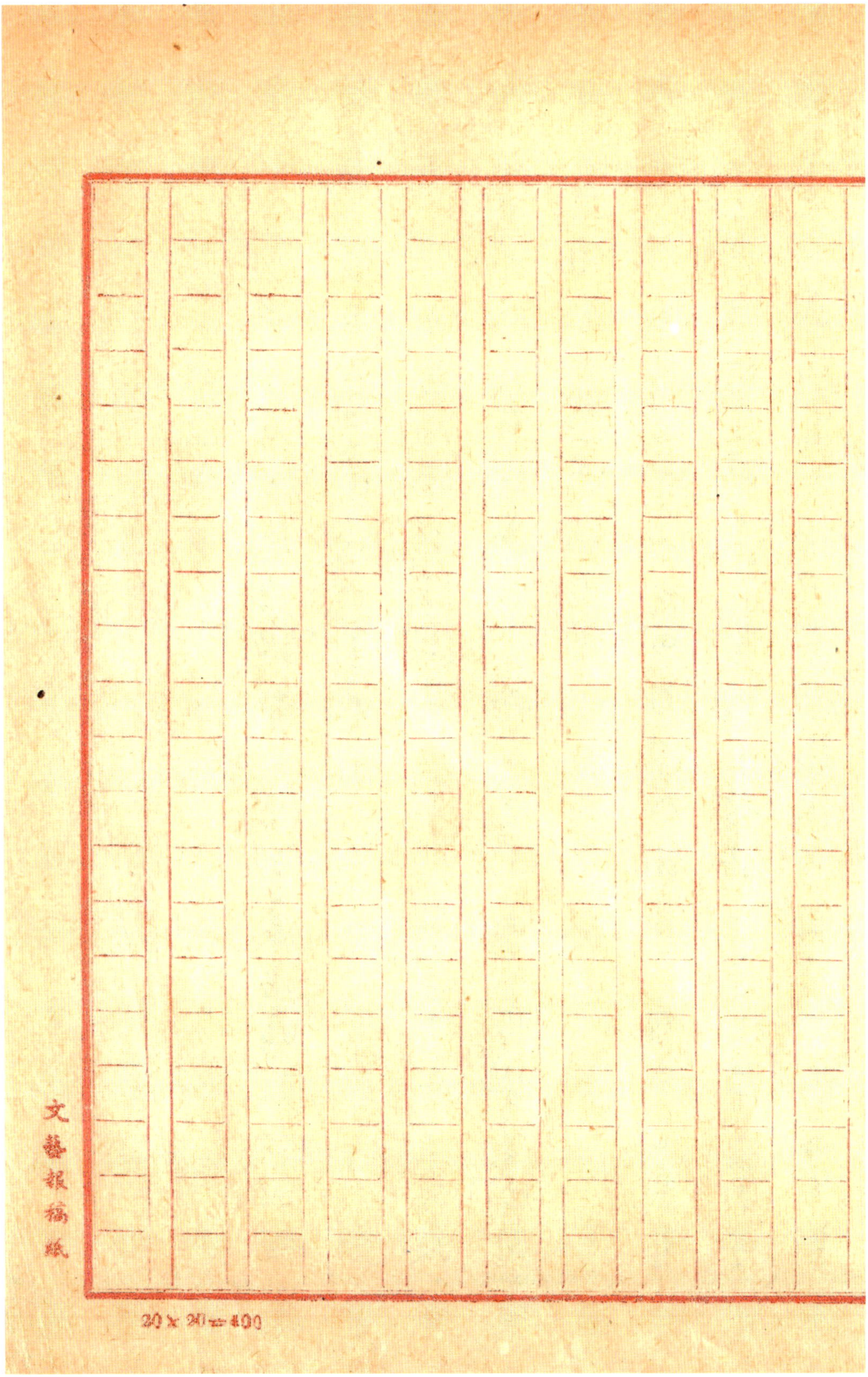
文藝報稿紙
20×20=400

八月一日

早饭后，往组织部，为小惠序辞致介绍信，并与乃超谈伯奇事。

在其附近得泽泻集一本，百五十元，又改文易临如摇蹶的一册，百元。又得罗学娟时选词选一部，跋语见。

小惠云，下午四时可能动身，乃为之作书，计与海有冯雪、夏衍、黄源、李之华、萧守一、苏伯看、胡以旻、杨帆、廷骧、陈医生等，苏州只一、钱瑛、吴地贤之希同、严学优，西

三时许始定。

向议之价二万元，付彼万五仟。

回时，到留香阁取衣送行，唐祥借去。仅凌鹤、苏帖、篆帖去，乃留一件。至张鸿翔，买得经摺拓本一轴而归。

晚饭后，至隆福寺，买旧纸六百元。到先农处谈至九时许始归。

华东代表团今午回去。

文藝報稿紙

20×20=400

八月二日

早，写信给景深及留京任，交小惠序解代去苏递。

八时半往车站送行，与雪峰、巴金、子展、家璧等话别。

车十时十分开，逕赴上海。

与吴天同回，稍谈辞去。

周露来谈去天津事。

二时去文代会，开指导部会议。未成，乃去东安市场购物，得周作人秉烛集及日刊周作人随笔钞各一册。

圣宜斋主人携唐拓武梁祠来，计一轴，黄小松题识，许乃鹏跋，计剔旧拓共十二件，嘱其明日全数取来看。

晚饭后，乃儿母女去中央公园，我与祖之及陈此生到傅惜华处看书。所刊黄九烟集及倪元璐所写原本楷作。同窗见寄新作若之诚斋牡丹诗尤妙（王清刊），收牡丹诗及牡丹百咏，皆甚好自作。

归后访吴之玑同家。

文藝報稿紙

20×20=400

许姬传先生来访，谈梅先生事。

到一诚兄处翻名宋词集。

十二时就寝。

一九四九年八月二日

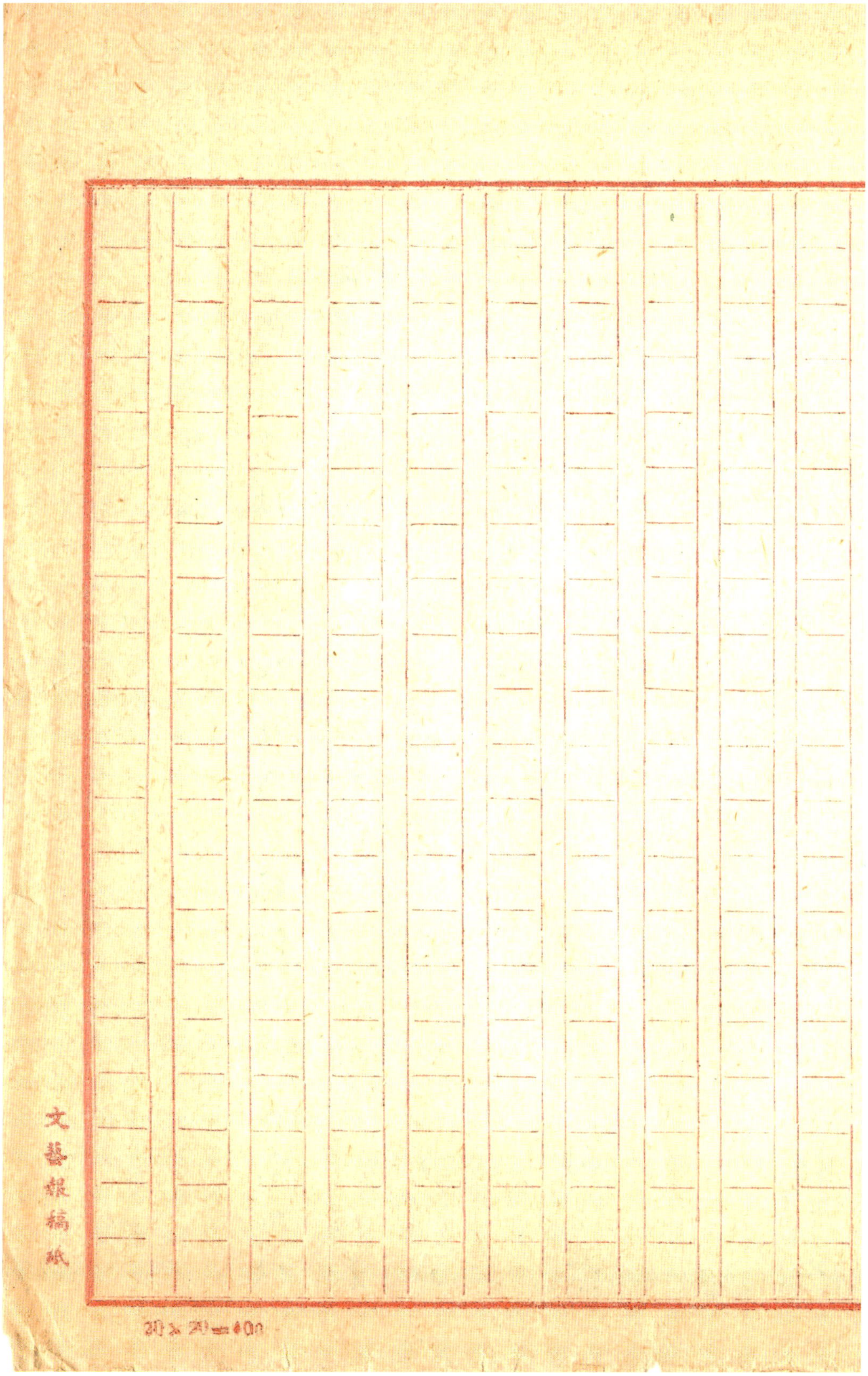

八月三日

晨，与谌兄及振铎同去琉璃厂。取来明以前武梁祠拓本断片二，造像二，合两轴，价未议定。全共十二轴，索八十元，硬币，无力购取、隋十轴亦并不见佳。

到通学斋看书。有谭丁文颂小品一部，索三万元，未购。

午后小眠。

四时许，至隆福寺，得邃雅斋尺牍精本十七页，吴大澂三页，索八千元，未作最后决定，待其与售座商议，俾当取回。

中午，王家一同出来。

晚饭后，以梅先生送来二票，偕长安观剧，同儿母女俩。戏码有两轴，为李少春、袁世海之拜山，及梅兰芳、周信芳之打渔杀家。

大雨，不得回，乃电话记之，派车接回。

收到小珍在文代会所摄我照片两种四张，尚不坏。

文藝報稿紙

20×20=400

八月四日

晨，送小雲去蘇州。

訪王伊祥，借三萬元。

到琉璃廠，得明畫山豬及漢人各一。

買得康熙本周櫟園讀畫記、顧苕公石林記注，及吳蘭修東西廂記北曲、通行本沈高士奇諺及曲言樓詩，共五千元。

下午小眠。

三時，楊晃來此商討指導部工作。

張凌青、馬少波同志來談。

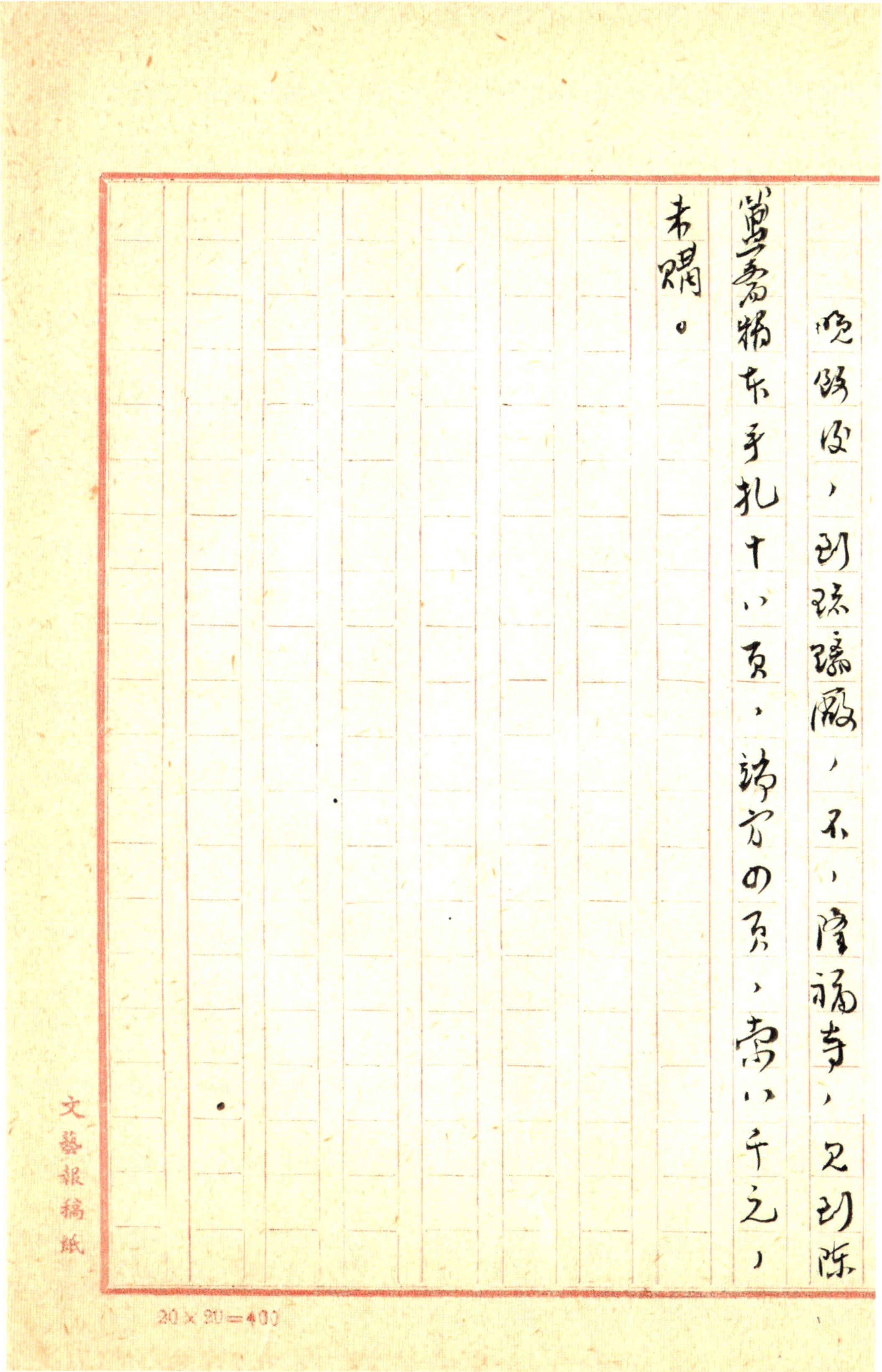
晚饭後，到琉璃厂，不，隆福寺，见到陈簠斋精本手札十八页，诗字四页，索八千元，未购。

文藝報稿紙

20×20＝400

一九四九年八月四日

八月五日

晨，找过孟波同志。

华大派车来接，八时半去做报告，十二时回，微雨。

午后，与振兄、此生、莲斋同去琉璃厂看画，我买得两执扇片，三百元。武梁祠两轴，萬元仍不肯售，退去。

晚饭后，到隆福寺，无所得。买药、买纸而回。

沐浴。

信芳、许姬传相偕来谈，十一时许去。

文藝報稿紙

20×20=400

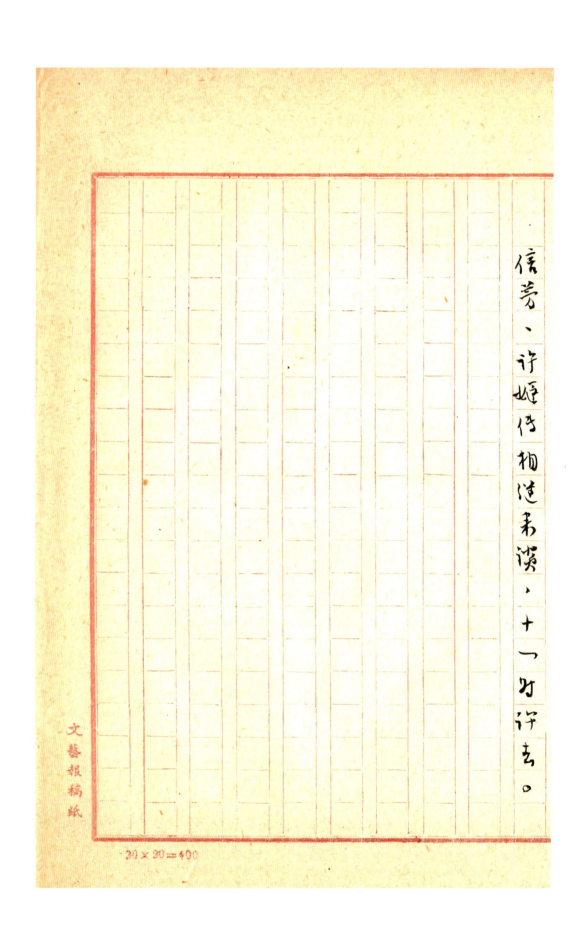

八月六日

写信给小鸥、留大连小组同志。

振铎兄来谈，拟云以民人选使。

由平羽找郭老写字一幅。

傅惜华来，以北大戏曲音乐展览会目录及彩饗仁俗集见赠。并闻来留平能撰写平剧人名单一张。须设法去。

二时，去宗闻戏曲会议。

李桦介绍一牛姓工程师来，转介去高教会张宗麟同志处。

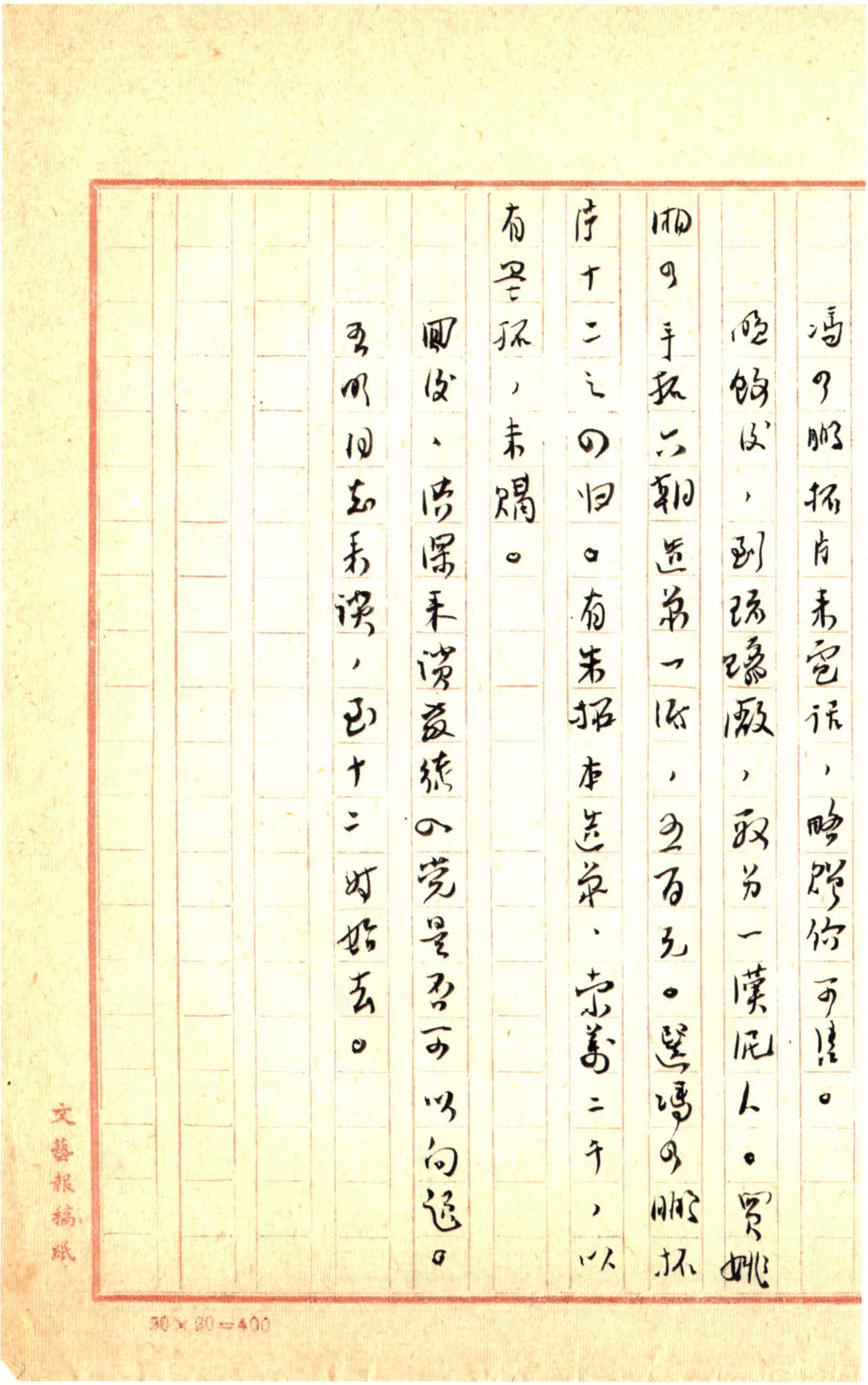
馮乃鵬拓片來電話，晚間約可送。

晚飯後，到琉璃廠，取得一漢陶人。買姚鵬手拓六朝造象一冊，五百元。送馮乃鵬拓片十二之四归。有宋拓本造象、索價二千，以有墨拓，未購。

回後，浩深來談發綫的觉是否可以向退。

夏明同志來談，至十二時始去。

八月七日

晨，访克农，不遇。

到隆福寺，买得古端砚谱拓本一册，价二千元。盘斋小录、及浙江行宫西湖胜境图一册，合四百元。

午后，唐弢、丁聪来。

二时，开校曲目，至五时完。

偕与田、周、洪、郑、马等去为梅阁送行，晚饭六国饭店。

雨。

到周家約同傅家，与歐陽同去，看杜穎陶。借華以白獺灘烟兒路，此風景殆畫中之上上品也。

十時冒雨回。

文藝報稿紙

30×20=400

八月八日

晨，函克慧如，開價五萬元。

到隆福寺還書帳。

趕到車站送梅同行，十時十分開車。

到琉璃廠，買胭脂水、鼻子隊花瓶二個，四千元。錦一對，送楊華，千元。佛二個很人價二千元，又加二百元。

買康熙東鶯殿宮詞一本，六百元。

看顧鶴卿自寫畫，造京二軸，索兩萬元，殊佳，許之。還宋東叢畫五千元。

回，午饭。

萧立岩信，赵树理復来，借十万元。

晚为了色买只亮作衣。

三时，与曹主席去看画。

六时到萧逵处晚饭，二陪同到隆福寺，

买回剧画报二本，千元。

九时许，去华荣，与竹田廿谈，看荣成年

新编十三太保京剧，不佳。

十二时半回，继阅不完。

今日借来荣禄出天志一部。

文艺报稿纸

20×20=400

八月九日

九時許到琉璃廠，發現一新瓦器鋪，瓦器已多，然未購取。

到錢糧胡同，以六千元購此兩拓幅得，一為陳師曾補造象，而跋，一為姚茫父精拓四造象，皆可寶者。

午飯後，寄一來談。

六時，與潤之去看錢糧胡同畫，後至琉璃廠，均無所得。

歸，沫若夫婦已在，閒談。

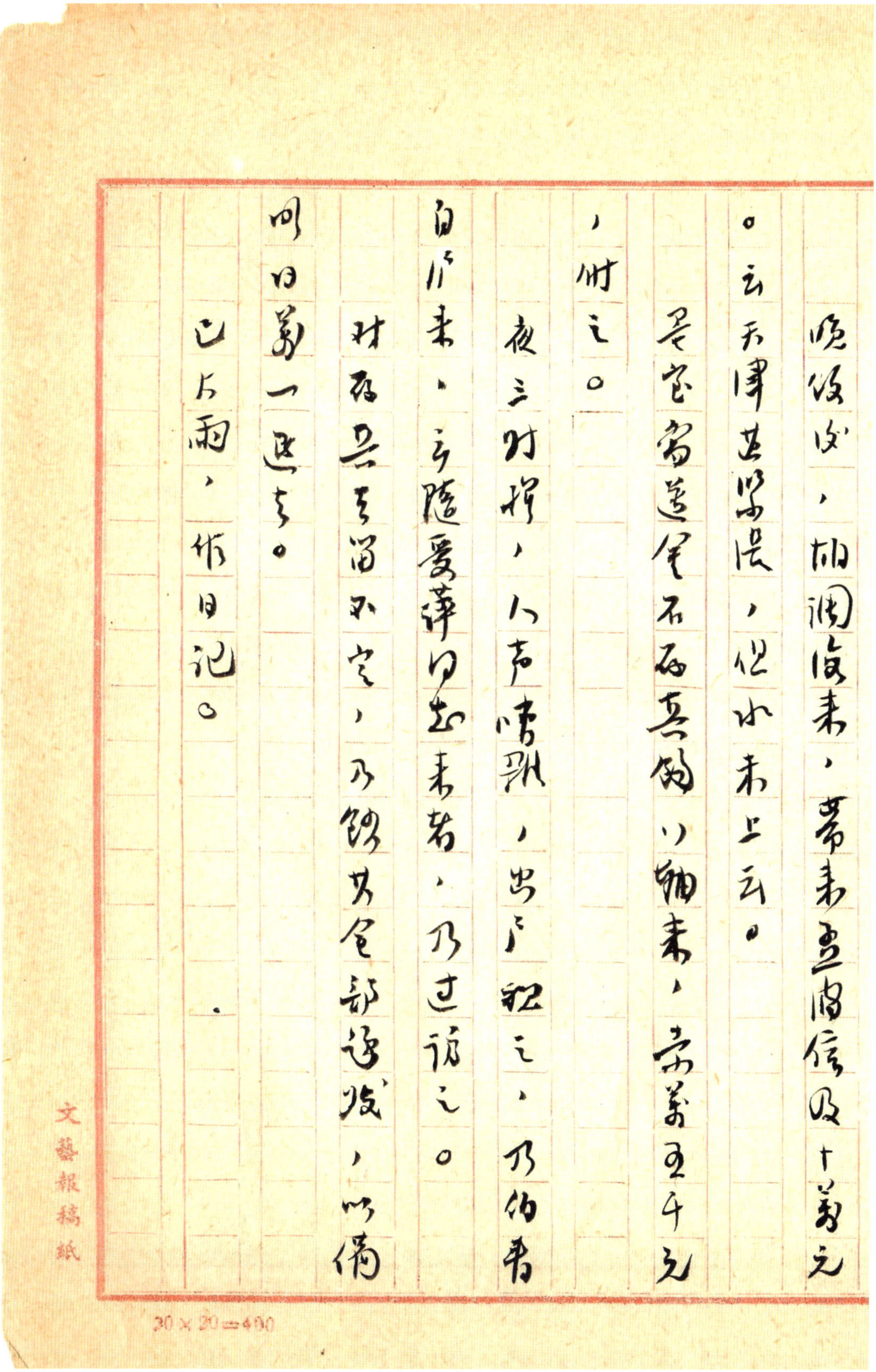

八月十日

夜三时醒，不能入眠，写铁马与小惠、孟晓、火坡三日书。又西去连二信——寄与陈穉春夫妇。

早饭后，去隆福寺，无所得。

到新中国访部公文，买得藏书木箱一个。

致陶先生及傅惜华同志来访。

午眠。

二时许，偕穉师堂，伯欢六午。到琉璃厂一新店看瓦器，仍过昂。得造象一张，又为之，送她。

晚，装箱。

蒋伯青同志来谈。

存真全部买下，再付第五千元。

胡调侯俩留平待我。

10×20

八月十一日

晨访彦祥日来，还三万元。

托彦生定座，看今晚吉祥叶盛兰及王吟秋合演吕布与貂蝉。

十一时才始回。

午睡。

丁里来电话，谓华大改明晨回津，决缓一日，与他们同行。

与诚之同去琉璃厂，买王山遗响一部，乾隆御製佛经一部（一五〇〇元）。在墨宝斋得平寄汉墓人物画象拓片一，五〇〇元。

晚到隆福寺，访无得。

买包扇一，三千元，与芳群同去看戏。回门描一段，略极美。

写信孟因，通知行期。

10×20

八月十二日

晨饭后，去琉璃厂、访蔡胡同一带走别，各书店。

午后到隆福寺，和平市场。

装箱、准备动身。

晚，运箱下楼，始来饭店。

向周扬、爱萍、沫若、一氓、田汉诸人辞别，并留函茅公，嘱为平明写字。

睡太迟。

一九四九年八月十二日

10×20

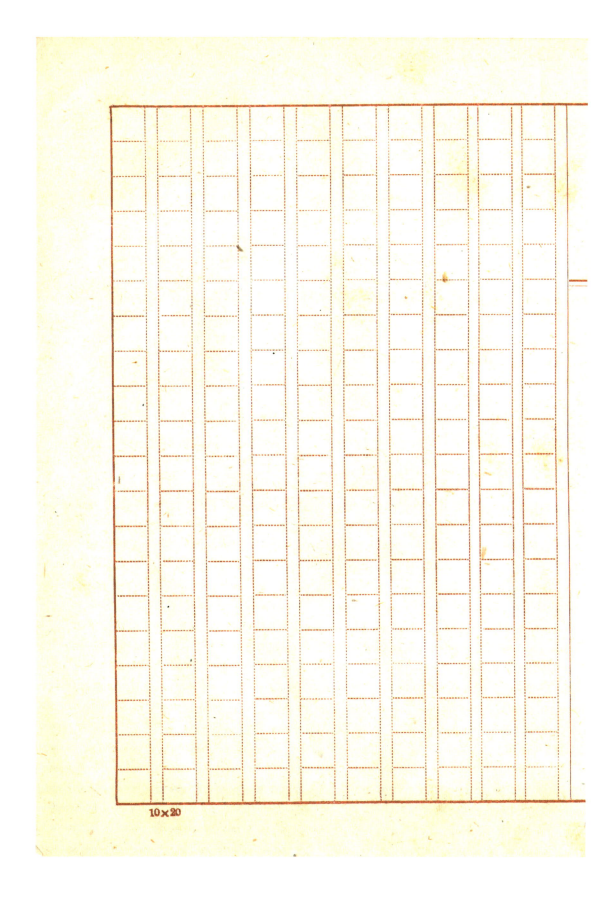

八月十三日

晨八时，先运行李上车。

我与可也母女及时到站。

车八时开，将到津，大雨。训之、孟波带车来接，分两辆。

住睦南道招待所楼上十号。

午后，孟波去，但清理、休息。

茅盾已昨自平来，亦寓此，晚间始见到。

一九四九年八月十三日

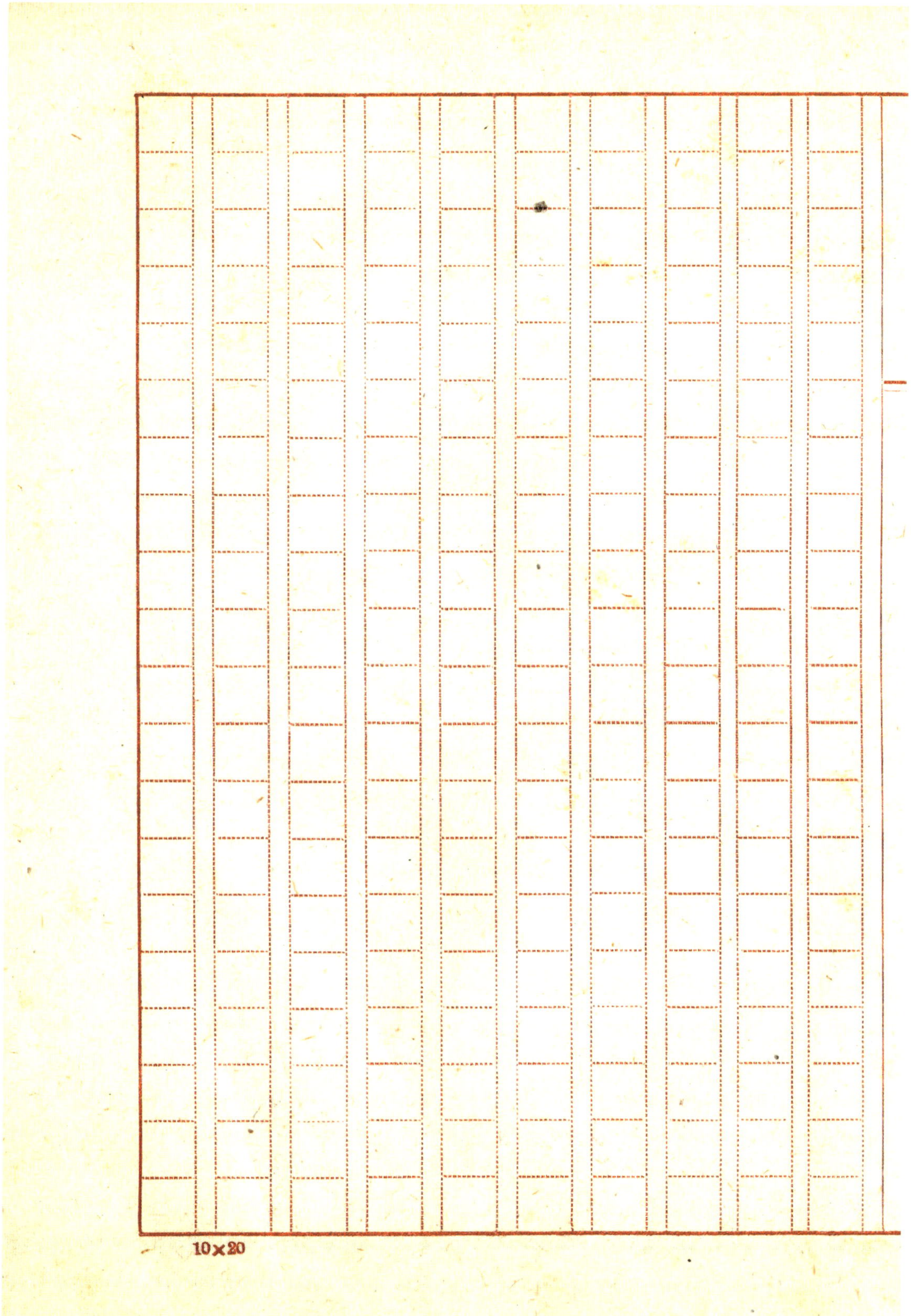

八月十四日

早饭后，到文艺处开会，会报各部门情况，并提出需要解决之问题。

收到小云、锡璐自苏来信。

午后二时回，第伯先生托解决其表妹及堂弟妇工作问题。四时彼夫妇返平。以九谷烧杯，及沈阳所买印泥盒赠之。

艾青同志自平来报告，晚饭后，与之至前析询改选事。

另飛九宮杯、談時人面獸身俑墓地、碑、須待研繹、終不成定品矣。唐高小亞、鑄璣等。

10×20

八月十五日

看胡佩衡發瀋陽信。

嚴斐来，留此午飯。

蔡永白、賀宾来俱午飯、訪不獲，同去鴨子樓食鴨。

二时许返。

五时许，李少春、袁世海，翁偶虹一行来訪。

出前，胡蓉华来訪。

六时许，黄市長来，匆匆数語，即开会议

偕去，约明日再谈。

晚饭后，与子定母女去看陈宣芳同志，得盖宋公正到其处。武汉一带，苦苦苦热，偕罗县长夫人去而复回。

八月十六日

写信：请茅盾同志书经转出桐，请哥男信与田汉，请周扬信经送如是。

九时许，与艾青同志去文艺处。

收到小灵自沪来函，陈家书为部队所损，剩余无几。钱璎信，述苏北情形，亦复类似。书籍原稿，倖存者已不多。

与孟超、艾青、同去鸭子楼饭。

接丁毅白去电话，约晚，乃去文联迎侯，同车来招待所，谈至三时去。

三时许，艾青同志返平。

黄市长来电，云晚间来，但迄至深夜，仍不见到，忙已忘。

人极痛困，不知何故。

10×20

八月十七日

晒衣、整理。

午后二时，孟波来。

同去文教部，与黄部长商定，先成立文委，草拟计划，交市委讨论。

到文艺处借二万元。为自己买那他用品、七，用去一万三千元。又买荆物、香烟等，三四项足矣。

晚饭后，黄松同志派车来接，对于拟计划，与意见。关于干部任用问题，亦稍稍谈及。

房子问题，明日当至市府访吴秘书长解决。

归收，下午与兄等去看马戏，十时回。

天仍闷热，不知何时转凉也。

八月十八日

晨，访茅盾、郑振铎、克农、杨大夫、乐行堂、与吾家斋。

送孩晒衣。

到市府访吴秘书长，不遇。回途中，买华一束，插瓶。

午后小眠。

下午二时，宗来，乃与丁克母女同去文艺处，找萧殷、何迟。同去皇宫访少春，不在、到中国戏院，又不在，到国民饭店，亦不在，乃留傢。赴王大爺府，訪高良明、向明峰、談文獻組織事。西六时返。

收到毛羽自滬來信。

晚飯後，華北電影公司潘欽來談。

看連日參考消息。

10×20

八月十九日

……

午后四时，进步日报记者以福州克复消息来，嘱写短稿，当写好交去。

贺宜来电话，告从华园来津。以写稿，约明早去看他。

晚饭后，嘉月带东来。与月允母女去中国看以看的世后野猪林，像片也。

回已十二时许。

一九四九年八月十九日

10×20

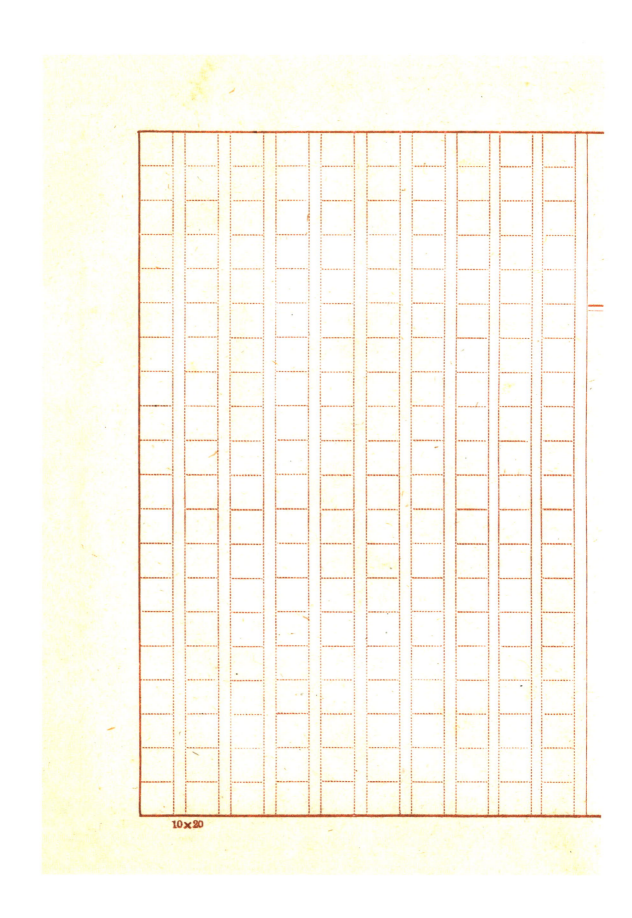

八月二十日

晨，往文艺处开会，讨论新的组织计划，及文联筹备会事宜，至午后二时许结束。

小寐。

三时，与嘉峰过文委部，访黄部长，谈文联事。返时见我徐莘园，晨间已来过。约五时回家。

收到胡梓贤日来信，附寄来我二十年前片二帧，不胜隔世之感矣。又接师觉信，谓得川拓造像百余种，不知如何，当复之。

院、所為。

10×20

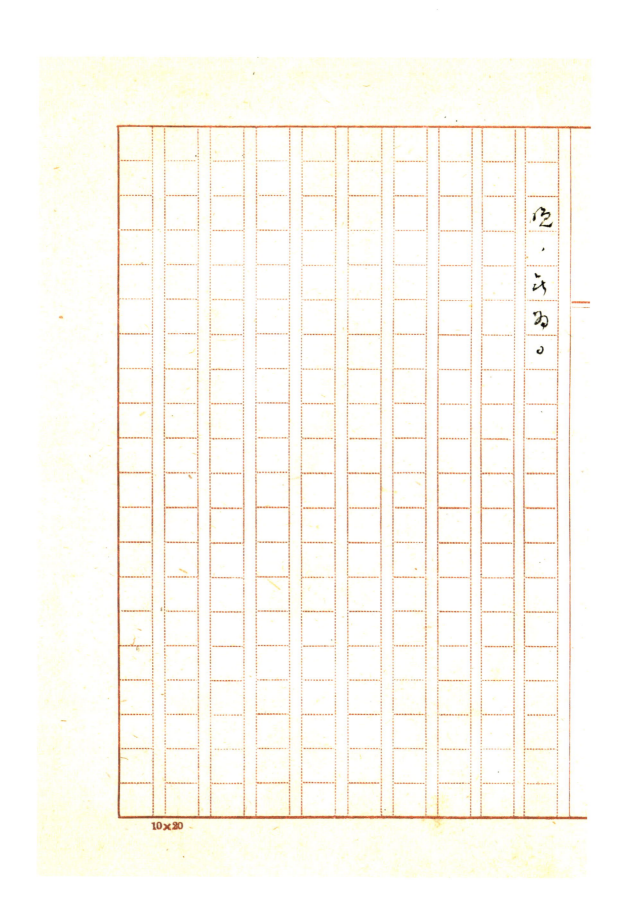

八月二十一日

晨，与罗克、田女同访严斐夫妇，同至市政新公园散步，十一时买花而回。

学记在平安写男装。

黄昏，胡蓉华父女来访。

晚，看画报。

一九四九年八月二十一日

10×20

八月二十二日

晨往市府访吴秘书长，值去开会，未遇。

买夜来香一束而归。

登记上半年买书竟。

午后，至艺术馆，开文联及各协筹备会，天津出席文代会代表会议，凡二十余人，李少春亦临时留下参加。

五时会毕，与少春、何迟同回。少春谈平剧公会最近选举，及群众反对叶盛章事。六时许去，他明天返北平。

晚，蔡冰白同日友来谈。

又已病，候药。

得頃接中央局電话，嘱写略历去，不知何用，下午写好，嘱胡调深送去。

10×20

八月二十三日

晨至市府访黄秘書長，解决住屋問題。便为了兒买橘汁一听，三五〇元。

归后，天津日报记者丛林同志来访。

午后，孟波同志来。

二时半，至赤峰道文艺部開部務会议，並报社、电台、文艺处三报告，已八时，决定四续開。

天大热，归后沐浴。

不定昨夜饮茶后，今日已经好，但橘汁后

，病势更减轻。

收到赵琪同志催款信。

文联报周刊出，筹委名单过于内部化，明日会议，当设法补正之。

八月二十四日

晨至文艺处，开文联筹委会，至午后二时完。

收到小枣自苏来信。赵璞、大连宫信。以群、茅盾、梓师堂信。

归后小眠。

晚饭后，访贺宜夫妇，便买数物归。

10×20

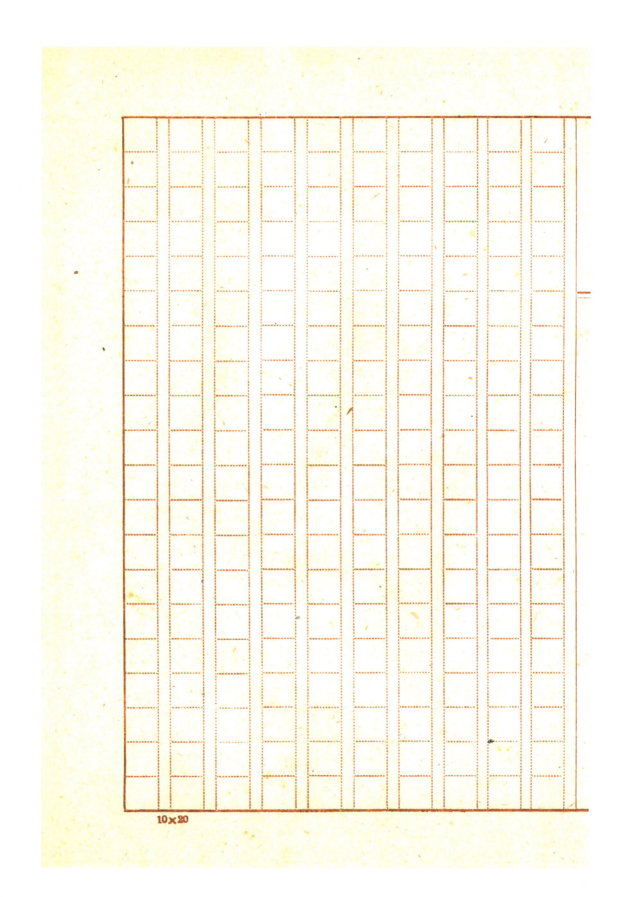

八月二十五日

写信给小惠、火波。

午后三时，至文教部開部務会议。

晚，黄部長請吃晚飯。

收到梅蘭芳信。

吳春凉来，黄部長决定交教育局处理。

復趙璞俗致信。

10×20

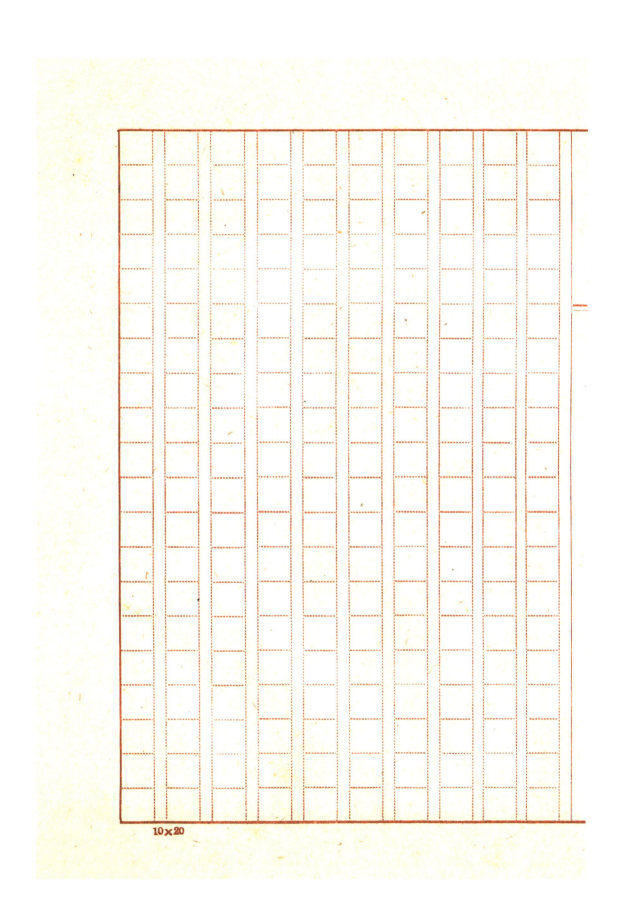

八月二十六日

体极不舒。

上午，到文管处，与剧团同志开剧本会议，至十二时许完。

将剧序详改王典传出。

到文管处借二万元，去买药及烟等，又买电线装置台灯。

归眠至黄昏。

晚，到交际处，访李达处长。到起士林食冰而归。

作字。早眠。

10×20

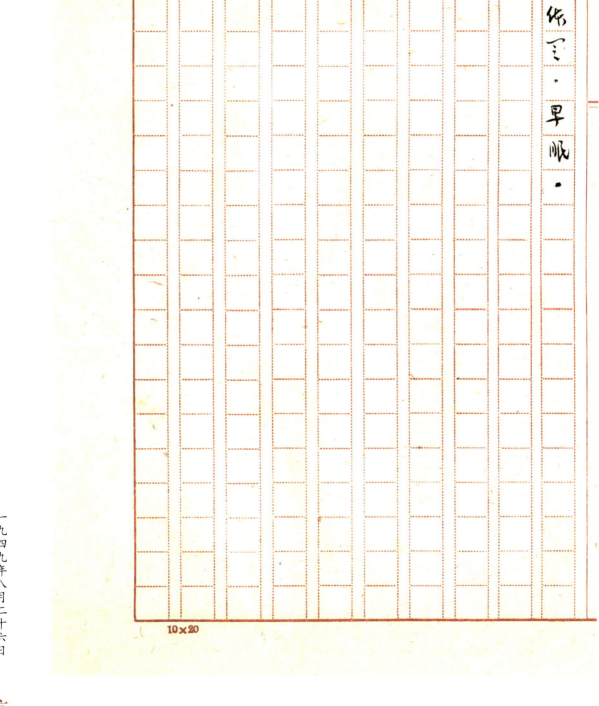

八月二十七日

写、写信给茅盾（郭梅出）、艾芜（郭梅给周副主席出）、周扬（郭梅出）、彦祥、一说。又去丁玲、并为组织部填表。

补日记。

午眠。

到文艺部开部务会议，六时完。

晚饭后，与子久、田七到罗斯福路溜达并[illegible]水、八时许回。

小休即寝。

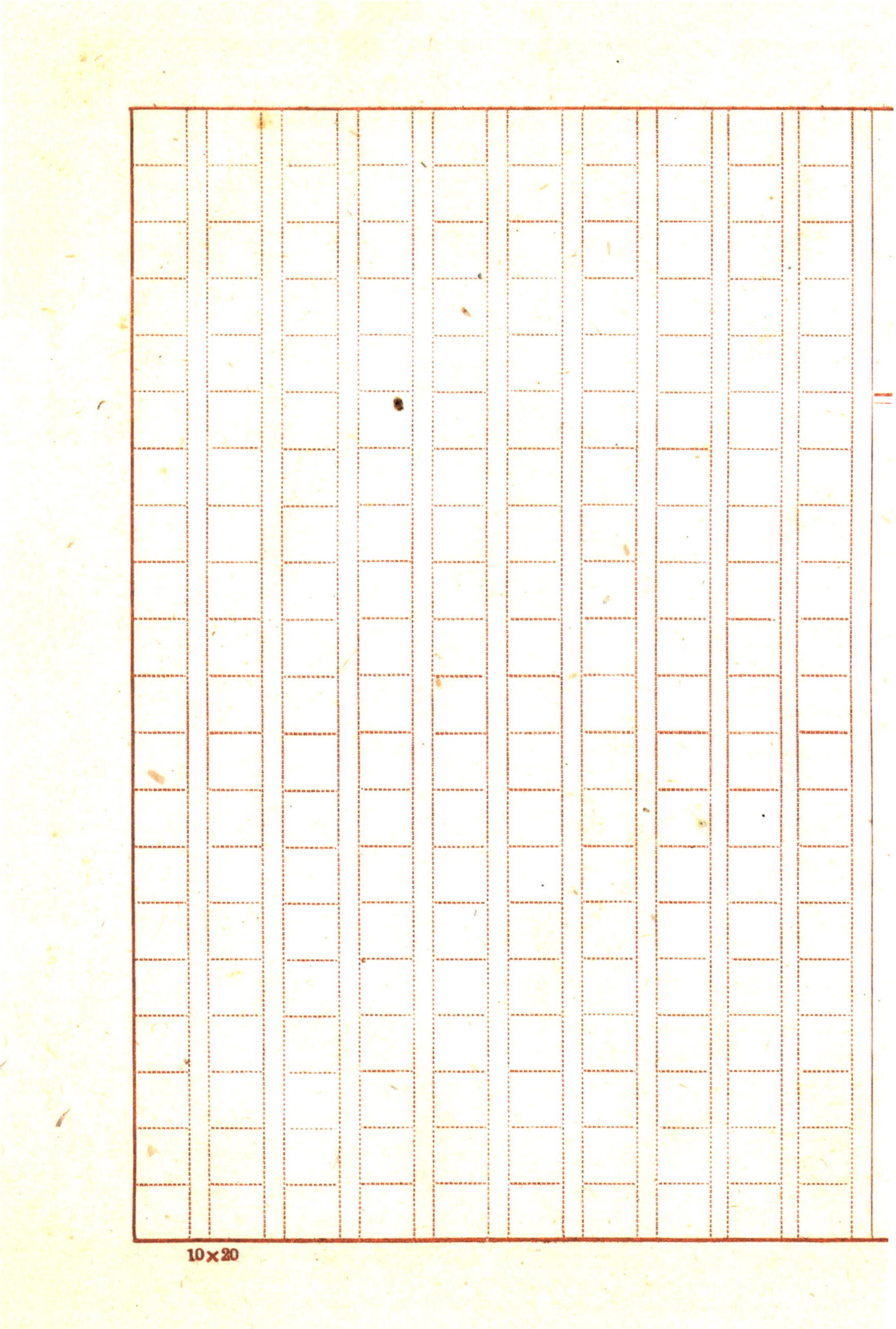
10×20

八月二十八日

星期日。

午前丁芒来谈，饭后去。

小眠。

三时许起，理报纸。

晚，蘅紫来，同去吃冰淇淋。

饭但休息而已。

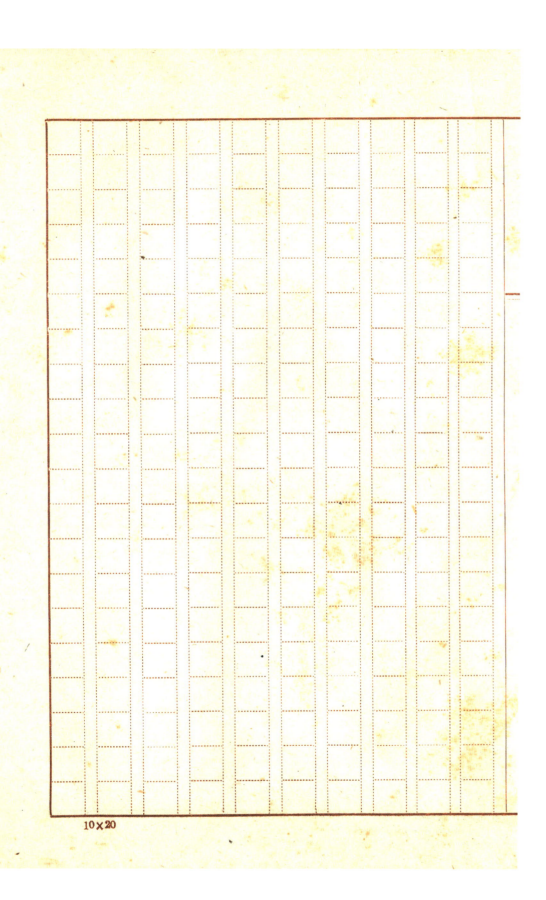
10×20

一九四九年八月二十八日

八月二十九日

早饭後，至文艺处开会。

收到陈一、学优信。

一时返家小休。

二时许，王松亭带来拓片万余件，亦精佳者，要价高出市价十余倍。

贺宜及王菁同志来，晚饭後，因我及我之母女同去上平安看戏，同去园，送贺宜上戏，我们到北平安。

谢稿为杨绛瑶邀御会审及谭富英、小翠花

甘檔劉總。至十二時散。

芝美王未回，無從返家。

灯下，重看抄件，選出十件，待其回平抄份，又錄其全目備考，至三時許始就寢。此是陰和九物，撫玄係三等貨，無是其從無作者也。

八月卅日

六时半，为田汉之唤醒，盖彼得其弟之危急消息自平来也。

因此，将今日会议停却。

九时，彼弟去世。我们入黄市长、郑科长、田汉之同学曹君一同到中央医院。后由郑科长去至购棺木，我们回休息。

下午一时半，偕去为之殡殓，然后送至中央殡仪馆第五站安葬，在坟前开一小追悼会。盖彼同志等均到。四时回。

習籍归戏剧院，辞前面及俄文字典赠之。

晚饭后，往送戴英同志陪他去中国看杨宪益當小导戏。剧与の乞母女随去买药物，给九时许回。

接到旧五日自平所寄書，凡六日始到。

快函去慰之。

以四千元赠王雨亭回平，来此未满。

八月卅一日

田汉先因写还卫生了，到田沅同志墓献花，随车去。我去文联处，讨论如何请向总。到一时始回。

招待所请田汉先生饭，约陪。饭后，他去看电影，由招待所陪，我以了未去。

函夏衍，取二万元。

穆木天、彭慧、蒋锡金三同志自沪回，由此转车赴东北大学。以待车及旅费不足，来访

○允如未说话。

六时，立德、赵继英、黄卫长来，由文节如请任之去蓬莱春便饭。留一身载小的母女去明星看清宫外史。

晚饭后，由钱钦田、黄菁去上平安看谭富英戏太平。我和立德去吃冰，后同至明星看戏，至十二时许完。

坊内闲逛，出为母买药物并购烟一次。

收到芳质及胡耀昊信。

携出小惠候归。

九月一日

晨，与連处长通電話，决定本天等住兴安路招待所，写信送去告知。

汉先十时才返平。

九时去文艺处开旧剧科会议，十二时才完。到附近吃了点东西，理发，二时才回处。

三时，王林同志来，谈剧团问题。请同志去市工会俱乐部地址，还好。要其快平面图来，以便谈判。

归知前辉同志已分一同志来，今候召回而

去。是日接到文艺处函。

腹泻甚，服至晚饭，今阴又昏昏睡，直至深夜。

收到天津市代表会议聘书。

10×20

八月二日

晨饭后，到文艺处开会，归午饭。

二时许，到交际处，谈许荣道。

四时回东亚图书馆，参加音协筹备会。

六时回家。

晚，薇婴夫妇来谈，九时去。

10×20

九月三日

早饭后，整理文物捐赠，填市代会登记表，及写提案。

午后二时，到文艺处，收到郭凤城及苏昊捐信，苏杭取奶粉。

三时开文艺协代表会，向明鹏、何承尧均到。选我负责。填写会议宣署名。

谈美术组最近工作。

收到人民文学催稿信。

回家晚饭。

整第十箱，取出造象、瓦、砖、铜器拓片各一部加以整理。到一时许完。

二时，灯下理，阅行文艺工作者下厂问题之报，阅之，为人民文学之作也。

10×20

華北文聯日記（一九五三）

一九五三年一月一日至四月七日

一月一日

写"劳动人民的风景版画"最后完稿。

晚，卢佃同志来谈。

二日

写马林可夫报告笔记，完毕。

上午文联总结1952及1953工作布置会议开始。下午去北京医院治臂，后仍去开会。

三日

全日继续开会。

四日

上午与萧乾访祖光同志。与祖光、艾青、苗子、郁风等午饭，艾青请客。风霞以东德国给小皮鞋化货与小可。旋访宣静。归后，曹禺同志来访。晚饭后，到隆福寺借传奇"长命缕"，灯下读完。

五日

全日继续开会。

六日

全日继续开会。

七日

改写"载驰记"之一部。

八日

开会，讨论作品。

九日

上午文联常委会，晚支部大会

十日

再改写"风雪版画"，删去一章，存千余言，较通俗些。读高尔基其剧本，及"敌人"剧本。

十一日 WK

上午，读剧本"二十世纪中叶"。下午，粹深、惜华等来。晚读"幸福的日子"剧本。约王莹、林林来，谈他们的电影剧本，他们明天早晨去石家庄。

十二日

上午，到支部，开始学习政治，提高思想。续看力群论某稿。下午，至中南海听周总理报告国际形势，晚八时回。遇宋乃康同志，他已调京工作。收到田间自朝鲜来信。

十三日

续看《文艺论集》完，约十万言，较为白描。一月以来，只读节俩两三篇，三万言。尽忙些一些琐碎杂事。　上午接杨朔电话，下午二时去看梅先生，一谈带信来，并赠张王嘉样布。风甚大。

上午，与杜林等，“商量如何注意那些材料到前谈不足。约节俩来谈他们是怎样修改的意见，并研究我剧本意见。

萧殷昨来谈写作，今日回津转节台。

晚，读“苏联文艺理论小丛书”两种。

夜，雨甚宜静，外前甚未觉寒。

十四日

读小丛书二种：“反对文学中的思想歪曲”及“马克思列宁主义的美学”。

下午，伴小们看电影“东风之花”。

五时，到华北局读电报。

晚读“高尔基与社会主义美学”

接留子信，为广新民晚报索稿。

十五日

读“苏联文学中的民族形式问题”。

整理"模范班"改本人物提纲。

下午，萧临与演员四人来，共同讨论"模范班"修改计画，到五时结束。

晚读"密那特特威格特"。

上午，收宜静信，知其家发生问题，但不知其究为何事也，后宜同又来电话。

十六日

整理"模范班"分场。

大风。到新华书店买"难忘的1919"（李译本）"星之火"、"明天照耀着Moscow"、"这是给了以前的了"及"柏林故事"。到江隆书店买"敦煌壁画"明信片。

张骏一、叶芸与高个男合作剧本"为了幸福"来。

复陈元宇、王古鲁信。

人民艺术剧院送补充材料来。

给"建设"与言慧珠书。

晚小组会。

收到"新观察"1952总结

出版之方日志。

十七日

上午研究小惠"突破"改作加工。

到文联。

饭后，到东安新华书店买了几本书。归后

偕小丁到市场，一时回。

写"唐代的闺阁儿木马"完。

晚饭后誊"木马"全稿。

十八日

晨四时起。

改写此稿最后一页。

修改1952总结报告

看张季一、高介了"为了幸福"剧本的七篇文。

午后二时，到总工会日志处听井冈山事。

晚同群回。

收到滕鸿涛信。

十九日

上午，与萧殷介了读剧本。

到文联，收到萧荻信。

午后到梅家（借琴了），到市场。

买剧本"普罗米修斯被绑"，"铁甲列车"，

"前夜""同路者的真面目""花园"。
五时，到華北局谈电报。
晚饭后，与莉、可到北京饭店往访杨帆，他要去苏联治病。
回经又波处，不在家。
晚饭前，柳风来，询年画发展材料，借资料四册去。

补17日买书目："提高政治宣传画的思想艺术水平""俄罗斯艺术家回忆录""论社会主义的现实主义""苏联知识分子的思想改造和思想教育""保尔·柯察金"（剧本）

二十日

画华东人送出版社。
为全国文联填表。
与又波通电话，知吴家娴去绍兴。
到文联，无事。
午饭后，看宣闻，保管。

归后，将"模范班"小场找阅。
方纪以本剧底来審查。
改年画总结报告。

二十一日

续作"模范班"小场
看整理好的1953文联艺术计划
收到电影局徵求意见计划工作
司空谷同志来谈，拟来剧协一期
到文联
午后，张万一、高介云来谈写"剧本月刊社论"的
了要领，同意。
与小惠研究小场。
到市场，归已五时许。
约菊隐等明日到他家谈小场。
晚写"钢川台"的内容摘要。
大鸿说来，但至夜十二时未至；想有事也。
函林元，並附"木马"篇

二十二日

上午整理小说清稿。

到文联。

午后二时，到劳信处，到菊隐处开会讨论剧

场，并谈他们加强排练范例要求。

整理“荀学书”题要完。

晚读“徽剧班黄钢家回忆”。

看容崇先生的说山话稿，语言甚稚，不精练。

买“列宁论文学”，“杜勃洛留波夫选集”。

二十三日

上午到文联。

午后，整理中宣民间文艺工作会议材料，并加

摘要。再去文联取材料。

晚七时，赴全国文协，听中宣文艺处传达

几个问题，至十时半结束。

二十四日

上午到文联，与王瑞徵谈京剧团问题

归后整饰手卷墨拓

午后人颇不快，漫阅书报。

三时，与可儿去新观察（送“西北剪纸集”）到

市场，替她买了几部童话，五时半归。

收到宋望信，文化部后日召开作家座谈会通知并附件，收到电影局征求意见之"宋景诗"

二十五日　WK

到文联，看张部长，与白桦谈明日会事。

同路白来，许姗待来。

看徐手卷数种。

晚饭后，程理，白桦，来商明日报告。

整理明日报告。

十一时，万波、宜同来，与宜静通电话，至一时许始去。

二十六日

晨，小雪。

上午去文化部开各行政区创作座谈会。十二时回，下午二时续会，六时结束。今日各行政区汇报。华北先报。华东夏衍，中南黑丁，西南沙汀，东北刘芝明，周扬主席。

晚向文联汇报。

二十七日

续会，讨论全国，华北文联不成立，改组作协。全国文联未作决定。华东亦不成立，改作协。明日休会，星四续开。

收到张东苏转寄来"孟姜女"拷贝，阅之，
主题问题，杞良之死，仍由方士负主要责任，而
训始皇，殊欠斟酌。
收到霖晨信。晚会报，张部长在。
阅路大林实习作品"刑场"。

二十八日

读"哈哈镜王国历险记"上部完。一古巴剧
去辞。
作"南窗纪拟古诗"不完。
通电话商助立静。
寄中宣文艺处关于改善作家生活方式及可
协改组意见。又统计全区干部者，寄去他
们。
看张东苏寄来"孟姜女"拷贝。
晨，伯坡来访，若谷、娅伶来往。
午后至文联并看章克。

二十九日

上午九时继续开会，下午二时续开，
至六时会完。七时半，往听中宣文艺处
关于胡风思想批判，十时后归。

三十日

上午九时到文联，取得本年華北年画26张。后去文化部看夏衍。已约定也取余非闇画。到新观察看黄之方。与林莉同志同回。

午饭后，整理读收家意见，预备交夏衍審處。改梅先生的"真理报"社论稿。三时至街口书店買书数本，我的为"到只农化之路"。請至起士林待林莉同志晚饭。

归后给晚饭日间日记某，给之方之。回后给書与瑞先，凡一，並帶莫斯科来"論社会主义经济"去。

三十一日

四时起，续梅稿，七时完。

起信给丁聪白，托其带去。

借阅王叔晖残曲人物，傅七家，饭九十幅，不知是否能成卖也。

姚传同志来誊写杨稿，一时半去。
到文联，偕了包去访问新华书店。
研究全校画与木刻。
与小惠面讨论提纲。

晚饭后收到云燕·琛信，即商写稿。看完"宋景诗"。
史穿，林元来，商议新版"农民美术"出版计划，至六月底止，我们写二篇，一"耕织会"，一"新婚画"。
照春下午来访，未遇。

二月五日　大雪

整理"耕织会"作家东西。
访照春不遇。
文化部来电话要一"为了幸福"，因指日本有意见，抽下了，好险同志。
一时至力纾处看照春"果线"，並吃饭。
晚饭后，与白桦同去文化部開会，並取回"论情"二册。
收到陈白尘信，约明晨去開会。
收到二月"人民文学"，一月"剧本"。
收到华东人民信。
看秦兆阳，陈因，吴静波合作连环画册底稿"我要心上的人"。

二月六日

看曉鈴傳序稿，又寄"柳蔭記"等三种給吳
生同志。

九时到電影局開会——"宋景詩"。

二时半散会，經琉璃廠，送書修理。

三时前返回，赴北楼開剧協会议，于是之等談

时間，很晚。寫代梅蘭芳簽名給香一書。

草"批評家"一文前稿。

晚飯後赴大樓開支部会议。

二月七日

九时听張部長傳達，到文聯。

寫"談剧叢書之處的收藏"稿。

三时，照春來談，四时去。

赴大樓開会——研究陳國華婚姻法木刻。

續寫稿，完。

晚八时，与司蔚等去市場，到上海京剧团，与照

春同至梅家，十时許归。

收到剧本月刊送來審查剧本二種。

讀"報告会"。

二月八日　WK

午后到華北局開"曙光照耀着Moscow"座谈会。

晚后写"耕耘者"最后一次稿。至惜华处借阅耕耘者

看书至夜二时。

二月九日

去文联。

十一时，与了之並吧若，赵小萬去文化部，后与华

拖好也。我俗"曙光"剧场问题，旅已到齐

蒸若萍，韩室，吾为场到。

宋午饭，约后与了了买书，飞士林小说，四时回。

将"耕耘"全部弄好。惜华书送林，吃得好。

向房编辑"傀儡戏艺术"一册。

读"剧本"並未寄阅剧本二种，及另一份

的剧本。

昨眠三时，甚倦。

二月十日

最后修改"关于农业生产者协助道路

改进"稿，並寄去了"新观察"。

到后门新华书店买"侵略"."筑路的人"。

一时半，到"我欢宫"，到文化部参加上海市京剧演出座谈会。会未开前，不克久候，三时就去，归。修备剧本京剧本月刊。

收到华东人民出版社款。

晚饭后，到人民市场，买"西南少数民族神话"等几包东西。

为留子检查吴道子画，得十幅左右。

二月十一日

二时醒，六时起。

拟"李逵"改编计划，为上海市人民剧团拟书面意见，得二千余言，四时许毕。

检查"李逵"元曲材料。

写一月工作报告。

七时许以寿来辞行。

九时，与以寿送其上车。顺买年货。送"观堂集林"与金山同志。到市场买茶叶等。

十一时归。

罗常完来，买铁琴一本，15万元。

三时，到文联开会，讨论万宝剧本。

整理选集。
晚饭后，到修绠堂书馆，买到"三才图会"残本一册。

二月十二日

读"保卫和平"。
到后门，看前买宋人笔记，已售一部分，未得，风甚大。
整理陵家选集，备作40个选题计划。
午后，与可见去市，取到说隋朝家家本刻画及水浒，五万四千元。
买年物。
前数日买冷枝腊画一，未记。
晚，继续整理选集。

二月十三日

晨与可见到琉璃厂，他买花炮，我持清李宗瑞画馆，找墨宝斋寻楼不遇。
买清仿"白蛇传"泥人一套四万元。
七时，到东安市场，买物。

午后，到荣宝斋取画片，他又送我杨柳青年画近十幅。到人民市场买带。

晚疲倦，早寝。

今日，农历除夕也。

二月十四日

农历元旦日。

晨，看李逵材料。已摘以来，以九章撰长文已签，并将写屈原文章。答应他写一篇屈原作品在绘画及木刻上的反映。遂即开清理材料过夜，大体已集中。

晨十时去文联，又去看张、周部长。

黄昏，沈洪来谈。

二月十五日

上午，以明刻本及万历本黄阁及朱熹纪胜校勘次九歌九章译文本。

继续清理屈原材料。

午后二时半看“大众戏团”，访到芳信处。四时半，至郑振铎家晚饭，晚，并听林滨秋日记。

晚饭后，与长揖、小丁，同到祖光、家伦、苗子处，又到胡考处，九时许回。

理拓片至十一时。

二月十六日

晨七时，偕林萃同去取小弓，漆子正王亮之画厂，以七万之资得程未谷田黄刻章乘续代品也。

访文滨不遇，遇罗局长。

访宋乃泾不遇。

到东安市场午饭。

饭后到梅先生家。

归后小休，五时去风子看"葡萄熟了的时候"。

戏后，在宝华斋买滨田耕作"古玉器考"、[illegible]及"铜镜考"、"铜鼓考"各一册，二万元。

晚上，读滨田书毕。

二月十七日

午前，理拓片。为梅先生选铜器、兵甲、箭镞。

午后一时，送林萃同去上班，与小安到祖光处，偕同至车站送梅赴津。四时返家。

查金石书，写稿在家。

晚为林莉同志清理数日来历积稿件六十馀件，至十一时毕。

二月十八日

約刘司機弟弟来大清除。

上午，約白桦、辛毓同志来讨论文联工作。确定四月前必须完成稿件，改组作协动向问题，成立研究室问题，戏剧创作会议问题，十二时毕。

午后到后门，买得"刘少奇论党性"、"家族社会史"及小书数册。

惜华来，携来匡庐传奇钞本全部，及日人临本"九歌图"，又嘉庆姑苏版西洋景二页，均嘉宝物，谈至五时许去。

晚，北波来，以"广州烟"交之，并借柳子"金喜记"、"拟东"及"韩宅宴"钞本，十一时去。

灯下，读"论党性"。

二月十九日

清理房间，准备打扫。

午饭后，与可染去大楼，为齐白石写介绍信。到邑郊后经路甚是不通。到琉璃厂，在中古书店得"论陈司寇夫司马"及"父子书横"两面包得，人画。又得乾隆本押音十三行一本。到市场，四时回。

剧本月刊来信三月号文联刊物。

田书庚来谈。

晚到隆福寺，选取绘画、艺术书数部。

二月二十日

画上别记写着"剑林如意"二集。

十时到琉璃厂，得渐江画松纸一张，大画一张。又元押三枚。（赵、郎、曾）

归后二时午饭。

整理"关于陈乐的绘画与木刻"材料。

到傅惜华处，取陈洪绶刻本"鲥鱼"。中以为见赞"由花篇赞"见寄。

俞珊来谈。

因今日生日，请小兰等晚饭。

晚饭后，小组会议。

竟夜阅"漳河水"见寄。

白桦回去，转王燕亮剧本来。
陶钝寄送晚笺画书来，又带来九卷本"明贤名"，
索百万元。

二月二十一日
上午，读完王燕亮原稿"为了幸福的明天"。
午后一时许，与增华去崇贵斋看书，约
柱第。小罢，然后去琉璃厂访书。
归后看民校"仲夏夜的风暴"稿阅竟。
晚，经陈介蔺重华女画家来借陈洪绶画，
为稿我设法给她。

二月二十二日
清除工作，经历一周，今日结束。
上午，永刚自新疆回，来访，谈新疆习俗，
近午后去。文怀沙来借明初本"新编"去。
菊隐来，略谈即去。
午后小睡。
收整清书房。
晚饭后去市场为可儿买物，及小书，我买"萌
芽初期文化界论文集"及"武训和武训传
批判"。
宝静今日来电话告宣困了。

二月二十三日

晨工写作，协作分请北社来借书，看历史材料，借"六师谷"的书送"九歌"去。

写包子日闲写。

午后去琉璃厂，补错三元押，又买一偏借苏州唐"九歌图"卷等。十二时出去，二时到家。

晚上，迺云、桂林回。

工预备写作，又去文联，开会，读"走向幸福的明天"完了，六时回。

二月二十四日

上午工间继续写作，迺云、桂林来谈。他们回来参加党部的会议。

午饭后，理发。为了儿买连环画四册，配眼镜框子。三时许回家。

晚上到隆福寺，买"人民美术"三期一册，"[illegible]"一部，归后读了。

二月二十五日

人民美术社吾文彬、傅揩同志来谈，谈好编"中国版画发展史图录"等东西，十二时后去。

写展览稿。

二时到琉璃厂，见二汉铜镜残件，一索百万，一小者索十五万，均未买。仅买之抄三本。经市场买桌面印四，四时。

继写稿到六时。

晚饭后坦收来，为西文"中江文学"借阅稿。

萧蔚自慧坊回，来谈。

助林默涵同志工作。

复林之同志信。

收到吴品石信及四个小册子。

二月二十六日

新观察借写稿，约之借印，并取回绍告借稿。

德小王已回江陵郡，取一三页信，为通周知小人。

楷華为月汉子借来西周漆编，碎片集编，又检出鼓瑟。

写隙源艺术第一部完。

到市场买菜，仅为周知买借古话四册。

晚饭时，光宇、振宇及之方来饮，二人漫谈看画，至十一时始去。借印至十二时许结束。一时睡。

二月二十七日

读王之锦修订列宁与人民论文。

午后，与杨彬到文物局开会，介绍座谈研究等题目。并参观黄篆，看文徵明"湘君湘夫人"卷。

序祥自大连回，晚返机。

是日甚倦，早寝。

二月二十八日

刘咏病，我今日气管炎亦大发。

吕琦来谈工作，嘱其速往天津解决。

晚陪小吕到小经厂剧院看李再雯"小女婿"，归时序祥已返家。

（此日追记，详细已记不起矣）

三月一日　WK　雪

中午雪，迄晚始止。

小玮晨来。

午后，钱墨组夫妇来，谈至晚饭后始去。

清理稿件。

感冒仍未止也。

收到上海信。

剧本迄未成，迟缓殊甚！

三月二日

改"搭范战"一幕，迄下午五时，不完

收到上海寄来"别林斯基选集"二册，及格林童话第1，2两册。

托小王买"唐诗纪"，选月报。

收到余旦同信。

罗毅同志来，为写介信给詹瑞。

晚至长安，看程砚秋"罢宴"。

三月三日

续改第一幕完。

到文联及宗毅处，皆不遇。

午后，述评，揣写第二幕。
买"作家研究"。
收到云云七信，立即打电话。
晚去隆福寺，买到咸丰刊"绣侠传"。

三月四日
上午将二幕一场抄调写好。
旧咸丰本"绣侠传"买回。他答调换手续
区收"高士传"了。
午后，王燕元送剧本来。
白桦来谈文联了。
（补二日晚，拟过马路，取回木马，道得
创刊第一号）。
去隆福寺，买得"人民美术"三及"文艺报"
10/3合一册。
晚饭后，访杨沫日东。
王燕元剧本，需交剧本月刊看。
辛毅同志送"认到陷坑底下来"打字
本来。
东城，买米卅斤，鸡一筐。

三月五日

今晨得斯大林同志的病重消息传来，半日不能写作。

午後，赵丹来看漫画美术材料。

以群同来借去书籍多，与白桦来。

傍午到新华书店，买"可爱的中国书"及"杜甫"各一册。

晚饭后访李波同志，有斯大林同志上午逝世消息，但后又来电话，说不一定可靠，但很不可靠。

全日精神恍惚。

晚饭后，杨波同志来谈。

三月六日

等待报纸，不至。

午饭后，与白桦等往听周扬同志报告。到达会场，闻之的言，知斯大林同志已逝世，全体悲愤殊甚！

见到刘琼、柯灵、张骏祥、上官同志，及江英同志等。

至锦江饭店，将前晚写的三篇文付印。

经过科学的反复之后，始已艰辛疲矣！呜呼！

归后，不能工作！

三月七日

九时许，至大楼读关于斯大林同志逝世中央电报。

到文联，读三月报告。

读报后，归后吃午饭。

一时，与白桦，至苏联领事馆吊唁。

四时，至新观察将小说送出，同去市场，并买"在和平的日子里"连环画。

归后，得大使电话，拖去讲稿。

晚饭后，芳草来谈。

三月八日

因为没有人，一天的混乱。

午后，将马克去看了胡梦同志的病，萧殷同志的病，并看了芳信同志，到市场买了东西。

午后，玉堂来，他写了一首十年诗。
晨，徐翠芳来，介绍她访问波。
晚，沈浩来，谈至九时去。
报纸发表了马林可夫为部长会议主席，
中共代表团已飞抵Moscow。

三月九日
斯大林同志今日下午五时（Moscow）
九时下葬。
十二时队伍即出发。我二时至梅处，
三时许归去。四时半毛主席到天安门
开会，六时半完。
天阴暗，四时后微雨。
晨为梅稿赶成。
归后小休，工作至夜三时。

三月十日
上午，胡迺权来谈编作。
午后，听周扬同志报告一[illegible]
[illegible]会议，至七时归。

这日劳累着凉，发烧。
佣人们走着，一切自己动手。
为北和托把他还书来。

三月十一日
佣未在勤劳，一切自己劳动。
上午，白桦偕秀纪、陈田、一舟、凤川来谈了，细问近况。
写信给刘东，致王进东稿。
午后雨一阵。
到市场买菜叶等。
归后做饭，满到厨房至六时。
清出二月报告材料。
晚饭后，为林莉同志转印来稿。
态，辛兹守叶桐同志以照画像信来求
修定。

三月十二日
一天打杂，做饭，搞炉子……
午后，看小英中篇改稿，晚看辛兹剧本
"谈到阳光底下来"。（七幕熬完）。
华粹深自天津来，休假。

送"剧本"到"剧本月刊"去装订。
黄谷、宜周来电话，已回研究院。
晚到隆福寺，买掸合本"扬州东园题咏"一部，袁耀作画。

三月十三日
劳信同志送文艺翻译出版社下列书来：
当心保持的选手，这里黑，费修英雄，祖国（上），海燕之歌，同志们看见你了，白血，飞机丁将军，水上乡村，美江别俞小说选，依求与生长，海滨子里的星火之光，文学与现实，社会主义现实主义的原则问题
李根红寄介人计划与"青年月刊"来。
人民中国社杨友同志来访，嘱写纸十三张去。
徐翠芳同志也来，午饭后去。
人出白彭同志下午二时来，与谈苦华也此经事。

谢国桢自天津来访。
到故宫研究院访宣同，为婚姻事，故过
市场，买得"大明嘉靖元年"的"扬花
台"日印本全一册。
晚饭后，俞琳来访。
颇感疲累！

三月十四日
作家打靶，许姆作旧钱结果。
看张雪小说第三卷。
收到芦甸、王旭寿信。
读人民日报纪念Marx特辑。
听文联搬到黄城根大楼。
培华、俞琳来访。
锦放寄文艺卷一稿来看。

三月十五日 WK
昨为铁路劳政为吴不宜。
上午，到培华处看曲，唱秋关里，以午
全说梅尚所藏好。借"诗中略"传奇
回。寄回8盒、94藏曲志。
厚详四。

读"诗中習"完。
午后人不舒服，睡。
三时起，朱宝谟来访林莉同志，略谈。
休息，不能工作。
晚邑陈翔鹤来，纵谈诗。
今日由城里曹同志介绍一保姆，言定明
天来上工。
早寝。

三月十六日
终日操作。
续阅雪"爱天记"三卷一部分。
续阅，感不支矣。

三月十七日
病，挣扎起来。
下午，孟女士介保姆来。
卧床读"杜甫传"完。
司空谷同志来访。
徐翠芳母子来访。
俞珊来访。

三月十八日

稿。

读完萧赖阿尼莫夫剧本，并退给李，嘱刘送去。附信给柳风，索白川集。

张雷来，与之谈翻作，劝其休息旅行，训编修改长篇。

碧野来访。

夜读"斯米尔诺娃谈著名剧本创作"不完。

徐迟等电告明日返上海。

今日文联讨论王炎剧本，未能去。

三月十九日

柳风着人送"白川集"回。

写信给白桦，傅铎同志。

续看"斯米尔诺娃"文完。

燎炯来访。

访萧殷同志，李文伟。

摘出评剧目。选"由庆探母"，"曲品"，"号無芳記"三書。
午后萧軟，白樺來。与萧軟談剧本。
樓華同志來，以"詩中路"歸之。
接張郑厚信。
許珊同志來。
七点半，在我处開小組会。
白樺借"列林加勒"二集等之書去。
今日水東与鐵道部接洽，收備下鄉。

三月廿日

看完張雷長篇第三卷。
讀"水滸"剧目。
王遐宗來談，又談研究室對他作品意見。
晚至隆福寺，得新道清年画一張，及"水蜜桃譜"一冊。
王瑩送葛体鸿小說"新的伴侶"小說原稿來托看。
昨夜二时寢，今夜一时寢。

三月廿一日

向贝白借来"忠义璇图"一部，
即水浒"新平书"本也。
看完張雪"冬天记"第四卷一最
后一卷。
午后，与潜华到来薰阁看拓片，得画象砖
十一张，未议价，先取回。
经市场，为可白买物。
音东之母来。
蔡贤自津来。播正来信。杨梅生自石庄信。
今日出去，则体颇感不支。

三月廿二日　W

上午，蔡贤来，一时去通县。
俞珊来谈装修事。
午后，小睡。
吴祖光来谈萧軍剧本，萧軍来。
晚，陈缨世，李拯瑛来。
体感不支矣！

三月二十三日

請孔嘉上郵局補稿。

一時看展覽，去出版總署看靜廬，談四之出

序，撰成稿，四時返。

孟素來，將去山東南寢返京。

小惠午後往長辛店。

中午歸後，同其膺去吃飯。

三月二十四日

上午，趙鳳翔自京郊回，以其家所搨陶瓷

大觀瓦及碑片見贈。

張留來談其長篇。

孫瑞徵自山西回，來談工作。

白樺同志來談。

送平如上。

午後，去市場市物，去中台看書。

歸後找出撤銷作協議材料轉白樺。

補"漫談地方戲"餘文。

晚飯後，林之同志來談。

三月二十五日

病仍不快

读该"建设"及其他书籍而已。

晚，林之同志来谈。

三月二十六日

上午，写"屈原"一部。

午后，送"玉堂春"给宜周，王琼瑶取致二弟字

20万元。将齐白石画交荣宝斋。

晚，杨理来谈。

谈文联常委会在我处开，研究院组织协

会问题。

无线电取回，220000元修理费。

三月二十七日

全日致力写作"屈原及其诗篇在美

术上的反映"，至下午六时许成。

张静庐同志上午来访，询问马列斯

中译本初期译著。

收到钱稻孙同志信。

飞秉晚来，他明晨返沪。

三月二十八日

查辑"俗语"及"座谈"的有关材料。

到隆福寺借美术书若干。

午后，到博华处。

蔡旭寄写卷一批来。

收到汉维信，催剧本稿费。

三月二十九日　WK

昨上午政协常委会，李维汉报告。

看力群连环画插图，写意见。

又思看完高沐鸿小说"我们"(介若字)

阅王莹诗稿。

续检查材料。

吴晓邦因事自天津来访。

午后，至祖光处为辛毅、白桦取字，遇路

沂之的同志。凤霞协同，许了画给写

幅。

到北海小坐，逛修坡，虚过个时间。

萍儿归来。与小惠谈，他问思问题。

至十二时许就寝。

三月三十日

上午，王莹来，与谈段组问题。施
俞珊来。王燕徐来。王胡蒂之由
上海来——参加戏曲会演。
午后，候不去，跟王王对半纪。
收到巴的白清北京剧场票。

三月三十一日

荀国维自来访。
张垣以来索"演序"。
改订"演序"。
午眠后整帘坊。
贾陀伯寄"内战七年"。
徐冰来，以宣传材料见贻。
晚饭后，张郁善、白桦同志来谈至
九时。
眼痛，早眠。
一月又去矣！

四月一日

改写"屈原"一稿迄晚。

午，与安娥同志请至森隆吃饭，饭后到琉璃廠给双羊款二十万，又去至宝古斋取回万历本"琵琶""邯郸"及初印"西厢"（暖红室刻）。

下午，民间舞蹈会开幕，未去。晚与了包母女去看，今晚为华北区演出，舞狮、跑驴最得欢迎，"二人台"及王殿玉亦受欢迎。十时半回。

归后，知恒以来索稿，並偕王利器同志来访，以"新刻文心雕龙"见贻，并以"知公二笔"嘱请求鉴定，似为宋本。

四月二日

晨恒以与王利器来。

恒以取"屈原"初稿去，嘱其打字之後，送回修改。

翻阅检汉画集中之有关古代民间舞蹈材料，并进行写作"中国古代的民间舞蹈"，迄晚完成。

上午会毕，白桦等来，谈关于报告并研究戏
作不振的原因及今后创作计画，成立美协等。
晚，去北京看西北演出。
归后继续搞材料。

四月三日
全日继写"民间杂谈"一文，初步完成。
晚看东北演出。

四月四日　雨
补充剑燕材料。
宗锋来谈甚久，拟再加扩大成一小著作。
书评"百战"一篇。
杜林来谈。
又请写千余字。
晚看中南演出。

四月五日
十五次送"康濯书目"打字本来。
约王莹、杜林，谈电影剧本近午。
午后，去文物局看现代画展，并晤振铎，

以后只能交涉该美术。
到琉璃厂，得拓片一纸。
到郑定文处，向宋缮借蜀碑集。
归后就蜀碑又补十余字。
晚，看华东演出。
归后又续补稿。

四月六日
全日补写上海材料，並整理至百戏。
下午，白桦来谈四川数字大要。
晚，看内蒙等演出。
午后，到后门买书，无所得。
下午四时到隆福寺逛书，无所得。

四月七日
到华北局开会，常委讨论春耕时的问题及
问津日本数字。十二时半散，留饭，饭后
谈到一点半回。
二时访梅先生，借"缀白裘全编"，方逸同至
剧团看只帐，四时回。
整理材料，伯华来谈。

收到罗克选回学院写剧本。
晚去看西藏演出。

圖書在版編目（CIP）數據

阿英日記手稿 / 阿英著. — 北京 : 國家圖書館出版社, 2025.3. — ISBN 978-7-5013-8536-2

Ⅰ. K825.6

中國國家版本館CIP數據核字第2025CL9975號

書　　名　阿英日記手稿（全二册）
著　　者　阿　英　著
　　　　　　錢榮毅　中國現代文學館　編
責任編輯　陳　卓

出版發行　國家圖書館出版社（北京市西城區文津街 7 號　100034）
　　　　　　（原書目文獻出版社　北京圖書館出版社）
　　　　　　010-66114536　63802249　nlcpress@nlc.cn（郵購）
網　　址　http://www.nlcpress.com
排　　版　北京雅圖新世紀印刷科技有限公司
印　　裝　北京雅圖新世紀印刷科技有限公司
版次印次　2025年3月第1版　2025年3月第1次印刷

開　　本　889×1194　1/16
印　　張　50
書　　號　ISBN 978-7-5013-8536-2
定　　價　330.00圓